분단시대 서독의 통일·외교정책

박래식 지음

이 저서는 2006년 정부(교육인적자원부)의 재원으로
학술진흥재단의 지원을 받아 수행된 연구임
(Krf-2006-812-A00001)

책을 내면서

　누구도 예상치 않았는데 1989년 11월 9일 밤 베를린장벽이 무너지고 그 후로 일 년도 채 지나기 전에 독일은 통일을 이룩하여 분단문제를 해결하였다. 대부분의 사람들은 독일통일을 역사적 흐름 속에서 우연히 이루어진 성과물로 보는 경향이 있으나 실로 독일의 현대 외교사를 들여다보면 역대 정권마다 시대에 맞는 정책을 개발하여 끊임없이 통일을 준비해 왔다.
　아데나워 수상은 통일을 독일외교의 첫 번째 목표로 설정했지만 그 당시로는 불가능하다는 것을 인식하고 국제사회에서 고립되지 않고 소련의 팽창정책을 저지하고 서독의 자유민주주의 정치질서를 수호하기 위해 친서방정책을 통해 프랑스 등 서방세계와 우호관계를 돈독히 하였다. 그러나 친서방정책은 독일분단 고착화, 동·서독 이질감 심화, 동독의 소련예속화를 가져왔고, 분단의 고통을 가중시켰다.
　사민당 정권을 대표하는 브란트 수상은 아데나워의 친서방정책을 토대로 동방정책을 실현하여 소련 및 동유럽의 사회주의 국가들에게 제 2차 세계대전 동안 독일이 저지른 비인간적인 행동에 대해 화해하고 용서를 빌어 동유럽 국가와 적대적인 감정에서 긴장완화를 위한 파트너 관계로 전환하여 동유럽 국민들이 갖고 있는 독일에 대한 두려움과 공포를 제거하는 데 크게 기여했다. 아데나워의 친서방정책과 브란트의 동방정책을 통해 동·서유럽에서 우호적인 협조체제를 구축한 독일연방공화국은 1980년대 후반 동유럽 사회주의 체제가 붕괴하기 시작하자 콜 수상과 겐셔 외무장관은 국제분위기를 조성하여 빠른 시일 안에 통일을 이룩하였다. 독일의 분단은 유럽의 분단이고 독일통일은 유럽의 통일을 의미하는데 독일통일은 유럽평화와 통일에 크게 기여하였다. 베를린장벽 붕괴와 독일통일, 소련체제 붕괴는 유럽에서 냉전체제를 종식시켰고 유럽통합 운동을 가속화시켜 유럽이 양체제가 아닌 단일체제로 출범하게 되었다.

국토가 분단된 우리에게 독일통일은 부러움의 대상이며 또한 연구의 대상이다. 이 책을 통해서 독일이 통일되기까지 역대정권들이 어떠한 정책을 개발하여 시대마다 직면한 독일문제를 해결하였는가를 이해할 수 있을 것이다. 그리고 동·서독 관계에서 단계적으로 이루어진 결과들이 어울러져 통일의 기반을 마련하였고, 국제적 분위기를 조성하였다는 것도 이해할 수 있으리라 믿는다. 브란트 수상의 동방정책과 헬무트 콜 수상이 추진한 통일은 독일 주변국가의 지원 속에서 이루어졌다. 독일의 통일 과정에서 한나라의 운명이 국내정치에서 지도자의 의지와 국민의 의식수준 그리고 국제적인 분위기와 인접국가와의 관계가 얼마나 중요한가를 적나라하게 보여주고 있다.

이 책을 통해 세 분께 감사드리고 싶다. 통일정책에 깊은 관심을 갖고 연구를 격려해 주시면서 사회인으로서 항상 신뢰를 소중하게 여기고 자강불식(自强不息)하면서 겸손과 아량을 베풀 줄 아는 인간이 되라고 조언해 주신 김정길 전 법무부장관님, 어려서부터 염려해 주시고 지도해 주신 김덕일 인천지방해양항만청장님, 그리고 신·재생에너지 기술 선진화를 추구하면서 부단한 노력과 함께 도전하면서 나에게 기업의 생리를 스스로 체험하게 해주고, 이끌어 주신 ㈜레네테크 대표이사인 박종선 변호사님, 그리고 오랫동안 나와 같이 인내하면서 고생한 아내 고명옥을 비롯한 가족에게도 감사의 마음을 전한다. 또한 이 책이 완성되도록 애써주신 백산서당 사장님과 편집부 식구들에게 감사드린다.

이 책이 학술진흥재단의 출판·저술사업 프로젝트에 선정되어 하나의 책으로 세상에 출현하도록 심사해 준 익명의 심사위원에게 깊은 감사의 마음을 전하면서 독일분단 극복과 한반도 통일을 연구하는 데 조그만 도움이 되길 바란다.

박 래 식

분단시대 서독의 통일·외교정책 / 차 례

책을 내면서 · 3

제1장 **점령국 시대** …………………………………………… 11
  1. 전쟁종식과 독일의 상황 · 11
  2. 포츠담협정: 분단의 시작 · 15
  3. 마셜플랜과 미·소 갈등 · 17
  4. 베를린봉쇄령: 냉전의 시작 · 23
  5. 독일의 분단: 동·서독 두 국가의 탄생 · 28

제2장 **아데나워시대** ………………………………………… 33
  1. 한국전쟁과 재무장 · 36
  2. 스탈린 외교문서 · 42
  3. 핵무장 논의 · 46
  4. 소련과의 관계 · 50
  5. 할슈타인 독트린 · 57
  6. 베를린통첩과 베를린위기 · 62
  7. 사민당의 독일정책 · 71
    1) 베를린분단 · 79
    2) 베를린분단과 브란트 시장 · 91
  9. 풀어야 할 역사적 과제: 폴란드와의 관계 · 98

제3장 에르하르트 시대 ········· 103

1. 국제관계의 변화: 데탕트시대의 서곡 · 103
2. 에르하르트의 동방정책 · 114
3. 드골파와 애틀랜틱파의 대립 · 125
4. 브란트 사민당총재의 등장: 베를린에서 본으로 · 129

제4장 키싱거 시대 ········· 137

1. 대연정 구성 · 137
2. 대연정의 외교정책 · 139
3. 동·서독 정상의 서신교환 · 145
4. 브란트 외무장관과 사민당의 활동 · 149
5. 야당 자민당의 통일정책 · 152
6. 교회의 통일운동 · 155
7. 무력포기 선언 · 158
8. 할슈타인 독트린의 약화: 루마니아와의 외교 정상화 · 162
9. 68학생운동 · 164
10. 국제정치의 변화: 프랑스의 나토 탈퇴 · 169
11. 프라하의 봄 : 동·서독 외교의 재고 · 173

제5장 브란트 시대 ········· 177

1. 정권교체와 외교노선의 기본방향 · 177
2. 국제정세의 변화 · 180
3. 소련과의 대화 시작 · 183
4. 모스크바조약 · 187
5. 독·소 경제 공동협력 · 195

6. 폴란드, 화해를 통한 동반자 · 197
  1) 바르샤바조약 · 201
  2) 독 · 폴 경제협력 · 204
7. 양독 정상회담 · 207
8. 동 · 서독 기본조약 · 213
  1) 경제교류와 제도정비 · 220
  2) 동 · 서독 연락대표부 교환 · 225
  3) 교통시설 확장 및 이산가족 상봉 · 227
  4) 우편 및 통신교류 확대 · 230
  5) 동방정책의 반대세력 · 232
9. 체코슬로바키아와의 관계 · 238
10. 헝가리와의 관계 · 242

제6장 슈미트 시대 ········· 249
1. 긴장완화정책 · 249
2. 소련과의 관계 · 253
3. 헬싱키 유럽평화 · 안보회의 · 259
4. 폴란드와의 관계 · 262
5. 동 · 서독 관계 · 265
6. 동 · 서독 교류확대 · 268
  1) 교통시설 확대 · 271
  2) 에너지 공동개발과 협력 · 273
  3) 취재활동 · 275

제7장 콜 시대 ········· 277
1. 동서독 관계 · 277
2. 고르바초프의 등장과 동유럽의 변화 · 282

3. 동독의 탈출자 행진 · 286
4. 동독의 민주화운동 · 291
5. 베를린장벽 붕괴 · 297
6. 동독의 마지막 총선 · 301
7. 화폐통합 · 304
8. 주변국의 동의와 통일 · 306

▷ 사료와 참고문헌 · 313
▷ 찾아보기 · 325

제1장 점령국 시대

1. 전쟁종식과 독일의 상황

　1939년 9월 1일 독일이 폴란드를 먼저 공격함으로써 제2차 세계대전은 시작됐다. 단기간에 폴란드를 정복한 독일이 1941년 소련을 공격하고, 거의 같은 시기 서부전선에서 프랑스, 영국과 교전을 시작함으로써 전쟁은 각각 동부전선과 서부전선을 기점으로 전 유럽으로 확대됐다. 제2차 세계전쟁은 미국이 연합국에 참가하면서 독일에게 유리했던 전세가 역전되어 연합국의 승리로 끝났다. 1945년 유럽에서 전쟁은 종식됐지만 이 기간에 5,500만 명이 희생되는 인류 역사상 유래를 찾을 수 없는 엄청난 인명피해를 초래했다. 소련은 약 2,200만 명의 사망자가 발생하여 가장 많은 인명피해를 입었고, 유태인은 약 600만 명이 살해되어 단일민족으로는 가장 많은 피해를 보았다.[1)]

---

1) Rauch, Georg Von: *Geschichte der Sowjetunion*, Stuttgart 1987, pp.440-441: Görtemaker, Manfred: *Kleine Geschichte der Bundesrepublik Deutschland*, München 2002, pp.11-12.

1945년 독일 패망 이후 베를린에서 부녀자들이 폭격으로 파괴된 건물 잔해들을 운반하고 있다.

독일에서는 약 500만 명의 인명피해가 발생했다. 연합군에 의해 동·서에서 동시 협공을 당한 독일은 사회간접자본과 산업시설, 주택이 거의 파괴된 폐허의 상태였다. 전쟁 후 독일 화폐가치는 하락하여 그 기능을 상실했으며, 시장은 본래의 기능이 완전히 마비됐다. 또한 전쟁 후 2,500만 명이 집 없이 길거리를 헤매는 부랑자 신세가 됐다. 이들 피난민은 폭격으로 주택이 파괴되어 갈 곳이 없는 사람, 전쟁포로와 집단수용소에서 해방된 사람들이 대부분이었다.[2]

제2차 세계대전이 종식되고 독일연방공화국(서독)이 수립되기 전인 1949년까지를 독일 역사에서 '위기의 시대' 또는 '궁핍의 시대'라고 한다. 이때 공장시설이 제대로 가동되지 않고 식량이 충분히 공급되지 않아 국민들은 생활필수품 확보에 어려움을 겪고 기아와 배고픔을 감

---

[2] 제2차 세계대전의 패배로 독일은 오더-나이세강 동부의 영토를 소련과 폴란드에 양도했다. 이 지역이 공산화되어 자유를 갈망하는 사람들은 서독으로 피난했고, 독일의 소련군 점령지역에서도 공산화가 진행되자 많은 피난민이 서독으로 이주했다.

제2차 세계대전 중 연합군 폭격으로 파괴된 쾰른 시청 청사를 아데나워가 둘러보고 있다. 이 당시만 해도 그는 초대 독일연방공화국 수상이 되리라고 생각하지 못했다.

수해야 했다. 미국과 영국군 점령지역에서는 집 없이 굶주린 사람들을 위해 매일 음식을 배급했으며, 굶주린 학생들을 위해 학교에서 음식을 무상으로 배급했다. 미군 점령지역에서는 140만 명이, 영국군 점령지역에서는 210만 명이 혜택을 누렸다.[3] 생필품 조달이 제대로 이루어지지 않아 시장경제는 마비된 지 오래였고 지하경제가 성행했다. 전쟁 기간에 토지가 황폐화되어 수확량이 현저히 감소하여 식량과 식료품 문제는 빨리 해결되지 못했다. 국민들은 하루에 필요한 식료품의 약 60% 정도만 소비했고, 이로 인한 계속된 영양부족과 기아, 고통이 일반화되면서 충분한 영양분을 섭취하지 못한 국민들은 전염병에 쉽게 감염됐다. 이 기간 독일은 곡물과 식료품을 대부분 미국의 지원에 의

---

3) Henning, F.-W.: *Das Industrialisierte Deutschland 1914 bis 1976*, Paderborn 1978, pp. 190-193; Kleßmann, Christoph und Wagner, Georg(ed): *Das gespaltene Land, Leben in Deutschland 1945 bis 1990*, Texte und Dokumente, München 1993, pp.75-79.

존하고 있었다.4)

1945년 전쟁 종반 무렵 도시에서 파괴된 건물 조각은 산더미처럼 쌓였고, 산업생산은 거의 중단되다시피 했다. 그나마 남은 공장시설은 연합국들이 전쟁보상비 지불 명목으로 본국으로 철거해 갔다. 자본시장이 빈약하니 충분한 설비투자가 이루어지지 않았다. 세계적인 경제위기로 원자재 수입의 악화와 부품 조달의 어려움이 독일경제를 더욱 더 어렵게 했다.5)

1945년 전쟁 후 4개국 연합군 점령지역에는 약 5,000만 명이 살고 있었으나 1946년에는 피난민과 구제국 영토에서 추방된 독일인의 유입으로 인구가 6,600만 명으로 증가했다. 짧은 기간에 인구가 약 30% 이상 증가하여 주택문제가 발생했다. 전쟁기간 225만 세대의 주택이 완전히 파괴되어 사용하지 못하게 됐고, 250만 세대의 주택은 수리와 복구를 하면 그런대로 주거할 수 있었다.6)

전체 독일이 모든 면에서 어려움에 처해 있었지만 1945년 6월 5일부터 연합국에 의해 통치된 독일은 자체적으로 행정을 수행하지 못했다. 행정권과 통치권은 연합군이 수행하게 됐고 군대도 해산됐다. 이러한 상황에서는 경제정책이나 빈민구제정책을 펼칠 수가 없었다. 연

---

4) Rexin, Manfred: "Die Jahre 1945-1949", in: *Deutschland 1945-1963*, (ed) Herbert von Lilge, Hannover 1978, 20.Ex. pp.3-5; Menyesch, Dieter/Uterwedde, Henrik: *Wirtschaft und Gesellschaft in der Bundesrepublik Deutschland*, Heidelberg 1982, pp.9-12.

5) Abelshauser, Werner: *Wirtschaftsgeschichte der Bundesrepublik Deutschland 1945-1980*, Frankfurt/M. 1983, pp.21-24.

6) Korte, Hermann: Bevölkerungsstrukture und - entwicklung, in: *Die Geschichte der Bundesrepublik Deuschland, Gesellschaft*, (ed) Wolfgang Benz, Frankfurt/M. 1989, pp.12-15.

합국은 독일이 처한 위기를 극복하는 데 전념하기보다는 포츠담협정에서 자국의 실익 챙기기에 급급했다. 미국과 소련으로 대표되는 연합국은 서로 의견 합의를 도출하기보다는 서로 대립의 각을 세웠고, 독일문제는 갈등과 대립의 구도에 빠져들게 됐으며, 이때부터 서서히 두 개의 독일국가 탄생과정이 시작됐다.

2. 포츠담협정: 분단의 시작

독일이 1945년 5월 9일 자정을 기해 조건 없이 연합국에 항복함으로써 제2차 세계대전은 종식됐고, 패전국인 독일은 연합국에 의해 분할통치가 이루어졌다. 연합국(미국, 영국, 소련)은 독일문제를 협의하기 위해 1945년 7월 17일부터 8월 2일까지 베를린 근교에 있는 포츠담에서 회담을 가졌다. 미국의 트루먼(H. Trumann) 대통령, 소련의 스탈린(J. Stalin), 영국의 처칠(W. Churchill) 수상이 회담에 참가했다.7) 회담 결과 독일의 동부 영토인 동프로이센은 소련에, 오더-나이세(Oder-Neiße) 동쪽의 영토인 슐레지엔 지역은 폴란드에 양도됐다.8) 처칠 수상은 소련의 영향력이 유럽에서 확대되는 것을 저지하기 위해 오더-나이세 경계선을 폴란드 서부 국경선으로 인정하는 것을 반대했다. 반대 이유는

---

7) 영국은 회담기간에 실시된 총선에서 노동당이 승리하여 7월 28일부터 처칠 대신 애틀리 수상이 참석하였다.
8) 포츠담협정에 의해 오더-나이쎄 경계선 동부지역과 소련군 점령지역, 그리고 체코슬로바키아에 있는 주데텐 지역에서 추방된 실향민이 약 1,200만 명이 되었다.

오더-나이세 경계선을 폴란드에 양도하게 될 경우 독일의 곡창지대를 잃어 전후 식량문제를 해결할 수 없다는 것이었다. 또한 이 지역이 공산화되면 서독으로 대량 이주민이 발생하여 서방연합국 점령지역에서 사회적 문제가 발생할 수 있다고 염려했다. 그러나 영국의 반대에도 불구하고 미국은 소련이 요구한 오더-나이세 경계선을 폴란드 서부 국경선으로 인정했다.9) 이 밖에도 소련은 동프로이센 영토였던 쾨닉스베르그를 차지하여 칼린닌그라드 행정구역에 편입시켰다. 독일 본토는 4개국이 분할 점령했고, 독일의 수도였던 베를린도 4개국이 따로 분할 점령했다. 그리고 독일의 서쪽에 위치한 자르란트와 알자스로렌은 프랑스에 양도됐다.10)

포츠담회담에서는 영토문제뿐만 아니라 정치·경제문제에 대해서도 합의가 이루어졌다. 정치문제는 독일을 민주화시키고, 중앙집권주의적 정치체제를 지방분권적 제도로 전환하며, 나치 잔존세력을 제거하고, 무장을 해제하여 군대를 해산했다. 경제는 기업의 카르텔을 해체하고 산업시설을 철거했다. 전쟁 보상비는 동독과 서독지역으로 분리해서 다루었으며 경제정책은 통일적으로 집행했다. 연합국은 재정·교통·통신·무역·산업분야에서 공동정책을 추진했다. 그러나 이 계획은 연합국의 이해관계에 걸려 처음 의도했던 대로 진행되지 않았다.11)

---

9) 2. August 1945: Kommunique über die Konferenz von Potsdam, in: Dokumente zur Deutschlandpolitik, 1945, pp.2101-2148.

10) Borowsky, Peter: *Deutschland 1945-1969*, Hannover 1993, pp.15-19.

11) Birke Adolf M: *Nation ohne Haus, Deutschland 1945-1961*, Berlin 1994, pp.33-38; Kistler Helmut: *Die Bundesrepublik Deutschland, Vorgeschichte und Geschichte 1945-1983*, Bonn 1983, pp.24-29. .

소련은 전쟁 보상비 대신 연합국의 합의도 없이 동독의 산업시설을 철거해 자국으로 가져가고 가혹한 약탈행위를 자행했다. 소련군 점령 지역에서의 산업시설 철거는 서방 연합군 점령지역보다 더 잔인하게 이루어져 1946년까지 약 1,000개의 공장을 철거하여 소련으로 가져갔다. 철거는 대부분 철강, 화학, 광학 공업분야에서 집중적으로 이루어졌다. 소련은 산업시설 철거만으로 만족할 수 없어 철도 레일까지 걷어 갔다. 1953년까지 소련이 동독지역에서 철거해 간 공장시설은 약 16억 달러에 이르렀다. 이는 얄타회담에서 요구했던 10억 달러보다 약 6억 달러 더 많은 액수였다.[12]

3. 마셜플랜과 미·소 갈등

포츠담회담이 끝나고 연합국은 외무장관 회담을 수시로 개최하여 직면한 문제를 해결했다. 외무장관 회담은 자국의 이익과 직결됐기 때문에 전시 때처럼 합의를 도출하지 못하고 결렬되기가 일쑤였다. 1947년의 모스크바 외무장관 회의는 전쟁 보상비, 독일과 폴란드 국경선문제, 미래 독일의 경제 방향, 유럽과 독일의 관계설정 등이 회담의 주제로 대두됐다. 모스크바 외무장관 회담과 런던 외무장관 회담은 미국과 소련을 중심으로 동·서 간 의견 격차를 해소하지 못했다. 이 회담에

---

12) Benz, Wolfgang: *Von der Besatzungsherrschaft zur Bundesrepublik, Stationen einer Staatsgründung 1946-1949*, Frankfurt/M. 1984, pp.29-32; Hillgruber, Andreas: *Deutsche Geschichte 1945-1986, Die deutsche Frage in der Weltpolitik*, Stuttgart 1989, pp.14-15; Birke, pp.127-129.

서 소련은 20억 달러의 전쟁 보상비를 요구했지만 미국과 영국은 이를 거절했다. 모스크바회담에서 전쟁 보상비와 루르 공업지역의 관리문제, 그리고 독일과 폴란드 국경선에 관해 의견이 대립됐으며, 오로지 합의된 내용은 1948년까지 독일 포로를 귀환시키기로 한 것뿐이었다.13)

계속되는 회담에서 소련이 합의사항을 도출하려고 노력하기보다는 자국의 이익을 앞세워 파국의 국면으로 몰고 가고 있을 때, 모스크바 주재 미국 대사 케난(J. Kennan)으로부터 긴 장문의 전보가 미 국무성으로 전해졌다. 이 전보에서 케난은 소련의 의도를 제대로 파악하여 미국에 전달했다. 소련은 팽창정책을 통해 자국의 영향력을 확보하려 하고 있기 때문에 미국은 소련의 팽창정책을 저지할 장벽을 구축해야 한다는 것이었다. 이 전보를 접수한 미국은 소련의 팽창정책을 저지하고 자유국가의 주권을 수호하기 위해 1947년에 트루먼 독트린(Trumann-Doktrin)을 발표했다. 소련의 의도를 제대로 파악한 미국은 트루먼 독트린 발표를 계기로 소련과 합의로 독일문제를 해결할 수 없다는 점을 인식하고 독일문제를 스스로 해결하기 위해 마셜플랜(Mashall-Plan)을 제시했다.14)

미국이 유럽의 전후복구를 적극 지원하지 않을 경우 소련의 영향력이 서유럽에 확대될 가능성은 배제할 수 없었다. 소련의 영향력이 서유럽까지 확대되면 미국은 점령국가로서 전후복구 문제를 소홀히 했

---

13) Rexin, "Die Jahre 1945-1949," pp.35-38.

14) Benz, Wolfgang: *Die Gündung der Bundesrepublik, Von der Bizone zum souveränen Staat*, München 1989, pp.81-85; Rede des amerikanischen Staatssekretär Marshall vom 5. Juni 1947 an der Harverd-Universität, in: *Europa zwischen Spaltung und Einigung 1945-1990*, (ed) Gasteyger Curt, Bonn 1990, pp.63-64.

다는 비난을 면치 못하게 되는 것이었다. 1947년 6월 5일 미국의 국무장관 마셜(G. C. Mashall)은 하버드대학의 연설에서 전후 유럽의 경제재건을 위해 차관을 양도할 용의가 있다고 밝혔다. 미국은 동유럽국가에도 산업시설 복구와 경제재건을 위해 자본지원을 제의했으나 소련은 미국의 제안을 거절했다. 미국의 제안을 수용할 경우 동유럽국가들이 미국식 자본주의 체제로 전환할 가능성이 있다고 본 소련은 마셜플랜을 거절했다. 그 대신 1947년 9월 국제공산당을 창설하여 공산주의 국가 결성을 강화했다. 이로써 미국과 소련은 냉전체제에 돌입하게 됐고, 독일 분단은 서서히 구체화되기 시작했다.[15]

소련과 동유럽국가들은 미국의 제안을 거절했는데, 그 이유는 경제적으로 미국에 의존하게 되면 정치적으로 종속된다고 보았기 때문이다. 마셜플랜은 기존의 미국의 독일 점령정책 변화를 의미하는데, 부유한 유럽이 되기 위해서는 독일이 반드시 경쟁력 있는 국가가 돼야 한다는 것이었다. 이와 같은 목적에서 1947년 8월 미국과 영국은 지금까지 실행했던 독일 산업생산량 제한을 해제했다. 마셜플랜의 단기적인 목적은 전쟁 후 어려움에 처해 있는 유럽을 굶주림과 배고픔, 가난과 절망, 혼란에서 구출하는 것이고, 장기적으로는 서유럽의 경제와 정치를 안정시켜 서방세계가 발전해 가는 과정에서 자본주의 경제체제를 확고히 함으로써 자유적이고 개방적인 시장경제와 사회제도의 틀을 다지는 데 목적을 두고 있었다. 서유럽의 정치적·경제적 안정은 소련의 영향력이 서부독일지역에 확장되는 것을 조기에 차단할 수 있었다. 마셜플랜은 미국 주둔정책의 일환으로 행정부에서만 취급했던 독일 주둔정책을 의회에서도 다루게 함으로써 행정부의 부담을 덜어

---

15) Görtemaker, Manfred: *Die unheilige Allianz. Die Geschichte der Entspannungspolitik 1943-1979*, München 1979, pp.26-27.

주게 됐다.16)

독일에 대한 미국의 원조물자는 식료품과 곡물, 종자용 씨앗과 비료, 원유 등으로 1950년대 초반까지 지원됐다. 마셜플랜이 서독의 경제재건에 절대적 기여를 하게 됐는데, 원조는 1948년 5월에 시작됐고 산업분야 시설투자는 1948년 10월부터 시작됐다. 유럽 재건 프로그램이 발표됨으로써 초기에는 식료품이 구호물자의 대부분이었으나 나중에는 대부분 산업용 생산품으로 변하게 됐다. 미국이 독일로 보내는 구호물품의 약 80%는 미국에서 생산한 제품이었고 나머지 20%는 다른 국가에서 만든 제품이었다. 미국의 재정적 지원은 1952년 6월 30일까지 약 35억 달러였는데, 이 돈은 서독과 서베를린의 재건을 위해 사용됐다.17)

마셜플랜은 전후 외국환 발행으로 독일이 외국에서 수입하는 식료품과 곡물 원자재 대금을 지불했고, 장기적인 투자계획을 수립하여 독일경제가 전후 피해를 복구하는 데 결정적 도움을 주었으며, 독일경제가 회복하여 자유시장 중심의 세계경제 구도에 편입될 수 있도록 했다. 독일은 식료품과 농수산물, 원자재를 대부분 외국에 의존하고 있

---

16) Gimbel, John: Die Entstehung des Marshall-Plans, in: *Marshallplan und deutscher Wiederaufstieg*, Stuttgart 1990, pp.13-14; Kleßmann, Christoph: *Die doppelte Staatsgründung, Deutsche Geschichte 1945-1955*, Göttingen 1982, pp.180-185; Knapp, Manfred: Das Deutschlandplan und die Ursprünge des Europäischer Wiederaufbauprogramms. in: *Marshallplan und westdeutscher Wiederaufstieg*, Stuttgart 1990, pp.30-31.

17) Knapp, Manfred: Deutschland und Mashallplan: Zum Verhältnis zwischen politischer und ökonominscher Stabilisierung und der amerikanischen Deutschlandpolitik nach 1945, in: *Mashallplan und westdeutscher Wiederaufstieg*, pp.43-47.

었는데, 전후 미국의 달러 원조금으로 수입대금을 결제했다. 1948년의 예를 들면 독일 수입총액의 64%를 외국의 지원자금으로 대금을 지불했다. 마셜플랜에 의한 경제지원이 진행되고 있는 동안 독일경제는 빠른 속도로 호전되어 갔다. 마셜플랜이 시행된 1948년 6월부터 1949년 6월 30일까지 1년간 독일은 수입대금의 절반가량을 마셜 원조금으로 지불했다. 독일연방공화국(서독)이 탄생해 독일경제를 자체적으로 운영할 무렵인 1949년 독일에만 투입된 시설투자비는 유럽 전체 복구지원비의 6.4%였고, 1950년에는 약 8.6%에 이르게 됐다. 마셜플랜에 의한 차관 제공은 독일 산업에 적절하게 투자됨으로써 산업발전에 크게 기여했다.

산업분야 투자지원 규모를 보면 전자산업이 9억 6,730만DM으로 가장 많았고, 그 다음이 광산업분야에 5억 8,100만DM이 지원됐는데 이는 전후 난방연료를 위해 무연탄 채굴이 필요했고 산업발전의 토대가 되는 철과 철광석 확보가 일차적 목적이었다. 정유산업(석유화학)과 각 지방자치단체 주민들의 삶의 안전을 위한 가스공급과 상수도 설치비용, 기간산업 확충을 위한 연방철도와 지방철도, 내륙운하와 국제무역을 위한 해상운송 분야에도 투자를 하게 됐다.

서유럽의 공산당은 서유럽이 미국의 영향권 아래 편입된다고 마셜플랜을 방해했다. 소련은 마셜플랜이 동유럽까지 확산되는 것을 저지하기 위해 서둘러서 1947년 9월 코민포름(Kominform)을 결성했고, 1948년 1월에는 공산주의 국가들의 경제협력 단체인 상호경제원조위원회(RGW=Rat für gegenseitige Wirtschaftshilfe)를 구성했다. 두 기구의 결성은 사회주의 국가 경제협력을 위한 기반을 구축했고, 또한 미국 자본주의가 동유럽국가에 파고드는 것을 차단했다.[18]

1947년 독일 노동조합은 새로운 경제구조와 사회질서 수립에 많은 관심을 갖고 있었다. 노동조합 초기에 공산주의자와 사회민주주의자가 정책결정과정에서 공조와 협조체제를 유지했지만 1947년부터 계파 간에 의견 충돌이 시작됐다.

1948년 6월 16일부터 18일까지 레클링하우젠에서 개최된 독일 노동조합 임시회의에서 마셜정책과 친서방정책에 대하여 활발한 토론이 이루어졌다. 이 토론에서 공산당출신의 광산노동조합 대표 아가츠(W. Agatz)는 독일이 정치적·경제적으로 친미성향을 보이고 있다고 경고했다. 하지만 노동조합의 원로인 한스 뵉클러(H. Böckler)는 노동조합의 분당주의를 염려하고 건전한 노동운동을 위해 당을 초월하여 행동할 것을 호소했다. 한스 뵉클러를 중심으로 많은 회원들은 서방 연합군 지역의 통합을 찬성하고 마셜플랜의 필요성을 강조했다. 그는 현재 독일은 경제적 도움이 필요한데, 마셜플랜 외에 다른 방법이 없으며 마셜플랜의 도움으로 독일경제를 복구해야 한다고 밝혔다.

미국과 영국군 점령지역이 통합되고 이 지역에서 경제위원회를 건립하여 서서히 자유민주주의에 입각한 자유시장경제의 기틀을 마련하고 있을 때 1947년 6월 소련군 점령지역에서도 자체적으로 경제위원회(Wirtschaftskommission)를 구성하여 사회주의 체제의 경제기반을 준비했다. 경제위원회는 중앙집권식 체제로 산업, 교통, 무역, 사회간접자본, 그리고 농업, 임업, 에너지 분야의 조직 대표들이 위원으로 참가했다. 미·소양국의 첨예한 이익추구와 갈등의 결과 독일영토에서 분단을 위한 초기 작업들이 서서히 진행되기 시작했다.[19]

---

18) Die Gründung der Kominform-Büros, September 1947, in: *Gasteyger*, p.102; Der Rat für gegenseitige Wirtschaftshilfes Gründungskommunique vom 25. Januar 1949, in: Gasteyger, p.103; Die Kleßmann, *Die doppelte Staatsgründung*, p.182.
19) Molotows Schlussworte auf der Pariser Konferenz über europäische

4. 베를린봉쇄령: 냉전의 시작

마셜플랜과 함께 냉전을 규정지은 사건이 바로 화폐개혁(Währungsreform)이다. 나치시대 사용됐던 제국화폐는 대량유출로 신뢰가 떨어지고 증가하는 부채 때문에 그 기능과 역량을 상실했다. 전쟁이 종식되자 연합군은 나치시대 재정정책을 그대로 수용할 수 없었다.[20]

미국은 화폐개혁을 실시하여 국가경제의 기틀을 마련하려 했으나 소련의 방해 때문에 계획대로 진행할 수 없었다. 미국은 소련과 함께 독일의 질서를 확립하는 데 어려움이 많다는 것을 인정하고, 1947년 봄 독자적으로 화폐개혁 계획을 수립했다. 화폐개혁은 4개국 점령지역에서 실시하는 것을 원칙으로 했으나 실현 불가능할 경우 서방연합군 점령지역에서만 실시하기로 했다. 준비작업은 서방연합군이 세부적인 부분까지 깊이 관여하지 않고 독일의 경제학자 에르하르트(L. Erhard)의 책임 하에 진행됐다.

1947년 10월 미국과 영국은 독일 중앙은행을 그들의 점령지에 상주시킨다는 데 합의하고 바로 프랑스가 이를 수용하면서 화폐개혁은 본격화되기 시작했다. 1948년 3월 1일 중앙은행 본부를 프랑크푸르트에

Wirtschaftsplannung vom 2. Juli 1947, in: *Gasteyger*, pp.64-66; Görtemaker, *Kleine Geschichte der Bundesrepublik Deutschland*, pp.33-37.

20) Zschaler, Frank: Die vergessene Währungsreform in der SBZ, in: *Vierteljahrhefte für Zeitgeschichte*, (ed) Karl Dietrich Bracher, Hans-Peter Schwarz, Horst Möller, 2. Hefte 1997, München 1997, pp.194-195.

있는 구제국은행 본부에 설치하기로 결정했다. 화폐발행 장소가 정해지자 독일 중앙은행은 화폐개혁 작업을 주도적으로 수행하도록 전권을 위임받았다. 중앙은행의 준비작업을 거친 후 서방연합국은 1948년 6월 20일 국가건설 예비단계로 서독지역에서 화폐개혁을 실시한다고 선언했다. 이는 곧 서방군 점령지역에서 자유시장경제가 출발함을 의미하는 것이다.[21]

화폐개혁은 위기에 처한 독일경제를 구해냈고, 새로운 화폐, 즉 독일마르크(DM)가 등장하여 새로운 자유시장경제 질서를 위한 기초를 마련하게 됐다. 독일경제는 화폐개혁을 통해 자유주의에 입각한 시장경제 원칙을 제도화했다. 이로써 미국의 원조를 이용하여 효율적으로 경제를 운영하게 됐고, 서독이 탄생함으로써 미래 경제방향에 대해 긍정적 기대를 걸게 됐다. 미국은 독일문제 해결에 관해 소련과 합의점을 찾지 못하고 우선 서방 점령지역에서 정부를 수립할 것을 결정했다. 그 예비단계가 1948년 6월 19일 이루어진 화폐개혁이었다. 화폐개혁은 우선 서독에서 실시했고 6월 24일 서베를린에서도 실시됐다.[22]

베를린봉쇄령 전초전은 이미 1948년 봄 시작됐다. 소련은 1948년 봄 런던에서 열린 외무장관 회의가 결렬되자 서독과 서베를린과 통하는 교통로를 단절했다. 서베를린을 구하기 위해 서방연합군은 매일 60~100톤의 물건을 베를린으로 공수했다. 생필품 수송이 민간 항공기에 의해 이루어져 연합국은 안전한 운행을 위해 공군기를 동원하여

---

21) Benz, Wolfgang: *Zwischen Hitler und Adenauer, Studien zur deutschen Nachkriegsgesellschaft*, Frankfurt/M. 1991, pp.98-106.

22) Europa-Archiv 1949, (ed) Wilhelm Cornides, Viertes Jahr, Januar-Juni 1949, Oberusel (Taunus) bei Frankfurt/M o.J., pp.2144-2146.

호위했다. 베를린으로 수송된 물건은 생활필수품과 창고를 지을 건축자재, 화력발전소 건설자재 등이었다. 서베를린으로 송출되는 전기는 소련군 점령지역에서 생산하기 때문에 서방연합국은 에너지 자급자족을 위한 발전소 건설을 추진했다. 외무장관 회담 결렬과 트루먼독트린, 마셜플랜 등으로 소련과 관계가 대립적으로 전개되자 서방연합국은 원활한 전력 송전을 위해 서둘러 발전소를 건설하게 됐다.[23]

본격적인 베를린봉쇄령은 소련이 서베를린에서 화폐개혁을 방해하기 위해 1948년 6월 24일 서독과 서베를린의 교통을 차단하면서 시작됐다. 서독과 서베를린의 왕래가 두절돼 사람의 왕래 및 물류조달이 중단됐을 뿐 아니라 전기, 석탄, 생활필수품 조달도 중단됐다. 서베를린 시민들은 생활필수품 궁핍으로 고통을 받고 있었다. 소련은 동독에도 석탄과 에너지가 부족해 금수조치가 불가피했다고 설명했으나 이는 서베를린에서의 화폐개혁에 대한 보복적 성격을 띠고 있었다. 서방연합국은 이 문제를 해결하기 위해 1948년 6월 26일부터 서베를린에 군수송기로 생활필수품을 공중 배급했다. 서방연합군은 380대의 군수송기로 150만 톤의 생활필수품을 서베를린에 공급했다. 여기에 동원된 인원은 5만 2천 명이었다.[24]

공중배급 작전과 동시에 소련의 베를린 봉쇄령에 대항해 서방연합군도 소련 점령지역인 동베를린과 동독에 봉쇄령을 선포했다. 소련군 점령지역은 서독에서 생활필수품을 공급받지 못해 동독 주민들의 생활이 어렵게 되자, 미국이 제의한 회담에 응해 1949년 5월 4일의 뉴욕

---

23) Rexin, "Die Jahre 1945-1949", pp.46-47.

24) Berliner Blockade vom März 1948 bis zum Mai 1949 und Luftbrücke vom Juni 1948 bis Mai 1949; Spaltung Berlins am 30. November 1948, in: *Dokumentation zur Deutschlandfrage*, Vol. I, pp.68-70.

협상에서 베를린봉쇄령을 해제하고 이전의 상태로 원상 복귀하도록 했다.25)

소련은 베를린이 소련군 점령지역에 있기 때문에 동독의 화폐가 전 베를린에서 통용돼야 한다고 주장했다. 소련은 이 주장을 관철하기 위해 그들이 임명한 슈뢰더(L. Schröder)에게 지시했다. 그러나 슈르(O. Suhr) 시의회의장은 서방연합군이 요구한 화폐개혁을 수용했다. 통합사회당은 화폐개혁을 저지하기 위해 시청사에 난입하여 회의 장소를 점령하고 의회 활동을 방해했다. 시의회는 경찰력을 동원하여 무단 점령을 해결하려고 했으나 소련의 간섭을 받는 경찰은 시의회의 요청을 거절했다.

서독과 서베를린에서 1948년 6월 20일 화폐개혁이 실시됐을 때 소련도 동독과 동베를린에서도 화폐개혁을 실시했다. 소련은 준비되지 않은 화폐개혁 때문에 구제국 화폐에 # 마크를 찍어 사용해 구제국 화폐와 구별했다. 서방연합군은 베를린경제를 동서로 분리하지 않기 위해 동베를린에서 사용되는 화폐를 서베를린에서도 인정하기로 했다. 화폐교환은 1 : 2 또는 1 : 4로 이루어졌다.26)

베를린위기를 해결하기 위해 서방연합국 베를린 사령관들은 소련의 베를린 담당 책임자와 대화를 시작했으나 해결방법을 찾지 못했다. 1948년 가을 슈뢰더 시장이 지병이 악화돼 더 이상 직무를 수행할 수 없게 되자 기민당 출신의 프리덴부르크(F. Friedenburg)가 대행했다. 그는 소련 점령군이 베를린시 행정을 계획적으로 방해하는 관계로 공공

---

25) Vier-Mächte-Abkommen von New York vom 4. Mai 1949 und von Paris vom 20. Juni 1949 über das Ende der Berliner Blockade, in: *Dokumentation zur Deutschlandfrage*, Vol. I, pp.80-82.

26) Birke, pp.136-137.

건물을 서베를린으로 이전했다. 그는 슈뢰더처럼 시행정 전체를 관할하고 있었다. 그러나 경찰청장 그라프(M. Graf)가 소련의 지시대로 움직이고 있어 경찰권 분리작업이 불가피했다. 통합사회당이 경찰권 분리를 방해하기 위해 시의회에 난입해 기물을 파괴하고 회의를 방해했다. 슈르 시의회 의장은 통합사회당의 방해 때문에 더 이상 회의를 개최할 수가 없어 대부분의 시의원들이 지지한 가운데 시의회를 서방연합국 점령지역으로 옮겨 버렸다.27)

소련은 베를린을 고립시키기 위해 시 외곽지역에 철조망을 설치하고 베를린과 서방연합국 점령지역에 경계선을 설정했다. 그들이 점령한 동베를린 9개 행정구역은 단체장을 모두 친소련계 인사로 교체했다. 1948년 11월 30일 유엔안전보장이사회 특별위원회가 서베를린의 화폐개혁을 인정한 후 통합사회당은 프리츠 에버트(F. Ebert)를 동베를린 시장에 임명했다. 그는 바이마르공화국 초대 대통령인 프리드리히 에버트(F. Ebert)의 아들로 독일의 사민당에서 인지도가 높은 정치가였다.28)

12월 1일 동독의 경찰들은 베를린 시장 프리덴부르크가 시청사에 들어가는 것을 방해했고, 소련군 점령지역 출신 시의원이 서베를린에서 열리는 의회에 참가하지 않음으로써 베를린 행정은 동서로 분리됐다. 새로 구성된 시위원회는 새로운 법에 따라 선거법을 개정했고, 소련에 유리하게 법령도 개정했다. 법의 효력 범위를 전체 베를린으로 확대하기 위해 제일 먼저 소련의 허가를 받았다. 그러나 서방연합군은 소련의 행동을 폭동으로 간주하고 도저히 허락할 수 없다는 입장을 밝혔다. 베를린시의 진로는 국민의 자율적인 의사를 최대한 반영해야

---

27) Rexin, "Die Jahre 1945-1949," pp.46-52.
28) Borowsky, *Deutschland 1945-1969*, p.68.

한다는 입장이었으나, 국민의 의사는 전혀 무시된 채 연합국의 이해관계에 따라 결정돼 버렸다.

5. 독일의 분단: 동·서독 두 국가의 탄생

일단 베를린봉쇄령은 해결됐지만, 베를린은 냉전시대 고통에서 벗어나지 못했다. 베를린과 독일에서 분단작업은 빠른 속도로 진행돼 갔다. 1948년 여름 런던에서 개최된 서방 3개국 외무장관 회담에서는 소련과 합의 아래 단일국가를 수립하는 것은 불가능하다고 판단하고 먼저 서방연합국 점령지역에서 국가를 수립하기로 했다. 서방연합국 점령지역에서 1949년 5월 23일 독일연방공화국(Bundesrepublik Deutschland) 기본법(Grundgesetz)을 발표하여 자본주의 체제의 민주국가가 탄생하게 됐다. 독일연방공화국의 수도는 본(Bonn)으로 결정됐다. 독일연방공화국이 헌법을 제정하지 못하고 기본법(Grundgesetz)을 발표하게 된 것은 완전한 국가체제를 갖추지 못했기 때문이다. 독일연방공화국은 외교권과 국방력을 소유하지 못해 외무장관과 국방장관 없이 불완전한 형태로 국가를 출범시켰다. 연합국은 국제무역과 외국환을 계속 통제하고 있었으며 민간항공 운항도 서독에게 허가하지 않았다.29)

동독은 소련과 우호적인 관계를 유지하면서 소련 모델로 통치기반을 다져 가고 있었다. 초기 동독은 완전한 상태에서 출발하지 못하고 소련에 의존하고 있었다. 동독은 서독은 물론 서방세계 국가로부터 합

---

29) Benz, *Die Gründung der Bundesrepublik Deutschland*, pp.109-121.

법적인 국가로 인정받지 못했다. 동독과 서독은 서로 대립적인 관계를 유지해 냉전의 소용돌이에 빠져들게 됐다. 양 국가는 서로 비방하고 흑백 선전해 민족 간 이질감은 점점 심해져 갔다. 소련은 전승국의 지위를 독일에서 계속 유지할 뿐 아니라 동독에서 헤게모니를 계속 장악했다. 그리고 베를린에서 소련의 역할론을 강조하며 베를린에서도 소련의 영향력을 계속 확대할 의사를 표현했다.30)

소련군이 독일에 진주했을 때 독일 공산주의자들은 소련군을 환영하고 길 안내 역할을 자임했다. 소련에서 볼셰비키혁명이 성공해 사회주의 국가가 수립되자 독일에서도 1918년 공산당이 창당됐다. 독일 공산주의 운동은 소련의 영향을 받았지만 그래도 독일적인 특성을 간직했다. 그러나 독일공산당 지도자 룩셈부르크(R. Luxemburg)와 리프크네히트(K. Liebknecht)가 암살되어 중심축이 없어지자 독일적인 특성은 사라져 버리고 소련식 공산주의가 일방적으로 지배하게 됐다. 소련에서 볼셰비키 공산주의자들이 정권을 장악하자 독일 공산주의자들은 소련의 공산주의 모델을 활동의 지침으로 선택했다.31)

독일의 공산주의자도 다른 나라의 공산당처럼 1924~1929년 사이 스탈린화되어 버렸다. 이는 독일공산당이 소련의 코민테른에 의존한 결과였다. 그 결과 독일공산당은 소련의 붉은군대 보조군 역할을 수행했다. 독일공산당이 스탈린화됐다는 것은 당내의 민주적 요소가 사라져 버렸고, 당의 구조가 중앙집권식 상하 복종관계로 변질되어 버렸다는 것을 의미했다. 그리고 당의 행동지침과 모든 규칙을 소련의 승인을 받아야 집행할 수 있게 됐다.32)

---

30) Weber, Hermann: *Geschichte der DDR*, München 1985, pp.37-39.
31) Weber, Hermann: *Die DDR 1945-1986*, München 1988, pp.27-28.
32) *Ibid.*, pp.26-27.

세계공황의 여파로 1928년부터 독일경제도 어렵게 되면서 자본주의 경제에 회의를 느낀 공산당원이 급속도로 증가했다. 공산당원은 1928년에 13만 명이었으나 1932년에는 약 25만 명으로 거의 두 배로 증가했다. 게다가 선거에서 공산당을 지지한 유권자는 1928년 320만 명이던 것이 1932년에는 600만 명으로 증가했다. 빠른 속도로 공산당원이 증가하자 극우파인 히틀러(A. Hitler)는 공산당원이 증가하는 것을 방해했을 뿐만 아니라 공산당원의 입지가 강화되는 것을 차단했다. 당원이 증가하고 지지기반이 확대되자 공산당의 기본원리에서 점점 멀어져 갔고, 히틀러는 공산당을 탄압하기 시작하여 수천 명의 희생자가 발생했다.

독일에서의 탄압을 참지 못해 1936~1938년 공산당원들은 소련으로 망명하여 소련식 공산주의 교육을 받게 됐다. 소련에서 망명생활을 한 독일공산주의자들은 독일이 소련군 점령 하에 들어가자 대환영을 했으며, 소련식 공산주의를 건설하는 데 선봉장이 됐고 스탈린 광신주의자가 되어 버렸다. 1943년 6월에 울브리히트(W. Ulbricht)는 소련에서 국민위원회(Nationalkomittees)를 조직하여 반히틀러운동을 전개했다. 이 위원회는 40명의 위원으로 구성됐다. 25명은 전쟁포로가 된 독일 장교였으며 15명은 공산주의자로 소련으로 망명한 사람들이었다. 이 중에서 대표적인 사람은 피크(W. Pieck)와 울브리히트였다. 국민위원회는 제2차 세계대전의 운명이 서서히 연합국 쪽으로 기울고 독일의 패배가 다가오자 미래 독일의 정치질서에 대해서 관심을 갖기 시작했다. 제2차 세계대전이 종료됐을 때 스탈린은 독일 수도 베를린을 먼저 선점해야 목적이 이룩된다고 보고 독일 공산주의자들의 지원을 받으면서 베를린을 점령했다. 이때 독일공산당 선봉에는 울브리히트와 아커만(A. Ackermann), 소보트카(G. Sobottka)가 있었다.[33]

아커만은 1905년에 태어나서 20세인 1925년에 독일공산당에 입당했고 1935년에 소련으로 망명했다. 1945년에 귀국하여 통합사회당의 이데올로기 총책임자로 정치국 후보위원이 됐다. 그러나 그는 울브리히트가 정권을 장악했을 때 반대파로 몰려 정치권에서 잠시 추방됐다. 1956년에 복권은 됐으나 정치는 하지 않고 1973년에 사망했다. 소보트카는 1886년에 태어난 광산노동자였고 1910년 사민당에 입당했으나 나중에 공산당으로 당적을 바꾸었다. 바이마르공화국 시절에는 프로이센 지방의회 의원이었고 공산당 계열의 노동조합에서 활발하게 활동했다. 1935년에 소련으로 망명했으며, 전쟁 후 귀국하여 소련군 점령지역에서 에너지와 석탄 행정분야에서 활동했고, 경력을 인정받아 독일경제위원회에서 활동했다. 히틀러가 1945년 4월 30일 자살했을 때 울브리히트와 그 일당은 소련의 칼라우에 있는 군사기지에서 독일로 출발했다. 이들은 울브리히트 계열의 공산당원들로 독일의 행정제도를 소련식으로 전환하는 데 일익을 담당했다. 이 그룹은 모스크바 망명시절부터 독일의 정치질서 수립을 준비했다. 이들은 행정뿐만 아니라 문화까지 철저한 계획과 비전을 제시했다.[34]

소련에서 귀국한 공산당원들은 사민당의 좌파와 결탁하여 반히틀러 편에 있는 사람들을 자기편으로 끌어들이면서 활동영역을 확대했고 또 행정요원으로 투입됐다. 이들은 이 밖에도 사회주의 국가건설에 사회계층의 지지가 필요했다. 이를 위해 제일 먼저 토지개혁을 실시하여 농민계층을 사회주의 국가건설의 지지세력으로 이용했다. 그 밖에도 산업개혁을 실시하여 부르주아들이 소유한 공장과 나치주의자들이 소유한 재산을 몰수하여 국유화하거나 또는 소련 소유 주식회사로

---

33) Borowsky, *Deutschland 1945-1969*, pp.81-82.
34) *Ibid.*, pp.80-82; Weber, *Die DDR, 1945-1986*, pp.29-30.

전환했다.35)

국가 탄생의 기초작업을 마무리한 소련군 점령지역은 1949년 10월 7일 독일민주공화국(Deutsche Demokraische Republik: 동독)이란 이름의 사회주의 헌법을 발표하여 독일 영토에는 체제가 다른 두개의 국가가 존재하게 됐다. 그 결과 독일은 냉전시대 동서문제의 중심에 위치하게 됐고, 서독의 정치가들은 독일이 냉전에서 벗어나도록 하기 위해 여러 가지 정책을 제시했다.

서유럽 국가와 서독은 소련군 점령지역에서 탄생한 독일민주공화국을 합법적인 국가로 인정하지 않았다. 이는 동독이 민주적 선거원칙에 의해 국가를 구성하지 않았기 때문이고, 서독정부가 독일을 대표하는 유일한 합법적인 국가라고 주장하기 위한 법적 근거를 정당화하기 위함이었다.36)

---

35) Weber, *Geschichte der DDR*, pp.51-57.
36) Pfetsch, Frank R.: Deutschlandpolitik 1949-1969, in: *Handbuch zur deutschen Einheit*, (ed) Werner Weidenfeld, Karl-Rudolf Korte, Frankfurt\M, New York, 1993, pp.164-166.

제2장 아데나워시대

　아데나워(K. Adenauer)는 독일 민주국가를 세운 건국의 아버지로 독일 민주주의가 시작될 때 첫 단추를 잘 꿰어 준 정치가이다. 그가 재임 시절 독일정치가 나아갈 방향을 제대로 설정했기 때문에 서독의 민주정치는 다음 세대의 정치 주자들에 의해 무사고로 예정된 목적지에 도달할 수 있었다. 그 결과 독일 민주주의는 성숙단계에 진입했고, 그러한 기반 위에서 수립한 통일정책은 드디어 1990년 10월 3일 결실을 맺게 된다.
　서독의 외교는 단계적으로 목표를 설정하여 시대적 상황에 따라 연합국과 협조체제를 유지했다. 친서방정책과 동방정책이 조화를 잘 이룬 독일의 외교정책은 1990년 통일의 문이 열리자 이 기회를 포착하여 별 무리 없이 통일과업을 이룩했다.
　냉전시대 국토가 분단된 상황에서 서독이 강대국으로부터 고립될 처지에 놓였으나, 아데나워는 친서방정책을 통해 독일이 저지른 과거의 만행에 대해 사과하고 화해함으로써 먼 훗날의 외교를 위한 초석을 굳게 다져 놓았다. 국내에서는 패전으로 인해 사회적·경제적 위기가 지배하고 있는 현실에서 허탈감에 젖어 있는 국민들에게 용기와 희망을 주어 역사적 임무를 성실히 수행했다.

아데나워는 초대 수상으로 통일의 정당성을 주장하기 위해 동독을 합법적인 국가로 인정하지 않고 동독을 고립시키는 정책으로 초지일관했다. 소련의 팽창정책을 저지하기 위해 민주주의 체제를 정착시키고, 시장경제를 발전시켰으며, 서방세계와 긴밀한 우호관계를 유지했고, 특히 안보강화를 위해 친미정책을 추진했다.[1] 서방국가와의 유대관계는 자유민주주의 정치체제와 자유가 보장된 사회를 보호할 수 있었다. 친서방정책은 주변 자유민주주의 국가와의 우호관계를 기반으로 소련의 팽창정책을 저지했고, 프랑스와는 역사적인 적대관계를 해소하고 유럽의 발전을 위해 공동의 파트너 관계를 구축했다. 이를 구체화하기 위해 외교정책의 삼각 구심점을 강조했는데 독일, 유럽, 미국과의 동맹관계가 그것이다.[2]

삼각관계를 중심으로 독일통일과 유럽통일, 유럽공동방어체제 구축, 애틀랜틱동맹 결속력 강화를 위해 미국과 지속적인 관계를 유지했다. 아데나워 수상은 유럽통합이 지속적으로 진행되고 통합된 유럽이 강한 정치적 힘을 발휘하기 위해서는 유럽의 강대국인 프랑스와 독일이 중심 역할을 해야 한다고 생각했다. 그러나 프랑스와 독일의 잦은 전쟁으로 양국의 국민들은 적대적인 감정을 지니고 있었는데, 이를 제거하는 것이 우선이었다. 양국이 동반자관계로 전환하기 위해서는 화해와 협력이 필요했다. 이것이 이루어진다면 양국은 신뢰를 회복하고 유럽통합의 길로 한 발 더 나아가는 것이라고 믿었다. 서독 외교는 프

---

1) Pfetsch, Deutschlandpolitik 1949-1969, p.163.

2) *Ibid.*, pp.164-165.

랑스를 중심으로 서유럽국가와의 관계를 회복하면, 그 다음 단계로 소련을 비롯한 동유럽 사회주의 국가와 관계를 회복할 수 있다고 생각했다.

아데나워 수상의 친서방정책에 문제를 제기한 사람은 정부 내에서 베를린 출신의 카이저(K. Kaiser) 독일문제장관이었다. 그는 독일이 동·서 냉전체제의 중심에 놓여 있기 때문에 유럽 중앙에 위치하고 있는 서독은 외교적으로 어느 한쪽으로 기울지 않고 동·서를 연결하는 교량역할을 해야 한다고 주장했다. 그리고 독일은 정치·경제·군사·이념분야에서 어느 체제에도 예속되지 않는 중립국가가 돼야 한다고 설명했다.3) 이 방법이야말로 독일이 냉전의 희생에서 벗어날 수 있으며 미·소 중심의 냉전외교에 휘말리지 않고 최대한 실익을 챙길 수 있다는 것이었다. 그러나 양 독일은 이미 냉전체제 속에서 미·소 영향권에 편입됐기 때문에 이 체제에서 벗어나 독자적인 길을 선택한다는 것은 어려운 일이었다.

이 제안에 대해 언론에서는 독일문제 해결을 위한 다양한 정책이 제시됐다는 점에서 긍정적으로 평가했다. 그러나 아데나워 수상은 친서방정책에 혼선을 초래할 염려가 있기 때문에 거절했고, 소련은 신뢰할 수 없는 국가이기 때문에 오로지 친서방정책을 통해서 소련의 팽창정책을 저지할 수 있다고 믿고 서방세계와의 유대관계를 강화했다.

---

3) Kohl, Helmut: Die Grundlage unserer Außenpolitik, in: D*em Staate Verpflichtet*, (ed) Hermann Kunst, Helmut Kohl, Peter Egen, Berlin 1980, pp.75-79.

1. 한국전쟁과 재무장

　1950년 6월 25일 일어난 한국전쟁은 국제정치 질서는 물론 분단국인 독일에도 커다란 변화를 가져다주었다. 한국전쟁이 일어나기 전까지만 해도 서유럽국가들은 미국이 핵무장에서 소련보다 우세하기 때문에 미국과 동맹관계만 유지하면 유사시에 소련의 공격을 차단할 수 있다고 믿고 있었다. 이러한 상황에서 한국전쟁은 파괴적인 신예 무기들의 실험무대가 됐고, 미국의 우수한 장비가 대거 선을 보였다. 그럼에도 불구하고 중국군 개입과 소련의 지원으로 한국전쟁은 어느 한쪽이 일방적으로 우세하지 못한 채 휴전협정을 통해 38선을 경계로 남북분단을 고착화했다.

　서유럽국가들은 소련의 위협에 대비하여 군비강화의 필요성을 인식했지만, 경제적 여유가 없어 이를 실현하지 못했다. 프랑스와 영국은 외국에 자국 군대를 파견하고 있는 관계로 경제적 여유가 없었다. 다른 나토 국가들도 경제적 여유가 없을 뿐 아니라 중소 국가인 관계로 군축을 강화하는 데는 스스로 한계를 가지고 있었다. 그 결과 나토는 서독을 재무장시켜 소련의 위협에 대비하는 방안을 고려하게 됐다.[4]

---

4) 미국은 1947년 모스크바 외무장관 회담 결렬 후 소련과 대화와 협상을 통해 독일문제를 해결할 수가 없다고 판단하고, 서방연합국 점령지역에서 단독정부 출범을 서둘렀다. 그리고 소련군 점령지역에서 사회주의 국가 탄생은 확실하고 독일의 분단은 불가피하기 때문에 소련의 팽창정책을 저지하

한국전쟁을 직접 경험한 미국과 서유럽은 독일 재무장을 반대할 명분이 없었다. 1950년 8월 11일 유럽위원회 총회에서 영국의 처칠 수상은 독일이 일부 경비를 부담하는 조건으로 유럽군대를 창설하는 것을 제안했다. 대부분의 국가들은 이 제안을 긍정적으로 받아들여 찬성의 사를 표명했고, 주변국에서 재무장이 긍정적으로 검토되면서 독일의 재무장은 서서히 구체화되기 시작했다.5)

아데나워 수상은 재무장을 국방문제로만 제한하지 않았다. 이 기회를 이용하여 고립된 서독이 서유럽 동맹체에 소속되고 국가의 주권을 회복하여 다른 서유럽국가들과 동등한 자격의 국가로 다시 태어나도록 최대한 활용했다. 그는 지속적으로 친서방정책을 추진하여 외교적 입지와 활동의 범위를 확대했다. 1951년 독일연방공화국은 외교권을 획득했지만 외무부를 신설하지 않고 본인이 외무부 업무도 담당했다. 1955년 6월에야 외무부를 신설하여 외무장관을 따로 임명했다.6)

한국전쟁이 일어난 1950년 여름 동독은 6만 명 규모의 전투경찰을 새로 조직하여 절반인 3만 명을 국경수비대와 수송부대로 편입시켰다. 이는 순수 치안질서를 유지하기 위한 경찰이 아니라 전투적 태세를 갖춘 무장경찰이었다. 동독이 재무장을 준비하고 있는 사이 서독에서도 재무장 준비가 빠른 속도로 진행되기 시작했다.

아데나워 수상은 1950년 8월 29일의 비밀 외교문서를 통해 독일 주둔 클로이(M. Cloy) 미군사령관에게 서독 안보를 위해 미국정부가 관심을 가져 줄 것을 요구하면서 연합군 병력을 증강시켜 줄 것을 요구했다. 서방연합군 병력 증강은 서독에게는 자유세계 방어의지를 보여주

기 위해 서독의 재무장은 빠른 시일 내에 현실화돼야 한다는 구상을 했다.
5) Benz, *Die Gründung der Bundesrepublik*, p.140
6) Borowsky, *Deutschland 1945-1969*, pp.139-140.

는 것으로 깊은 의미를 지니는 것이었다. 국토가 분단된 상황에서 공산주의 국가와 대치하고 있는 서독에 군대가 없기 때문에 연합군의 증강은 국민들을 심리적으로 안정시키는 계기가 되는 것이다.

미국은 서독에게 국방비 분담을 요구했고, 서독이 재무장 후 다국적 군대에 편입하는 것도 긍정적으로 검토하고 있었다. 아데나워 수상은 이 제안을 긍정적으로 생각했다. 그 대신 연합국이 독일에 가지고 있는 전시상황을 해제하고 연합군 주둔 목적을 새로 규정하여 자유민주 정치체제를 보호하고 점령군 지위도 해제할 것을 요구했다. 아데나워 수상은 미국의 제안을 국무회의를 거치지 않고 독단적으로 해결했다. 하이네만(G. Heinemann) 내무장관은 아데나워의 행동은 민주정치의 기본 취지에 벗어난다고 강력하게 비판했다. 하이네만은 정부·여당의 정서와 일치하지 않아 장관직을 사퇴하고 기민당을 탈당하여 사민당에 입당했다. 그는 계속해서 서독의 재무장을 반대했고 동시에 핵무장도 반대다.7)

서방연합국은 1950년 9월 외무장관 회담을 뉴욕에서 개최했다. 이 회담에서 독일의 전시적 상황을 해제하고 점령군의 지위를 수정·변경했다. 그 결과 서독(독일연방공화국)은 외교권을 확보하여 다른 나라와 외교관계를 정상화할 수 있게 됐다. 아울러 독일연방공화국이 독일을 대표하는 유일한 합법적인 국가가 됐다.8)

뉴욕회담에서 서독의 재무장과 방위비 분담에 대해서는 의견이 결렬된 관계로 합의점을 찾지 못했다. 하지만 미국의 애치슨(Achson) 국무장관은 유럽이라는 공동의 이름으로 미국은 계속 유럽과 관계를 유지하고 유럽 문제에도 깊이 관여할 것이라고 밝혔다. 그리고 서유럽

---

7) Borowsky, *Deutschland 1945-1969*, p.141.

8) *Ibid.*, pp.140-141.

방어를 위한 병력증강의 필요성도 강조했다. 유럽안보를 강화하기 위해 이제 더 이상 서독이 재무장하는 것을 방해해서는 안 된다고 밝혔고, 서독 또한 과거의 역사적 부담에서 벗어나 유럽평화체제 구축을 위해 공동책임을 져야 한다고 주장했다.9)

독일의 재무장 필요성을 가장 강력하게 반대한 나라는 프랑스였다. 프랑스는 역사적 차원에서 경쟁국인 독일이 군사·정치·경제적으로 강해지는 것을 원치 않았다. 프랑스는 소련의 팽창정책을 두려워했지만, 동시에 독일의 재무장도 두려워했다. 프랑스의 강력한 반대 입장 때문에 뉴욕회담에서 이에 관해 합의점을 찾지 못했다. 독일 재무장에 관해 프랑스 정부는 일방적으로 반대입장을 밝혔지만, 일부 정치가들은 독일 재무장을 영원히 불가능한 것으로 보지 않았으며 조만간 구체화될 것으로 믿고 개인적인 입장을 밝혔다.10)

프랑스에서 독일의 재무장을 인정하는 인사들은 미래 독일군대는 소련군대보다는 강해야 하지만 프랑스 군대보다는 약해야 한다는 것이 원칙이었다. 그리고 민족적 요소를 완전히 배제한 가운데 국제평화와 유럽안보, 자유세계의 보호라는 목적 하에 창설돼야 한다고 했다. 프랑스의 플레벤(R. Pleven) 총리는 국가를 초월한 유럽군대 창설의 필요성을 제기했고, 미래 독일군대도 유럽사령관 명령체계 안에 있어야 한다고 주장했다.11)

아데나워 수상과 여당 의원은 플레벤 총리의 입장을 지지하고, 독일군대는 과거와 같은 목적을 지양하고 유럽안보체제를 강화하는 데

---

9) Morsey, Rudolf: *Die Bundesrepublik Deutschland*, München 1987, pp.27-29; Loth, Wilfried, *Die Teilung der Welt 1945-1955*, München 1989, pp.265-275.

10) Loth, Wilfried: *Ost-West-Konflikt und deutsche Frage*, München 1989, pp.159-172.

11) Morsey, pp.29-31.

기여해야 한다고 밝혔다. 아데나워 수상은 재무장에 강한 의지를 가지고 있어 철저하게 준비했다. 그는 한국전쟁이 한창 진행 중인 1950년 10월 5일 전직 사령관인 호이징어(A. Heusinger)와 스파이델(H. Speidel)을 비밀리에 초대하여 미래 독일군의 규모와 제도 등에 관해 조언을 들었다. 그들은 독일군은 12개 사단 규모 병력을 소유하고, 병력은 서유럽 우방과 국경선을 이루는 라인강 주변이 아닌, 동유럽과 국경선을 접하는 엘베강 유역에 중점적으로 주둔시킬 것을 조언했다. 아데나워 수상은 비밀회의에서 미래 군대에 관해서 확실한 프로그램을 갖게 됐으며, 이것을 실현하기 위해 블랑크(T. Blank) 기민당 의원에게 전권을 위임했다.12)

독일 재무장에 대해 프랑스 못지않게 반대한 집단은 야당과 사회단체였다. 기독교단체는 1950년 8월 에센에서 열린 기독교인의 날 행사에서 재무장은 서유럽은 물론 동유럽국가들도 원하지 않는다고 반대했다. 야당인 사민당은 재무장은 전혀 필요 없는 것이라 밝히고, 경제복구 작업에 지장을 초래하고, 독일 영토는 또 다시 전쟁의 터전을 제공할지도 모르며, 통일 기회를 완전히 잃어버리게 된다며 부정적 입장을 표명했다.13)

국제정세도 한국전쟁을 계기로 극도로 양분되기 시작하여 아데나워는 독일 재무장의 필요성을 강하게 인식했고, 주변국가와 국내의 반대에도 불구하고 이것을 실현하기 위해 단계적으로 노력했다. 1955년 파리조약이 효력을 발휘하고 동유럽 사회주의 국가 군사동맹체인 바르샤바조약기구가 창설되자 유럽 분단은 고착화되기에 이르렀다. 동·서유럽은 엘베강을 중심으로 동쪽은 사회주의 국가, 서쪽은 자본

---

12) Borowsky, *Deutschland 1945-1969*, p.142.
13) *Ibid.*, pp.142-143.

주의 국가로 나뉘었으며, 군사적으로는 동쪽은 바르샤바조약 국가, 서쪽은 북대서양조약(나토) 국가로 분단됐다.

파리조약은 1954년 10월 파리에서 미국, 영국, 프랑스, 서독 대표가 참가하여 체결했다. 이 조약에 의해 서독은 연합군 점령기간이 종식되고 주권국가로 탄생하게 됐다. 서방세계는 소련의 팽창정책에 대비해 군사력을 강화했고, 서독은 베를린의 민생안정을 위해 재정적으로 지원했다. 서독은 재무장이 가능해져 군대를 창설할 수 있었다. 그러나 대량살상무기인 원자폭탄과 화학폭탄 생산은 금지됐다. 서독의 군대는 50만으로 제한됐으며, 나토군 사령관의 지휘체제에 예속되도록 했다. 이 외에도 나토는 서독이 독일을 대표하는 유일한 합법적인 국가로 인정했다. 독일통일은 나토의 목표로 설정되어 유럽의 분단을 극복하는 데 서방세계가 공동으로 노력하기로 했다.

국내의 야당과 노동조합, 기독교단체, 지식인 그룹에서는 파리조약을 반대했다. 반대 이유는 동·서독이 무장하여 각각 다른 군사공동체에 예속되는 것은 통일을 영원히 미궁 속으로 몰아넣는 것이고, 동시에 동·서 긴장을 더욱 더 심화시키고 독일의 운명이 무장한 다국적군대에 의해 좌우된다는 것이다.[14]

파리조약이 체결되어 한국전쟁 이후 논의되어 왔던 독일의 재무장이 확실한 모습을 드러내게 됐다. 1955년 6월 6일에 블랑크는 국방장관에 임명되어 독일군 재건임무를 수행하게 됐다. 1959년까지 12개 사단을 창설하고 1960년까지 해군을 창설했다. 독일군대는 37만의 육군과 8만의 공군, 2만의 해군을 가진 군대로 태어났다.[15]

---

14) *Ibid.*, pp.153-155.
15) *Ibid.*, pp.161-162.

2. 스탈린 외교문서

한국전쟁 이후 서독의 재무장과 친서방정책이 구체화되어 수면 위로 부상하자 소련은 정치적으로 큰 부담을 느끼게 됐다. 소련은 이 문제를 외교적으로 해결하기 위해 1952년 3월 10일 서방연합국에게 외교문서를 보내 양 독일이 참가하는 평화조약을 체결하여 지금까지 불합리한 점령군 지위를 평화적인 관계로 전환하고, 독일에서 자주적이고 민주적인 통일국가가 탄생하도록 하자고 제의했다. 그리고 독일국민은 민주적 권리를 존중하여 민족·성·종교·언어에 따라 어떠한 차별이나 불이익을 받지 않도록 기본권과 인권을 보장하자고 제안했다. 이 외에도 표현, 언론·종교, 정치적 자유도 보장하자고 주장했다. 이러한 원칙에 입각해 민주주의 정치질서에 따라 정당 설립과 자유활동도 허용할 것을 제의했다.

군사적인 측면에서는 평화조약이 체결되면 점령군 지위를 해제하고 외국군대는 물론 군사시설도 모두 독일 영토에서 철수하고 독일군대는 국토를 방위할 정도로 육·해·공군을 10만까지 소유하도록 허용하자는 내용이었다.[16]

미국은 소련의 외교문서에 반대의사를 밝히고 문제점을 지적했다. 스탈린 외교문서는 총 독일정부를 구성하자는 언급이 없으며 실천 가능성도 전혀 없다고 밝혔다. 그리고 이것을 실현하기 위해 총선거를

---

16) Dokumentation zur Deutschlandfrage, pp.138-140; Bahr, Egon: *Zur meiner Zeit*, München 1996, pp.68-72.

실시하고, 자유선거는 반드시 유엔 감시 하에서 실시할 구체적인 방법이 결여됐다고 지적했다. 그리고 총선 후 새로 구성된 총 독일정부의 기본노선과 목적은 유엔의 기본노선과 일치해야 하며, 유럽안보에 대해서도 책임의식이 결여됐다고 지적했다. 동·서유럽은 체제를 달리하고 있는 관계로 서로 적대적 경쟁을 조장하고 있는데, 이러한 관계는 상호 불신을 초래하고 있어 독일통일은 유럽통합이라는 거시적 차원에서 이루어져야 하므로 이를 실천할 수 있는 세부적 내용이 있어야 한다고 밝혔다.[17]

스탈린 외교문서에 대해 서방연합국은 물론 서독도 회의적이었다. 스탈린이 독일통일과 중립화를 제안했지만, 이를 구체적으로 실현할 수 있는 방법론에 대해서는 언급이 없었기 때문이다. 가장 큰 문제는 소련이 서독의 친서방정책을 저지하기 위해 동독을 포기하겠느냐 하는 의문이었다. 이 문제에 대해 언론과 학자들 사이 많은 의견이 표출됐지만 대부분 소련의 의도는 신뢰성이 없다는 것으로 평가했다. 서방연합국은 소련의 제안을 거절하면서 독일문제를 소련의 의도대로 수용하면 반드시 위험이 수반된다고 보고, 소련의 제안에도 변함없이 서독의 친서방 외교정책 노선을 환영하고 지지했다.[18]

아데나워 수상은 스탈린이 제안한 독일중립화는 유럽방어공동체를 파괴하고 서독의 친서방정책을 방해하기 위한 책략으로 간주했다. 그 대신 소련이 진정으로 독일문제 해결에 관심이 있다면 유럽평화 유지와 군비강화 포기, 동유럽에서 자유가 보장된 새로운 정치질서를 허용할 것을 요구했다.[19]

---

17) Dokumentation zur Deutschlandfrage, pp.140-142.
18) Birke, pp.306-309.
19) Borowsky, *Deutschland 1949-1969*, pp.145-147

스탈린은 두 번째 보낸 외교문서에서 서방세계가 요구하고 있는 자유 총선거를 수용했으나, 유엔이 선거를 감시하는 대신 4개국 공동으로 감시하자고 제안했다. 두 번째 외교문서가 전달된 후 서독의 언론과 지식인들은 무조건 소련의 제안을 거절한 아데나워 수상의 일방적인 친서방정책을 비난했다. 특히 그는 소련의 외교문서를 신중히 검토해 통일 가능성을 찾아야 하는데, 전혀 그런 노력은 보이지 않고 서방연합국 결정에 맹목적으로 추종하는 과오를 범하고 있다고 지적했다.

미국은 두 번째 외교문서 회담에서 총선 후 새로운 정부를 구성하고 정치체제를 자유롭게 선택하도록 제안했으나 소련은 이를 수용하지 않았다. 소련은 서독이 친서방정책을 통해 서방세계와 유대관계를 강화하려는 외교적 활동이 본격화되자 이를 방해하려는 숨은 의도를 서서히 드러내기 시작했다. 소련은 서독의 재무장 논의에 대해 호전적인 보복주의자들이 나토와 협력하여 또다시 전쟁을 준비하고 있다고 비방 선전했다. 소련은 독일문제 해결을 위해 4개국 회담을 제의했는데, 이는 독일문제를 해결하기 위한 것이 아니고 독일분단 책임을 서방연합국과 서독정부에게 전가하기 위한 외교적 책략이었다.20) 1952년의 스탈린 외교문서는 서독의 친서방정책을 이완시키고 한국전쟁 이후 논의된 서독 재무장을 방해하기 위한 외교적 전략으로 판명됐다. 스탈린은 외교문서에서 독일이 정치적으로 어느 체제에도 예속되지 않는 중립국가로 머물며, 동시에 각각 군사동맹체에서 탈퇴하는 조건 하에 통일을 이룩하고자 했다. 그 대신 유럽 중앙에 중립국 지대를 조성하여 미국과 소련의 영향권 아래 자유를 보장하고, 유럽의 평화·안보체제를 자체적으로 유지하게 하는 것이 목적이었다. 소련의 외교문

---

20) Borowsky, *Deutschland 1945-1969*, pp.146-147.

서는 서독과 미국이 안보를 바탕으로 구축된 동맹관계를 이완시켜 서독을 서방세계와 고립시키고 이 지역에서 소련의 영향력을 최대화하기 위한 외교적 계산이었다.21)

아데나워 수상은 스탈린 외교문서는 실행성이 부족하다고 판단하고 더 이상 소련의 제안에 관심을 기울이지 않았다. 그리고 통일은 현실적으로 불가능하다고 판단하고 먼 미래의 목표로 설정하면서, 현실적으로 가능한 친서방정책과 서독의 자유민주질서 보호에 깊은 관심과 정치적 열정을 쏟아 부었다. 그는 통일은 당시로서는 불가능하다고 보고, 먼 미래에 기회가 온다면 자유민주정치 활동이 보장된 친서방정책의 기초 위에서 가능하며, 그때 소련의 동의가 필요하다고 판단했다.

스탈린 외교문서에 대해서는 아데나워뿐만 아니라 카이저(K. Kaiser) 내독문제 장관을 제외한 대부분의 각료도 부정적 입장을 가지고 있었다. 각료들은 서유럽국가는 소련의 팽창정책에 스스로 국가를 보호할 수 있는 군사적 능력이 부족하다는 아데나워의 의견과 일치했다. 아데나워는 독일이 우선 자유진영인 친서방체제로 완전히 편입된 이후에야 통일이 가능하다고 보고, 친서방정책을 빠른 속도로 진행하게 된다.22)

---

21) Sontheimer, Kurt: *Die Adenauer-Ära, Grundlage der Bundesrepublik*, München 1991, pp.160-161.
22) 권오중, "소련의 중립화 독일통일 제안(Die sowjetische Note vom 10. März 1952)—서독과 서방측 정부들의 태도와 진위 논쟁—,『서양사론』제81호, 2004년 6월, pp.205-209.

3. 핵무장 논의

소련은 집중적인 군비투자로 1957년 인공위성 발사에 성공했다. 이는 군비경쟁 관계에 있는 미국은 물론 서유럽에게도 큰 충격이었다. 미국은 이를 만회하기 위해 인공위성과 핵무기 개발에 주력했고, 동시에 유럽 방위전략을 수정해 나토 주둔군 병력을 감소시키는 대신 핵무장으로 소련에 대응한다는 계획을 제시했다. 미국은 국방비 부담에서 벗어나기 위해 서독 핵무장 허용도 고려하고 있었다. 미국의 유럽 방위전략이 변경되자 서독정부와 여당도 핵무장에 관심을 갖기 시작했다.

서독에서 아데나워 수상과 슈트라우스(F. J. Strauß) 국방장관이 핵무장에 가장 깊은 관심을 가지고 있었다.[23] 이들은 서독이 핵무장을 하게 되면 유럽에서 강대국인 영국, 프랑스와 똑같이 핵무장 국가가 되어 국가 위상이 향상되고, 국가안보를 외국에 의존하지 않고 자주적으로 소련에 강력하게 대응 할 수 있다고 보았다.[24] 아데나워 수상은 1957년 4월 4일의 기자회견에서 핵무장에 관해 지대한 관심을 표명하고 공식입장을 밝혔다. 그의 입장표명은 이미 파리조약에서 천명했던 핵무장 반대 내용에 대치되는 것으로 외국과 서독 국내에서 강한 반발을 불러일으켰다.

---

[23] 1956년 10월 개각 때 블랑크 국방부장관은 핵담당장관으로 옮기고 새 국방부장관에 기사당 출신의 프란츠 요셉 슈트라우스가 임명됐다.

[24] Borowsky, *Deutschland 1945-1969*, p.163.

서독이 핵무장을 할 경우 가장 두려움을 가지고 있는 나라는 소련과 폴란드로 이들 국가는 이를 저지하기 위해 유대 관계를 강화했다. 1957년 10월 폴란드 외무장관 라파키(A. Rapacki)는 군비감축 계획안을 발표했다. 이 계획안에서 폴란드는 소련의 동의를 얻어 국제적 연대감을 조성하고자 제안했는데, 중앙유럽(동・서독, 폴란드, 체코슬로바키아)에 비핵화지대를 조성하여 여기에 포함된 국가는 핵무기를 생산하지도 않고 소유하지도 않을 것을 제안했다. 그러나 서독은 이 제안을 거절했다.

핵무장 논의가 활발하게 진전되면서 서독에서는 여러 단체가 핵무장을 반대하는 성명을 발표했다. 대표적인 경우가 1957년 4월 괴팅겐 대학에서 18명의 핵물리학자들이 발표한 성명문이다. 이 성명문에서 핵물리학자들은 서독 핵무장의 부당성을 지적하고 핵무장 계획을 철회할 것을 요구했다. 핵무장 반대운동에 참가했던 학자는 보른(M. Born), 한(O. Hahn), 하이젠베르크(W. Heisenberg), 라우에(M.v. Raue), 발셔(W. Walcher), 바이체커(K.F.v. Weizäcker) 등이었다.[25]

괴팅겐 성명은 원자폭탄의 피해에 대해 해당 전문가들이 발표했다는 점에서 그 어떤 내용보다 신빙성이 있었고, 핵의 파괴성에 대해 거부감을 갖게 하기에 충분했다. 그들은 원자폭탄은 인간의 주거공간을 파괴할 뿐만 아니라 지상군에게도 막대한 피해를 주어, 서독이 핵무장을 하게 될 경우 최대의 피해자는 바로 당사자 독일이라고 밝혔다. 또한 히로시마에 투하된 원자폭탄이 인류 역사에서 원자폭탄의 피해를 증명하고 있다고 밝히면서, 인간의 생활공간을 송두리째 파괴하는 원자폭탄의 피해는 우리 인간의 상상력으로 그 한계점을 짐작하지 못한

---

25) *Ibid.*, pp.163-165.

다는 것이었다. 전략적 원자폭탄은 도시 전체를 파괴하고 그 피해는 전 지역으로 확대되며, 예를 들어 원자폭탄 하나로 루르 공업지대 전체가 파괴될 수도 있다는 것이었다. 그 밖에도 방사능 피해에 따른 여파로 생태계가 파괴되며, 기형아와 기형동물이 태어나고 토양이 변질되어 식물이 자라지 못할 것이라며 그에 따르는 문제점을 열거했다. 또한 방사능의 피해는 독일 전역으로 확대된다고 밝혔다. 핵무장 반대 서명 학자는 독일 영토에서 핵실험을 하는 것과 핵을 생산하는 것, 그리고 핵무기를 주둔시키는 것까지 반대했다.

이들은 서독이 핵무장을 통해 소련과 군사적으로 대립하여 공포분위기를 조성할 것이 아니라 대화와 협력을 통해 인간의 자유를 실현시킬 것을 요구했다. 또한 이들은 자유와 평화의 중요성을 강조했다. 만약 핵무장을 하게 될 경우 핵 사고가 일어날 수 있으며, 이 경우 엄청난 피해를 감수하게 되는데, 이런 사고는 반드시 막대한 피해를 수반하기 때문에 핵은 반드시 인류에게 평화적인 목적으로만 사용돼야 한다고 강조했다. 서명 학자들은 서독이 핵무장을 하게 될 경우 기술개발에 불참할 뿐만 아니라 학문적 도움을 주지 않을 것이라고 소신을 밝혔다. 그들은 핵이 단지 평화적인 목적으로 사용될 경우에만 참여하겠다고 밝혔다.[26]

핵물리학자들의 성명문은 반핵분위기를 조성하는 데 크게 기여하여 핵 반대운동이 전국적으로 확산됐다. 아데나워 수상은 이들을 초청하여 핵무장에 대한 정부의 입장을 전달했다. 서독은 단독으로 핵무장을 하지 않을 것이며 오로지 나토라는 이름 아래 서유럽국가와 공동으로 핵개발을 할 것이라고 입장을 밝혔다.

---

26) *Ibid.*, p.165.

1957년 12월 나토 정상회담에서 나토가 중거리미사일과 핵탄두미사일로 무장하기로 합의하자 연방의회에서는 야당의 강력한 반발이 예상됐다. 사민당의 하이네만과 델러(T. Dehler) 의원은 아데나워 수상의 외교정책과 안보정책을 신랄하게 비판했다. 이들은 1952년 스탈린이 외교문서를 보냈을 때 아데나워 수상은 통일의 가능성을 검토하지도 않고 소련의 제안을 거부함으로써 스스로 통일에 대한 가능성을 포기했다고 아데나워 안보정책을 비난했다.27)

사민당의 올렌하우어(E. Ollenhauer) 총재는 야당 의석이 과반수를 넘지 못해 여당의 단독처리를 방지하기 위해 국민투표를 제의했다. 표 처리를 강행하게 될 경우 야당으로는 역부족이었기 때문에 시간을 지연시키면서 사회여론을 환기시키고 국민들의 반발을 불러일으켜 이를 저지하기 위한 계산이었다. 사민당은 노동조합과 연대해 전국적으로 반대운동을 전개했고, 교회와 교수, 작가 등 지식인 그룹이 정면에 나서 야당의 입장을 적극 지원했다. 그 결과 1958년 4월 19일에 전국 도시에서 핵무장 반대시위가 일어났다. 노동자와 학생은 물론 교회가 적극적으로 참가했다. 교회는 핵무기는 물론 재래식무기로 무장하는 것까지 반대했고, 전 세계 기독교와 공동연대를 통해서 핵무장 저지운동을 전개하기로 결정했다.28)

전국적인 반대데모에도 불구하고 아데나워 수상은 핵무장 의지를 포기하지 않았고, 여야 대립은 극대화되어 사회여론이 반아덴아워 정서로 전개됐다. 이러한 가운데 미국과 소련은 원칙적으로 핵확산 금지

---

27) 여당인 기독교연합 의원은 국민과 야당이 핵무장에 대해서 강한 반발을 하고 있어 핵무장이라는 강력한 의미의 용어 대신 현대 무기로 무장해야 한다고 우회적인 표현을 쓰면서 아데나워 정책을 지지했다.

28) Borowsky, *Deutschland 1945-1969*, pp.166-167.

조약에 합의하여 서독도 다른 유럽 나토국가처럼 미국의 핵우산 보호 속에 포함됨으로써 이 문제는 일단락됐다.29)

그러나 아데나워는 1963년도 수상 퇴임 후에도 핵무장 집념을 버리지 않고 프랑스와 협력하여 핵무장을 하려고 했으나 미국의 방해와 대부분의 기민당 의원과 자민당, 사민당 의원의 반대에 부딪쳐 이를 실현하지 못했다. 핵무장에 대한 그의 집요한 의지는 후임자인 에르하르트 수상과 다음 정부에 많은 부담을 주었고, 국론을 분열시키는 결과를 초래했다.

4. 소련과의 관계

파리조약이 체결되자 서독은 외교적 활동범위가 확대되고 국가위상도 강화됐다. 이와 같은 상황에서 소련은 서독을 점령국가로만 대우할 수 없는 한계를 인식했고, 변화의 조짐으로 서방세계는 물론 서독과 대화분위기를 조성하려고 시도했다. 소련이 변하기 시작한 것은 강경노선을 주장하던 스탈린노선의 약화와, 한국전쟁이 휴전됨으로써 전쟁과 대립구도의 국제질서에 한계를 느꼈기 때문이다. 소련이 유럽에서 취한 첫 번째 평화적인 방법은 오스트리아 문제였다. 오스트리아가 중립국을 선언하자 주권국가로 인정했고, 거기에 주둔하던 소련군도 철수했다.30)

1954년 10월 체결한 파리조약이 1955년 5월 효력을 발휘하면서 연

---

29) Borowsky, *Deutschland 1945-1969*, pp.166-167.

30) Birke, pp.444-448.

합국이 독일에서 누리던 점령군 지위는 종식됐다. 서독은 완전한 주권국가가 됐고, 그 결과 1955년 5월 9일 서독은 나토 회원국가가 됐다. 이런 상황은 1945년 전쟁이 종식됐을 때는 상상도 하지 못한 외교적 발전이었다.31)

서독의 주권 획득은 소련과의 협상 가능성도 함께 열리는 것이었다. 1955년 7월 연합국 4개국 정상은 스위스 제네바에서 회담을 갖고 군비축소, 안보문제, 독일문제 등을 논의했다. 소련은 스탈린 사후 강경노선을 포기하고 서방연합국 의견을 수용했고, 서독의 재무장이 이루어진 후 대화의 파트너로 유연한 자세를 취했다.

소련은 유럽 안보문제 해결을 위해 모든 유럽 국가가 참가하는 초이념적인 군사기구를 창설하고, 동독과 서독도 동시에 참가할 것을 제안했다. 이 제안은 연합국 외무장관 회담에서 논의하기로 했으나 성과를 거두지 못했다. 그리고 독일문제에 대해, 4개국 정상회담에서 통일에 대한 논의는 아직 시기상조라고 결론지었다.

흐루시초프(N. Chruschtschow)는 동독이 정치・사회적으로 성숙되어야 독일문제가 동등하게 해결된다고 보고, 서독을 고립시키거나 또는 팽창정책의 희생물로 여기지 않고, 대화를 통해서 문제를 해결해 간다는 전략을 세웠다. 그는 독일통일은 독일이 해결해야 할 문제라고 보고, 독일의 외교 활동 범위가 확대되는 것을 방해하지 않았다.32)

아데나워 수상은 4개국 정상회담이 열리는 동안 회담 장소와 가까운 곳에서 휴가를 보내면서 회담 진행 내용에 깊은 관심을 가지고 있었다. 그는 정상회담에서 독일문제가 핵심 주제로 선정되기를 내심 기대했으나 안보문제에 밀려 주요 안건으로 취급되지 못하자 실망감을

---

31) Das Pariser Vertragswerk vom 23. Oktober 1954, in: *Gasteyger*, pp.119-121.
32) Birke, pp.444

감추지 못했다. 후에 제네바 정상회담에서 독일문제를 유럽안보 문제와 연결시켜 해결하고자 함으로서 독일문제는 독일이라는 국가적 차원을 떠나 유럽안보 차원에서 취급됐다. 이 결과 독일문제는 국제정치의 민감한 사항의 영향을 받게 됐고 독일분단은 냉전의 긴 여정으로 빠져들게 됐다.

소련은 독일문제에 대해 스탈린 시대와는 달리 유연하고 탄력적인 자세로 대처했다. 소련에서 변화의 조짐이 보이자 정부와 여당은 외교정책과 통일정책을 신축적으로 운용했다. 이것은 이제까지 대립적이었던 소련과의 관계를, 어떤 방법으로든 대화를 통해서 변화를 시도하자는 것이었다. 이러한 시도는 동독을 염두에 둔 것으로 동독과의 관계를 평행선 관계로 방치하지 않고, 동독의 종주국인 소련을 지렛대로 활용해 동독을 움직여 보겠다는 의도였다. 정부 내에서도 이런 구상은 불가능한 것이라고 판단했지만, 그래도 서독은 앞선 경제를 바탕으로, 적극적인 외교를 펼쳐 주권국가의 위상을 동독은 물론 동유럽에까지 펼쳐보겠다는 구상이었다.[33]

소련은 아데나워 수상을 초대하여 독일문제를 당사자 국가와 협의하고자 했다. 서독도 소련이 4개국 협상 권한을 가지고 있어 독일문제 해결을 위해 소련과 대화 채널을 개설해야 할 필요가 있었다. 소련은 1955년 6월 7일 외교적 채널을 통해 아데나워 수상을 모스크바로 초청하여 전제 조건 없이 외교관계를 정상화하기를 희망했다. 1955년 서독은 친서방정책을 재확인한 가운데, 소련으로부터 독일연방공화국(서독)의 주권을 인정받아 외교관계를 수립하여 정식 대사급을 교환했다.[34]

아데나워 수상은 소련과 관계개선도 중요하지만, 서방국가와의 관

---

33) Hillgruber, p.63.
34) *Ibid.*, pp.64-65.

계도 고려하지 않을 수가 없었다. 소련과의 관계가 개선되고 우호적인 관계로 급전환하게 될 경우, 지금까지 서방세계와 구축해 놓은 신뢰관계에 금이 갈 가능성을 배제할 수 없었다. 역사적으로 바이마르공화국에서는 라팔로 조약(Rapallo Vertrag)의 선례가 있기 때문에 서독은 서방세계와 관계를 무시해서는 안 되는 상황이었다.[35] 아데나워 수상은 서방연합국과 사전에 의사를 타진하고, 서방국가의 양해 아래 소련을 방문했다. 아데나워 수상은 1955년 9월 15명의 수행원을 동행하고 모스크바를 방문하여 두 나라가 해결해야 할 현안 문제에 대해서 논의했다. 아데나워는 제네바 회담에서 연합국이 소홀히 다루었던 독일문제를 유럽안보와 연결하여 논의했다. 아데나워는 통일문제와 미귀환 포로송환 문제를 핵심 사항으로 다루려고 했으나, 소련은 통일문제 논의에는 긍정적이었지만 포로송환 문제는 난색을 표명했다. 불가닌(N. Bulganin) 수상은 전쟁 직후 독일 포로는 모두 석방했기 때문에 더 이상 전쟁 포로는 없고, 단지 약 1만 명 정도의 히틀러 추종자인 나치주의자들만 있다고 밝혔다. 통일문제와 관련하여 여러 차례 대화를 가졌지만 두 국가의 입장 차이 때문에 전혀 진전이 없었다. 하지만 아데나워는 독일통일에 있어 4개국의 책임에 대해서 재차 강조했고, 소련의 의무도 역설했다. 그는 독일문제와 관련시켜 긴장완화가 이루어져야 유럽안보 체제도 확립된다고 설명하고, 독일문제를 대립구도로 몰고 가는 것을 경계했다.

    소련은 동독을 국가로 인정하고 오더-나이세 경계선을 폴란드 서부 국경선으로 인정할 것을 요구했으나 아데나워 수상은 한 치의 양보도 하지 않았다. 독일과 폴란드 국경선에 대해서는 앞으로 체결될 평화조

---

35) Birke, pp.446-447.

약에서 최종적으로 결정하게 된다고 밝혀 오더-나이세 경계선에 대해 폴란드 서부 국경선으로 인정할 용의가 없음을 주장했다. 또한 서독이 독일국민을 대표하는 유일한 국가라고 선언하여 동독을 국가로 인정하지 않았다.

소련은 아데나워 방문 동안 전제조건 없이 외교관계를 수립하려고 했으나 아데나워는 전쟁포로 송환을 약속해야 외교관계를 수립할 수 있다고 강하게 주장했다. 이 문제로 외교 정상화가 불투명해지자 외무부 고위 관료인 할슈타인(W. Hallstein)과 그라베(W. Grabe)는 조건 없이 외교관계를 수립하자는 쪽으로 의견을 기울였다. 수행원 중 유일한 야당 대표로 참가한 슈미트(C. Schmid) 의원은 아데나워의 양해 아래 소련 국민에게 호소문을 발표했다. 호소문은 "소련국민은 독일 포로들에게 자비를 베풀어 이들을 부모와 형제가 10년 동안 기다렸던 독일로 되돌려주기 바란다. 이 호소는 독일국민의 이름으로 간곡히 호소하는 바이다"라는 내용이었다. 소련국민과 일부 정책입안자들은 인간적 감정에서 포로송환 문제에 대해 긍정적으로 검토하기 시작했다. 불가닌의 자세가 약간 누그러진 사이 아데나워 수상은 나치 추종자인 전쟁 주범들은 다음에 다루기로 하고 일단 전쟁포로만 송환해 줄 것을 요구했다.36)

아데나워 방문 중 서로의 국익에 치중한 나머지 손님인 아데나워의 감정을 상하게 하는 일이 벌어지고 말았다. 흐루시초프는 서독이 북대서양조약 회원국으로 반소련 군사동맹체에 소속돼 있는 관계로 소련과 평화체제를 위해 실무 협상할 상주기구가 없다고 밝히는 자리에서 아데나워 수상을 비웃었다. 아데나워 수상은 모욕적인 상황에서 더 이

---

36) Borowsky, *Deutschland 1945-1969*, p.159.

상 회담할 필요가 없다고 판단하고, 남은 이틀간의 방문일정을 취소하고 귀국하기 위해 함부르크 공항(Hamburger Flughafen)에서 특별기를 출발시키라고 조치를 취했다.

불가닌 수상은 회담이 취소될 경우 외교적 무례에 대한 국제여론을 두려워한 나머지 아데나워 수상과의 단독회담에서 서독 측 요구를 수용했다. 곧이어 전쟁포로 송환이 이루어졌고, 외교관계도 정상화됐다.[37] 양국은 같은 해 정식 대사를 파견했지만, 냉전체제 아래서 서독의 친서방정책은 소련에 쉽게 접근할 수 없는 한계를 가지고 있었다. 소련은 아데나워와의 협상에서 서독의 친서방정책에 대해서 언급하지 않았으며 친서방정책을 시정할 것도 요구하지 않았다. 소련은 회담 마지막에 중국이 국제사회에서 위상이 강화되는 것에 대해 염려했다. 서독 측에게 국제무대에서 소련의 편에서 소련을 지지해 주고, 반중국 입장을 취해 줄 것을 부탁했다.[38]

소련은 동독의 정치적 위상을 고려해 1955년 9월 점령국 지위를 끝내고 주권국가로 인정했다. 하지만 소련군대는 계속 동독에 주둔했다. 같은 해 동독은 바르샤바조약 회원국가가 되어 독일분단 체제는 더 고착화됐다. 소련과 동독은 독일 영토에는 두개의 국가가 존재한다고 주장해 독일분단을 구체화했다. 소련과 동독은 독일 영토에 두 개의 국가가 존재한다고 주장했는데, 이는 국제사회에서 동독을 합법적인 국가로 인정받기 위한 것이었다. 그러나 서독과 서방국가는 동독을 정식 국가로 인정하지 않아 이를 요구하는 소련과 많은 마찰을 빚었다.

---

37) Adenauer, Konrad: *Erinnerungen 1953-1955*, Stuttgart/Hamburg 1966, pp.542-544.
38) Gotto, Klaus: Adenauers Deutschland - und Ostpolitik 1954-1963, in: Untersuchungen und Dokumente zur Ostpolitik und Biographie, Mainz 1974, pp.16-18.

소련은 9월 20일 동독과도 조약을 체결해 동독을 서독과 동등한 국가로 인정했다.[39] 그러나 서독은 1970년까지 서독만이 독일을 대표하는 유일한 합법적인 국가라 주장했으며, 동독을 국가로 인정하지 않고 정치적 집단으로 간주했다. 서독은 동독을 국제무대에서 고립시키기 위해 할슈타인 독트린(Hallstein-Doktrin)을 발표했다.[40]

소련은 국제사회에서 동독을 합법적인 국가로 인정받기 위한 노력 외에도 서독의 핵무장을 저지했다. 소련은 서독이 핵무장하는 것을 저지하기 위해 독일을 포함한 중앙유럽에 비핵화지역을 조성할 것을 제안했다.[41] 이 같은 소련의 제안은 서독의 핵무장을 저지함과 동시에 중앙유럽에서 소련의 영향력을 강화하고 국제무대에서 동독을 인정받기 위한 외교적 계산에서 비롯된 것이었다. 이러한 소련의 의도를 파악하고 있던 서방세계는 소련의 제안을 수용하지 않아 동서관계는 별다른 진척이 없었다.

서독은 서유럽국가들과의 관계를 돈독히 해 제2차 세계대전 후 손상된 국가적 명예와 자존심을 회복하는 데 주력했다. 초대 수상 아데

---

39) 20. September 1955, Vertrag über die Beziehungen zwischen der Deutschen Demokratischen Republik und der UdSSR, in: Dokumente zur Deutschlandpolitik 1955, pp.371-374.

40) Archiv der Gegenwart 1955, pp.5514-5516: 할슈타인 독트린은 동독을 고립시키기 위한 외교적 방법으로 서독과 외교관계를 수립한 국가가 동독과 외교관계를 수립하게 될 경우 그 나라와 외교관계를 폐지한다는 것이었다. 이 원칙에 의해 1958년 유고슬라비아가 동독과 외교관계를 수립하자 서독은 외교관계를 폐지하고, 무효화했다.

41) 8. Januar 1958: Vorschläge der Regierung der UdSSR zu den Fragen der Minderung der nationalen Spannungen, in: Dokumente zur Deutschlandpolitik 1958, pp.41-58.

나워는 안보를 보장받기 위해 동서 등거리외교를 하지 않고, 오로지 친서방 외교정책을 통해서만 소련의 팽창정책에 대항해야 한다고 생각하고 이를 실천했다.42) 유럽방어공동체의 가입, 유럽연합의 창설, 북대서양조약기구 참여 등으로 국제사회의 일원으로 서독의 외교 입지는 강화됐다. 그러나 1955년 5월 5일 서독의 북대서양조약기구 (NATO) 가입,43) 다음해인 1956년 1월 6일 동독의 바르샤바조약 (Warschauer Pakt) 가입은44) 동·서독이 1990년 10월 3일 통일 때까지 군사적으로 대치상태에 있었다는 것을 증명해 준다.

5. 할슈타인 독트린

소련은 국제사회에서 독일 영토에 두 개의 국가가 존재한다고 주장하고 동독의 위상 강화를 위해 외교적으로 노력했다. 소련이 동독을 국가로 인정하려는 노력은 동독과 적대관계에 있는 서독에게는 적지 않은 부담으로 작용했다. 이러한 소련의 노력 앞에 서독은 동독을 국가로 인정하지 않고 서독이 독일을 대표하는 유일한 국가라고 주장했다. 서독이 동독을 국가로 인정하지 않은 것은 동독은 처음 국가가 출범할 때 합법적인 방법에 의해 탄생하지 않았고, 또 그들은 역사에서

---

42) Kohl, p.78.

43) Proklamation der Bundesregierung zum Tag der Souveränität am 5. Mai 1955, in: *Moskau Bonn*, Vol.I, pp.71-75.

44) Osten, Walter: *Die Außenpolitik der DDR, im Spannungsfeld zwischen Moskau und Bonn*, Opladen 1969, pp.58-59.

한 번도 자주권을 행사해 본 적이 없었기 때문이다. 그래서 서독은 동독을 국가로 인정하지 않고 국제사회에서 고립시켰으며 국가 차원에서 동독과의 대화를 시도하지도 않았다.45)

흐루시초프는 1956년 2월 제 20차 공산당 전당대회에서 서기장에 취임하면서 팽창주의를 지양하고 국제사회에서 사회주의와 자본주의 체제를 인정하는 평화공존의 시대를 열 것을 천명했다. 평화공존의 기본이념은 자본주의와 사회주의 국가 간에 경쟁을 인정하지만, 전쟁과 무력을 통한 파행적인 경쟁을 조장하지 않겠다는 것이었다. 이 원칙에 입각하여 강대국인 미국과 소련은 긴장완화와 군비감소의 시대에 돌입했고, 독일문제도 결국은 이와 같은 맥락에서 해결한다고 밝혔다. 그리고 동독을 서독과 똑같은 자격을 가진 주권국가로 인정하게 됐다.

서독은 기회가 있을 때마다 국제사회에서 독일을 대표하는 유일한 합법적인 국가라고 주장했다. 그리고 할슈타인 독트린을 서독 외교정책에 적용하여 동독을 국제사회에서 고립시켰다. 할슈타인 독트린은 할슈타인 외무부 차관이 제안하고 그레베 국장이 작성했다. 할슈타인 독트린은 동독을 국제사회에서 고립시키기 위한 외교정책이지만 그 저변에는 동독정부가 국민의 생활안정과 관심사항을 포기한 비인간적인 정치집단이라는 것에서 출발한다. 이 원칙에 의해 서독은 동독을 국가로 인정하고 수교한 국가와 외교관계를 무효화하기로 했다. 서독 정부는 제3세계 국가가 동독과 정식 대사급을 교환하는 외교관계 수립 외에도 영사적인 관계나 국가 차원의 무역대표부나 사절단을 파견하고 접수하는 행위, 동독 여권에 비자를 발급하거나 동독의 대표가 국제회의 참석하는 것을 허용하는 경우, 그리고 동독의 국제기구 가입

---

45) Birke, pp.453-454.

을 지지하거나 허용하는 국가와는 외교관계를 단절하기로 했다.46)

그러나 국가적 차원이 아닌 상업행위나 무역통관을 위한 교류, 국가기관이 아닌 민간 차원의 무역대표부 파견과 비정치적 민간 차원의 교류인 언론인 방문과 접촉, 스포츠와 문화교류 행위는 동독을 국가로 인정하는 것과 별개의 것으로 취급했다.

단 소련은 예외 원칙을 적용하여 외교관계를 계속 유지했다. 그 이유는 소련은 4개국 연합국가로 독일문제와 베를린문제에 관해 외교적 권한을 가지고 있어 앞으로 대화채널을 계속 유지해야 했기 때문이다.

소련의 위성국가인 동유럽 사회주의 국가는 소련의 뜻을 받들어 동독과 외교관계를 수립하고 있었다. 폴란드를 제외한 다른 국가는 서독과 외교관계를 희망하지 않았다. 그러나 폴란드는 오데르-나이세강의 경계선을 독일과 폴란드의 국경선으로 인정한다는 전제조건으로 서독과 외교관계를 정상화하기를 희망했다. 서독 외교에서 할슈타인 독트린이 적용되자 폴란드와 논의되던 외교관계 정상화는 더 이상 논의되지 못하고 중단됐다.47)

소련은 국제사회에서 동독의 외교적 위상을 높이려고 노력하게 된다. 소련은 어느 체제에도 예속되지 않는 이집트, 인도, 유고슬라비아에 접근해 동독을 국가로 인정할 것을 요구했다. 동독은 1960년부터 동유럽 사회주의 국가 외에도 28개국과 무역대표부를 교환했다. 1959년에 이집트, 인도, 이란에 총영사관을 파견했다. 소련은 유고슬라비아에 막대한 경제적 대가를 지불하고 동독을 국가로 인정케 했다. 그러나 유고슬로비아는 서독과 외교관계를 유지하고 있어 파생될 문제를 전혀 고려하지 않았다. 1957년 유고슬라비아가 동독을 국가로 승인

---

46) Kistler, pp.165-166.
47) *Ibid.*, p.167.

하자 서독은 외교관계를 무효화하고 대사관을 철수했다. 그 이후 쿠바도 동독을 국가로 인정했다. 쿠바는 1959년 혁명 후 사회주의 체제를 선택했고 1961년 5월에 쿠바와 동독은 정식 대사급을 파견하는 외교관계를 수립했다. 그 결과 서독과 쿠바는 1963년부터 외교관계와 경제교류를 단절했다.[48]

할슈타인 독트린은 동독을 국제무대에서 고립시킨다는 목적 하에 적용했지만, 외교적으로 실익을 가져오지 못하고 오히려 서독의 외교활동범위를 스스로 제한하는 결과를 초래했다. 정부 여당이 주장했던 "서독이 독일을 대표하는 유일한 국가"라는 것과 할슈타인 독트린은 서독 안보와 긴장완화 정책, 동서독 관계개선에 전혀 기여하지 못했다. 외교적 고립을 자초하는 할슈타인 독트린에 반대하는 목소리도 1960년대 초반 서서히 대두되기 시작했다. 할슈타인 독트린을 부정적으로 보는 정당에는 야당인 사민당과, 1961년 기민당과 연정에 참가했던 자민당이 있었다. 특히 자민당 지도부는 동독을 합법적인 국가로 인정해야 동서독관계가 개선된다고 보고 할슈타인 독트린 폐지는 물론 동독을 국가로 인정할 것도 요구했다.

1960년대 초반부터 동서 어느 체제에도 소속되지 않은 제3세계 국가와 과거 식민지에서 해방된 국가들도 동독을 합법적인 국가로 인정했다. 서독이 계속 이 원칙을 적용하게 될 경우 스스로 고립될 처지에 놓이게 됐다. 국제정치 질서가 변하면서 할슈타인 독트린도 이에 적응하게 된다. 할슈타인 독트린은 세 단계로 구분되는데, 첫 단계는 1954년부터 1966년까지로 기민당 출신이 외무장관을 역임했던 시기로 이 원칙이 철저하게 적용됐다. 두 번째 단계는 1966년부터 1969년까지로

---

48) Borowsky, *Deutschland 1945-1969*, pp.159-160.

사민당 출신 외무장관인 브란트가 재임했던 시절이다. 이때는 할슈타인 독트린이 탄력적으로 적용돼 루마니아와 외교관계를 수립했고, 1958년 외교관계를 폐지했던 유고슬라비아와의 외교관계를 재개했다. 이로써 서독 외교는 동유럽으로 진출할 수 있는 기반을 마련했다. 세 번째 단계는 1969년부터 1972년까지로 서독 외교에서 할슈타인 독트린을 폐지한 시기다. 서독은 동독을 실제적인 국가로 인정하여 소련으로부터 유럽 평화와 동서독관계를 개선하려는 의지가 있다는 것을 인정받았다. 할슈타인 독트린을 폐지하여 소련과의 관계를 정상화했고, 또 다른 동유럽 사회주의 국가인 폴란드, 체코슬로바키아, 헝가리 등과 외교관계를 정상화했으며, 동독을 실제적인 국가로 인정하여 동서독 기본조약을 체결했다. 그 결과 동서독관계는 어느 때보다 더 활성화됐다.49)

　1950년대 후반과 1960년대 초반 기민당 출신 외무장관 재임 시에는 할슈타인 독트린을 외교정책에서 철저하게 적용하여 제3세계 국가와 외교관계를 전혀 개선하지 못했고, 동독과 관계도 대화 분위기를 조성하지 못했다. 오히려 동독을 더 고립시켜 동독이 소련과 유대관계를 강화할 수 있는 계기를 마련해 주었다.

　야당 외에 진보적 지식인과 언론은 할슈타인 독트린을 회의적인 시각으로 보았다. 독일 진보지식인 중 한사람인 다렌도르프(R. Dahrendorf)와 <디 차이트>(*Die Zeit*)와 <슈피겔>(*Der Spiegel*)지는 할슈타인 독트린을 폐지하고 동독을 합법적인 국가로 인정하여 동서독이 우호적인 관계로 전환하고 동독에 자유사상을 전파할 것을 호소했다. 그러나 기민당 정권은 이를 수용하지 않았고, 브란트가 이끄는 사민당이 정권을

---

49) Thränhardt, Dietrich: *Geschichte der Bundesrepublik Deutschland*, Frankfurt/M. 1996, pp.145-146.

잡고 나서야 할슈타인 독트린을 폐지해 동방정책을 통해 소련을 중심으로 한 동유럽의 사회주의 국가들과 외교관계를 정상화하여 이들 국가와 우호적인 관계로 전환했다.50)

6. 베를린통첩과 베를린위기

1958년 봄부터 아데나워 외교정책은 4개국에 대해 인내하고 순종하던 정책에서 벗어나 적극성을 띠면서 소련에게는 거만함과 불손함으로 비쳤다. 원자폭탄 개발과 동독 중립국화 요구가 대표적인 것이었다. 소련은 베를린통첩을 통해 아데나워의 불손함에 제동을 걸 필요가 있었으며, 이를 계기로 서방세계와 단절된 군축회담을 재개해 군비축소를 실현하고 경제위기를 극복하고자 했다.

소련은 1958년 11월 27일 서방연합국(미국, 영국, 프랑스)에게 보낸 외교문서에서 "서방연합국이 포츠담협정을 충실히 이행하지 않았다"고 비판하고, "서독과 동독은 그들의 군사동맹체인 나토(NATO)와 바르샤바조약국(Warschauer Pakt)에서 탈퇴할 것"을 요구했다. 그리고 "서방연합국은 서베를린을 통해 동유럽의 사회주의 국가를 교란하거나 선동하는 정치적 행위를 자제하고, 서베를린을 하나의 정치집단인 국가의 수준으로 인정하고, 서베를린 시민 스스로 그들의 정치형태와 생활의 방향을 결정하고, 서베를린을 동·서 어느 체제에도 소속되지 않는 무장 해제된 자유도시로 만들기 위해 이 도시에 주둔하고 있는 서방연합군은

---

50) Die Zeit, 1972, November 10.

6개월 이내에 철수할 것"을 요구했다. 그리고 "소련이 가지고 있는 베를린으로 통하는 교통 통제권을 동독에 양도할 것"이라고 밝혔다.51)

소련은 베를린통첩에 이어 1959년 1월 10일 평화조약문을 발표했다. 평화조약 내용은 "양 독일은 각각의 군사공동체에서 탈퇴하고, 독일은 어떤 국제연합이나 동맹에도 가입하지 않는 중립국으로 머물러야 하며, 통일 때까지 서베를린은 무장 해제된 자유도시로 머물러 있어야 하고, 현재 양 독일의 경계선을 국경선으로 인정하고, 오더-나이세 동쪽 영토를 폴란드 영토로 인정하고, 독일은 영원히 오스트리아와 합병하는 것을 포기해야 하며, 핵폭탄과 핵탄두미사일, 그리고 전투기와 잠수함을 소유하지 못하며, 모든 외국 주둔군은 독일 영토에서 철수할 것"을 요구했다.52)

이것은 평화조약 체결을 통해 서방세계가 서베를린을 포기하고 서독을 외교적으로 고립시키며, 서방세계와 서독의 우호적인 관계를 방해하고 그들의 입지를 서독에서 강화하고자 하는 소련의 외교적 계산이었다.53) 그리고 소련은 국내정치에서 보수파가 장악하고 있는 주도권을 외교정책을 통해 반전을 시도하려고 했다. 또한 소련은 서베를린을 볼모로 한 외교적 압력을 통해 소련과 동독에게 유리한 외교적 선제점을 확보하려 하고, 서독정부에 따로 보낸 외교문서에서 서독이 핵

---

51) Note der Sowjetregierung an die amerikanische Regierung vom 27. November 1958, in: Europa-Archiv 1958, pp.11300-11309.
52) Sowjetischer Entwurf vom 10. Januar 1959 für einen Friedensvertrag mit Deutschland, in: Europa-Archiv 1959, pp.21-33.
53) Doering-Manteufel, Anselm: *Die Bundesrepublik Deutschland in der Ära Adenauer, Die Außenpolitik und innere Entwicklung 1949-1963*, Darmstadt 1988, pp.107-108.

무장을 하지 못하도록 강력하게 항의했다.

서방연합국은 소련의 베를린통첩을 소련이 베를린에서 입지를 강화하고 동독의 국제적 위상을 향상시키려는 외교적 공격으로 간주하고 공동으로 대처했다. 미국은 소련이 독일문제를 포함하여 군축문제와 핵확산금지조약에 관심이 있다는 것을 인지하고,[54] 서방세계와 함께 소련이 제안한 베를린문제(서베를린을 무장 해제된 자유도시로 전환)를 거절하고 어떤 경우에도 서베를린의 민주주의 정치체제를 공산주의 위협으로부터 보호하기로 했다. 미국과 영국은 베를린에 관한 그들의 권리도 포기하지 않고 베를린은 핵경쟁 시대 희생도시가 되지 않아야 한다고 합의하고, 베를린문제를 평화적 방법인 협상과 대화를 통해서 해결한다고 밝혔다. 베를린과 독일문제는 단지 독일의 문제가 아닌 유럽안보 차원에서 해결하려고 했다. 그리고 서베를린을 독일연방공화국에 소속돼 있고 자유의 상징 도시로 규정했다.[55]

서방연합국이 서베를린을 포기하게 되면 당장 서독의 안보가 위협받게 되고 곧바로 서유럽국가들의 자유가 위협받게 된다. 서방연합국과 독일연방공화국은 파리에서 열리는 외무장관 회담에서 베를린의 자유왕래 보장을 약속했다. 그리고 소련이 동독에게 베를린 통행권을 양도한다는 것은 포츠담 4개국협정에서 체결된 것이기 때문에 어느 한쪽이 일방적으로 파기할 수 없다고 소련의 주장을 일축했다.[56]

---

54) Herzfeld, Hans: *Berlin in der Weltpolitik 1945-1970*, Berlin, New York 1973, pp.21-33.

55) Mahke, Hans Heinrich: Vom Londoner Protokoll zum Viermächte-Abkommen, in: *Berlin: Vom Brennpunkt der Teilung zur Brücke der Einheit*, (ed) Gerd Langguth, Bonn 1990, p.101.

56) Erklärung der drei Westmächte und der Bundesrepublik vom 14. Dezember 1958

서유럽국가 군사동맹체인 나토도 소련의 외교적 공세에 대해 베를린 방어를 위한 구체적인 대안을 제시했다. 나토는 베를린의 안보와 공공복지를 위해 최대한 노력하고 투자하고, 서베를린에 주둔하고 있는 서방연합군은 베를린 분단이 극복될 때까지 계속 주둔하기로 했다. 서베를린과 서방의 자유세계와 밀접한 유대관계는 계속 유지됐으며, 베를린의 자유민주 정치질서는 존중됐다. 나토와 서방연합국은 베를린문제를 따로 분리해서 다루지 않고 독일문제와 함께 유럽의 안보와 군축문제에 포함시켰다.57)

베를린문제를 해결하는 데 외교적 주도권을 가지고 있는 국가는 미국으로서 이 사건의 해결을 위해 서방세계와 조율하고 소련과 협상해야 할 장본인은 미국의 덜레스(J. F. Dulles) 국무장관이었다. 그는 1959년 2월 초 런던, 파리, 본을 차례로 방문하고 서방연합국과 독일문제 당사자인 독일연방공화국에게 미국의 입장을 전하고 서방국가의 의견도 수렴했다. 덜레스와 아데나워는 독일문제에 대해 의견의 차이가 있었다. 아데나워는 총선거를 통해 통일을 이룩하자고 제안했으나 덜레스는 이에 대해 부정적이었고 다른 대안을 찾고 있었다.

아데나워는 힘에 의한 통일을 주장하고 있어 인구가 많은 서독이 경제력을 바탕으로 선거를 치르게 될 경우 동독을 흡수 통일할 수 있다고 계산했다. 아데나워는 미국과의 공동 외교정책을 강조하면서 양국이 몇 년 전에 합의했던 자유선거에 의한 총 독일정부를 구성하자는 제안을 상기시켰다. 이 제안은 소련과 동독에서 받아들이지 않아 실효성이 없었다.

zur Berlin-Frage, in: Dokumente zur Berlin-Frage 1944-1959, pp.345-346.
57) Erklärung des Nordatlantikrats vom 16. Dezember 1958 in Paris zur Berlin-Frage, in: Dokumente zur Berlin-Frage 1944-1959, p.346.

아데나워는 양보하지 않았으며 양국의 견해 차이는 좁혀지지 않았다. 양국은 베를린의 현 상태(Der Status Quo)를 인정하여 베를린위기를 진정시키는 것이 우선이었다. 동독이나 소련을 자극하지 않기 위해 동독의 중립국화를 더 이상 제기하지 않고 통일에 대해서도 언급하지 않았다.58)

미국은 과거의 생각에만 집착하게 될 경우 베를린문제는 막다른 지경에 도달하게 되고 전쟁으로 비화될 가능성이 있어 강경노선보다는 유화적이고 탄력적인 정책으로 최악의 상태를 피하려고 했다. 덜레스는 소련과 협상하기 위해 소련을 방문해야 하는데, 중병을 앓고 있어 소련을 방문할 수가 없었다. 미국의 의사를 가장 잘 대변할 수 있는 영국의 맥밀리언(McMillian) 수상이 중개자로 모스크바를 방문해 흐루시초프와 베를린문제에 관해 의견을 교환했다. 맥밀리언은 흐루시초프가 주장하는 두 개의 독일을 인정했다. 두 개의 국가가 독일에 존재한다고 인정할 경우 소련이 독일문제를 해결하기 위해 4개국 회담에 참석할 것이기 때문이었다. 미국과 영국은 베를린의 위협 아래 다른 방법을 찾지 못하고 오히려 두 개의 국가를 인정함으로써 서베를린을 서방세계에 묶어 두고 위기를 극복하려고 했다. 아데나워는 독일에 두 개의 국가가 존재하는 것을 절대로 인정하지 않았다. 동독의 자치권을 인정하게 되면 서독은 동독과 똑같은 동등한 국가가 되고, 서독은 서방국가와 같은 수준의 동등한 자격의 국가가 되지 못하기 때문에 유럽에서 2등 국가로 전락하게 되는 것이었다.59)

맥밀리언과 흐루시초프는 유럽의 중앙에 군대와 재래식무기, 핵무

---

58) Köhler, Henning: *Adenauer, eine politische Biographie*, Frankfurt/M., Berlin 1994, pp.1020-1022.

59) Pfetsch, Deutschlandpolitik 1949-1969, p.131.

기 통제에 관해 합의했다. 이는 폴란드의 라파키가 제안했던 것으로 독일, 폴란드, 체코슬로바키아, 헝가리가 핵 자유지역에 포함되는 것이었다. 영국은 소련이 뒤에서 조정한 라파키 플랜을 인정했다. 영국은 이 지역에 해당되지 않아 국가적 손실이 없고, 오히려 소련의 영향력을 폴란드 국경선 밖으로 밀어낼 수 있어 소련의 팽창정책을 저지할 수 있었던 것이다.60)

영국과 소련의 정상회담 결과 4개국 외무장관 회담이 1959년 5월 11일부터 8월 5일까지 스위스 제네바에서 개최됐다. 맥밀리언의 소련 방문은 베를린문제를 물리적 방법이 아닌 평화적 방법으로 해결하고자 하는 서방세계 의지의 표현이었고 소련 방문의 결과는 성공적이어서 첨예하게 대립되던 베를린문제는 일단 완화됐으며, 심리적으로 불안에 떨고 있던 베를린시민과 독일인들은 어느 정도 안심을 하게 됐다.

베를린문제 해결을 위해 4개국 외무장관은 제네바 회담에서 베를린의 법적 지위를 새롭게 규정하고, 유럽 안보문제에 대해 논의했으며, 유럽안보 차원에서 독일문제를 논의했다. 소련은 독일문제에 대해 거론하는 것을 회피했다. 독일문제를 다루게 되면 미국과 소련의 이익이 첨예하게 대립해 동서 긴장관계가 고조되기 때문에 이를 피하기 위해서였다.61)

제네바 외무장관 회담은 미국을 중심으로 서방세계와 소련의 의견 대립으로 베를린문제를 해결하지 못하고, 중요한 사항은 9월 미국의 캠프 데이비드(Camp David)에서 열리는 정상회담에서 논의됐다. 캠프 데이비드 회담에서 베를린문제는 미국과 소련이 중심이 된 긴장완화 정치구도 속에서 대화를 통해 해결한다는 확신을 주었다. 미국과 소련

---

60) Köhler, pp.1022-1023.
61) Ibid., p.1015.

은 앞으로 외교문제를 평화적으로 해결하기 위해 매년 한 차례씩 정상회담을 갖기로 했다. 1960년 5월 1일 미, 영, 프, 소 정상회담을 오스트리아 빈에서 개최하기로 했으나 1960년 봄 미국의 정찰기 U-2가 소련의 영공에서 격추되어 미·소 관계가 악화되자 소련의 일방적인 불참 통보로 무산됐다.62)

아데나워는 소련의 베를린통첩을 대수롭지 않게 생각했다. 베를린통첩 한 달 전 본 주재 소련대사 스미르노브(A. Smirnow)는 앞으로 일어날 상황을 아데나워에게 전달했다. 그는 베를린통첩을 위험수위로 간주하지 않았는데, 그 이유는 핵무기 경쟁의 시대 미국과 소련은 군사적 충돌을 원하지 않으며, 소련은 중국과 공산주의 사회에서 주도권 쟁탈을 위해 외교적 경쟁을 하고 있어 베를린에서 도발행위를 하지 않을 것으로 보았기 때문이다. 그리고 소련은 1953년 이래 경제침체가 계속되고 있어 전쟁은 불가능해 보였다. 아데나워도 소련의 베를린통첩을 독일에 대한 공격이 아니라 서방세계에 대한 외교적 공격으로 간주하고, 서방세계와 공동연대를 강화하여 그의 친서방정책의 타당성을 합리화했다.

아데나워는 소련이 베를린 교통 통제권을 동독에 양도하는 것에 반대했다. 이는 포츠담협정에 위배될 뿐 아니라, 동독의 위상을 강화하는 것이었기 때문이다. 아데나워 수상은 이를 저지하기 위해 프랑스 드골(C. D. Gaulle) 대통령과 미국 덜레스 국무장관, 영국 맥밀리언 수상에게 서신을 보내 어떤 경우에도 베를린 교통 통제권을 동독에 양도하지 못하도록 공동연대를 조성했다. 드골은 회신에서 바트 크로이즈

---

62) Richard Löwenthal: Vom Kalten Krieg zur Ostpolitik, in: *Die zweite Republik, 25 Jahre Bundesrepublik Deutschland, -eine Bilanz*, (ed) Richard Löwenthal, Hans-Peter Schwarz, Stuttgart 1974, pp.655-660.

나흐(Bad-Kreuznach)에서 열리는 독·불 정상회담에서 이 문제를 의제로 상정하여 다루겠다고 했다. 반면 덜레스는 아데나워 수상의 제안을 진지하게 수용하지 않았고, 베를린통첩으로 야기된 위기를 심각하게 받아들이지도 않았다. 아데나워는 지금까지 미국의 베를린정책에 대해 문제점을 지적하고 미국 정책의 신뢰성에 의심을 갖기 시작했다.

베를린통첩으로 베를린에서 소련에 대한 공포가 증가되자 그는 흐루시초프의 베를린통첩은 베를린을 볼모로 미국을 대화와 협상의 무대로 이끌어 내기 위한 외교적 책략으로 보았다. 평화조약은 서방세계를 베를린에서 추방하기 위한 작전으로 보았으며, 독일문제 해결은 독일의 의지보다는 미·소 양국의 외교적 구도에서 진행된다고 믿고 소련의 위협으로부터 독일의 안보를 보장받기 위해 친서방정책을 강조했다.[63]

친서방정책은 베를린 안보를 보장받는다는 확신을 가지고 있어 공산주의 종주국인 소련이나 동독을 대화의 파트너로 생각하지 않고 강경입장을 고수했다. 소련의 팽창주의를 방어할 수 있는 유일한 방법은 오로지 친서방정책이라고 믿는 그의 굳은 신념에는 변화가 없었다. 그리고 친서방정책 아래서만 서독의 외교는 성공한다는 것이었다.[64]

친서방정책은 자신의 성장 배경과 밀접하게 관계도 있었다. 그는 라인 강변의 쾰른에서 태어나 이 도시에서 김나지움까지 졸업했다.[65] 이 도시는 프랑스와 가까운 곳에 있어 프랑스적 경향이 강하고 아데나워 스스로도 반프로이센 감정을 가지고 있었으며, 지역적으로 멀리

---

63) Adenauer, Konrad: *Erinnerungen 1955-1959*, Stuttgart 1967, pp.31-32.
64) Pfetsch, Deutschlandpolitik 1949-1969, p.134.
65) 9년제 인문계 학교로 우리나라 초등학교 5학년부터 고등학교 3년까지 과정이 여기에 해당된다.

떨어져 교류가 없었던 동유럽국가에 대해 우호적이지 않았다.

　아데나워와 기민당의 베를린정책은 독일연방공화국에 소속돼 있는 서베를린과 서로 밀접한 유대관계를 유지하는 것이었다. 아데나워는 베를린을 방문해 정치·경제 지도자들을 만나 자신의 베를린에 대한 의지를 보여주었다. 그리고 서방세계와 협력해 소련의 팽창정책에 희생되지 않도록 할 뿐만 아니라 베를린의 자유를 지키겠다고 약속했다. 위기상황에서 베를린 경제와 시민들의 생활안정을 위해 연방정부의 지원도 약속했다. 아데나워 방문 때 서베를린 시민들은 열렬히 환호했다. 이는 위기의 상황에 처해 있는 시민들이 심리적으로 평화와 자유를 갈망하고 있다는 증표였다.[66)]

　아데나워는 제네바 4개국 외무장관 회담의 성과에 만족하지 않았다. 동서독은 이 회담에 참가할 수 없었으며 단지 참고인 자격으로 회담 테이블 옆에 자리하게 됐다. 서독의 수확은 프랑스가 소련의 주장에 반대해 서독의 입장을 대변해 주었다는 것이었다. 영국은 이 회담에서 군비축소를 통해 긴장을 완화하는 데 주력했다. 아데나워는 군비축소를 다루는 것을 환영하지 않았고, 영국이 주장한 비핵화지역에 대해서는 반대입장을 표명했다. 이는 비핵화지역에 독일이 포함되기 때문에 당연히 서독의 핵무장이 무산되기 때문이었다. 그리고 베를린문제로 전쟁까지 확대된다는 것은 염려하지 않았다. 왜냐하면 미·소 양국이 핵무기를 소유하고 있는 상태에서 양국 간에 전쟁이 일어날 확률은 희박하며, 핵전쟁이 일어날 경우 전 세계가 공멸한다는 것을 잘 알고 있기 때문이었다. 그는 제네바회담에서 독일문제와 베를린문제를 유럽의 안보와 군축문제에 포함시키지 말고 따로 분리해서 다루어

---

66) Köhler, p.1014.

줄 것을 요구했다 아데나워는 영국과 미국이 유럽의 안보와 군축문제에 몰두하고 독일문제를 소홀히 하자 반영국 감정을 드러냈고, 외교정책에서 프랑스와 공조를 취해 실리를 챙기고자 했다.

아데나워와 브렌타노(H. v. Brentano) 외무장관은 소련의 독일정책에 대해 공통된 의견을 가지고 있었다. 소련이 제안한 평화조약 체결은 독일통일에 도움이 되지 않고 분단을 고착화시키는 것이라고 생각했다.67) 브렌타노는 소련을 국제무대에서 신뢰성이 없는 국가로 간주하고 소련과 대화를 시도하지 않았다. 그는 소련이 요구하는 군축협상은 긴장완화를 위한 것이 아니라 서방의 민주사회 질서를 파괴하고, 서독을 서방세계에서 고립시키기 위한 술책으로 보았다. 브렌타노 외무장관은 당시 소련 주재 서독대사였던 크롤(H. Kroll)이 소련과 대화채널을 개설하여 4개국 당사자인 소련과도 대화하라는 제안을 거절했다. 결국 아데나워와 브렌타노 외교 축에서 소련과의 관계는 더 이상 진전되지 않았다.68)

7. 사민당의 독일정책

여당인 기민당과 야당인 사민당은 외교정책에서 뚜렷한 차이가 있었다. 아데나워 수상이 이끄는 기민당은 핵무장과 재무장에 적극적이

---

67) Interview von Außenminister Dr. von Brentanno im Westdeutschen Rundfunk am 18. Januar 1959, in: Moskau Bonn, Bd.I, pp.504-505.

68) Adenauer, *Erinnerungen 1955-1959,* pp.31-32; Stützle, Walther: *Kennedy und Adenauer in der Berlin-Krise 1961-1962,* Bonn 1973, pp.19-22.

었으나 야당인 사민당은 반대입장을 취하고 있어 소련은 사민당의 외교정책에 호감을 갖게 됐다.69) 사민당은 총재 슈마허(K. Schuhmacher) 사망 이후 독일정책에서 별다른 진전이 없었다. 아데나워가 주장하는 4개국 보장 아래 민주적 선거를 통한 통일론은 현실성이 떨어져 실현 가능성이 없다고 보았고, 기민당 정권의 친서방정책은 필요는 하지만 여기에 전적으로 의존하게 될 경우 동유럽국가와의 대화가 단절되기 때문에 독일문제 해결을 위한 접근이 어렵다는 것이었다. 사민당은 독일문제를 평화적으로 해결하기 위해 반드시 소련을 중심으로 한 동유럽국가 폴란드, 동독과의 대화 필요성을 제기했다.70)

제1야당인 사민당은 흐루시초프의 베를린통첩을 위기로 간주하고 이를 극복하기 위해 새로운 정책을 개발했다. 사민당은 베를린문제 때문에 야기된 긴장관계를 대화와 협상을 통해 해결하는 방법을 제안했다. 당 최고위원회 의원인 슈미트(C. Schmid)와 엘러(F. Erler)는 1959년 3월 모스크바를 방문하고 흐루시초프와 베를린문제에 관해 충분한 의견을 교환했다. 이들의 소련 방문은 소련의 외교적 의도를 파악하는 데 직접적인 도움이 됐고, 사민당의 외교정책을 수립하는 데도 많은 도움이 됐다. 이들은 소련 방문 후 결과 보고서에서 "소련은 독일과 평화협정을 통해 동독의 국제적 지위를 국제사회에서 인정받음과 동

---

69) Braunmühle, Claudia von: *Kalter Krieg und Friedliche Koexistenz*, Frankfurt/M. 1973, pp.31-33.

70) Protokoll der Verhandlungen des Außerordentlichen Parteitages der Sozialdemokratischen Partei Deutschlands vom 13.-15. November 1959 in Bad-Godesberg, pp.16-17; Haftendorn, Helga: *Sicherheit und Entspannung, Zur Außenpolitik der Bundesrepublik Deutschland 1955-1982*, Baden-Baden 1983, pp.91-95.

시에 동서독 경계선을 국경선으로 인정받고, 독일과 폴란드 사이의 경계선과 독일과 체코슬로바키아의 경계선을 국경선으로 인정받기를 원한다"고 밝혔다. 사민당의 모스크바 방문 의원은 "소련에 대한 경직된 이미지를 바꾸고, 소련의 요구를 무조건 부정적으로 생각하지 말고, 대화를 통해 실익을 챙기고, 관계를 개선시켜 폴란드와 체코슬로바키아 국민들이 가지고 있는 독일에 대한 공포증을 제거해야 한다"고 밝혔다.71)

사민당은 흐루시초프 베를린통첩 이후 외교분과위원회에서 "도이칠란트 플랜"(Deutschlandplan)을 발표해 통일정책 기본입장을 밝혔다. 통일정책의 기본내용은 통일은 자유선거에 의해 이루어져야 하며, 유럽의 중앙에 평화자유지역을 지정하여 동서독은 물론 폴란드, 체코슬로바키아, 헝가리 등이 여기에 포함되고, 이 지역에서 외국군대는 모두 철수하며, 서방연합군은 독일의 서부국경선 밖으로, 그리고 소련군은 폴란드 동부국경선 넘어 소련의 영토까지 철수할 것을 제안했다. 이 지역에 속한 국가는 자국의 방어를 위해 약간의 군대를 소유하고, 동서독은 각각 나토와 바르샤바조약에서 탈퇴할 것도 제안했다. 사민당은 동서독에서 동등한 인원이 참가하는 '총독일위원회'를 구성해 이 기구를 통해 동서독의 정치·경제분야에서 상호 협조체제를 구축하고, 분쟁문제를 대화로 처리하는 구체적인 방법을 제안했다. 그리고 두 번째 단계로 '총독일의회'를 구성해 경제, 화폐, 교통, 우편·통신문제에 대한 법적 제도를 마련할 것을 제안했다.72)

---

71) Archiv der Gegenwart 1959, pp.7612-7615; Czerwick, Edwin: *Oppositionstheorien und Außenpolitik, Eine Analyse sozialdemokratischer Deutschlandpolitik 1955 bis 1966*, Königsstein/Ts. 1981, pp.71-72.

72) Archiv der Gegenwart 1959, pp.7613-7615.

사민당은 소련군이 동독에 주둔하고 있는 한 동독은 소련에 정치·군사적으로 의존해 자주적인 민주국가로 발전할 수 없다고 보았다. 이런 문제를 해결하기 위해 독일 영토를 군축지대나 무장해제 지역으로 지정해 동서독이 여기에 포함되면, 양독이 냉전체제에서 벗어날 수 있다고 보았다. 바로 냉전체제 해체가 독일분단 극복에 도움이 된다고 보았던 것이다. 소련군이 당장 동독에서 철수하면 동독에 혼란을 일으킬 수 있으므로 이는 단계적으로 이루어져야 하며, 동독이 소련의 경제의존에서 탈피하기 위해서는 동서독 경제협력과 물류교류를 확대해야 한다고 주장했다. 또 베를린문제 해결을 위해 베를린에는 핵폭탄을 주둔시켜서는 안 되며, 서독정부는 서베를린에서 주권행위를 하지 말고 베를린에서 상호 비방행위를 삼가며 베를린 통관협정을 체결해 베를린에서 자유왕래를 보장하자고 제안했다.[73]

사민당은 베를린통첩 이후 적극적으로 외교정책을 개발해 분단을 극복하고자 노력했다. "도이칠란트 플랜"은 베를린문제를 해결해 긴장완화에 기여하고, 진퇴양난에 빠져 있는 독일문제 해결에 돌파구를 마련하며, 독일문제로 야기된 대립과 긴장관계를 완화시키기 위해 작성됐다. 그리고 안보에 대한 새로운 규칙을 마련해 동서독 양국은 합당한 절차에 의해 군비를 감축하고 동독에 자유주의 물결을 파급하고자 했다. 이를 통해 사민당은 야당이지만 독일정책의 주도권을 장악하려 했다. "도이칠란트 플랜"은 독일문제를 독일인 스스로 해결하려는 강한 의지의 표현이었다.[74] 이 제안은 상대방 국가의 정치·경제체제를 존중하고 군사적 대립을 완화하면서 외부의 간섭을 최소화하는 데

---

73) Erler, Fritz: Disengagement und die Wiedervereinigung Deutschlands, in: Europa-Archiv 1959, pp.291-293.

74) Herbert Wehner, in: "Vorwärts", 1959. April 17. p.2.

목적이 있었다. "도이칠란트 플랜"에 대한 반응은 각기 다르게 나타났다. 서방연합국은 전혀 관심을 갖지 않았고, 소련은 동독을 대화의 파트너로 인정했다는 점에서 긍정적이었으며 독일통일에 대한 토론의 자세를 높이 평가했다. 동독은 강한 거부반응을 보였다. 동독은 "사민당은 단지 동독과 우호적인 관계만 유지하려 했을 뿐, 실속 있는 내용은 아무 것도 없다"고 밝혔다.[75]

"도이칠란트 플랜"은 정부·여당의 정책에 전혀 반영되지 않았다. 아데나워 수상과 정부는 사민당의 제안에 대해 군축자유지역에서 국가 간 분쟁이 유발될 경우 이를 해결할 수 있는 제도적 장치가 미흡하고, '총독일의회'에 동서독 대표가 동등한 수로 참가할 경우 동독을 서독과 똑같은 국가로 간주하게 되어 결국은 동독을 합법적인 국가로 인정하게 된다고 거절했다.[76]

'총독일위원회'(정부)와 '총독일의회'는 연합국 통제를 받게 되어 독일의 활동영역이 제한되는 문제가 있었다. "도이칠란트 플랜"은 사민당의 최고위원회에서 만장일치로 통과됐지만 기대했던 만큼 큰 효과는 없었고, 오히려 정부와 서방연합국의 비판이 심하게 일자 사민당은 새로운 독일정책을 구상했다. 사민당은 정부뿐 아니라 독일민주공화국(동독)까지도 매력을 느낄 수 있는 독일정책을 개발하기 위해 주력했다. 이 정책에는 외교는 물론 안보문제까지 포함시켜 동독의 관심을 갖도록 하자는 것이었다. 새 독일정책은 수도 본(Bonn)에 있는 연방정

---

75) Ashkenasi, Abraham: *Reformpartei und Außenpolitik, Die Außenpolitik der SPD, Berlin-Bonn*, Köln, Opladen 1968, pp.123-126.

76) 20. März 1959: Erklärung der Regierung der Bundesrepublik Deutschland zum Deutschlandplan der SPD, in: Dokumente zur Deutschlandpolitik 1959, pp.1241-1242.

부나 중앙당에서 나오지 않고, 브란트(W. Brandt) 서베를린 시장이 이끄는 서베를린에서 개발됐다. 사민당의 동독정책은 정부·여당보다 더 유연성이 있었고 당장의 통일보다는 먼 미래 통일을 위해 점진적으로 분단의 깊은 골부터 극복하고자 노력했다. 사민당도 정부·여당처럼 동독을 국가로 인정하지는 않았지만, 분단극복을 위해 대화의 상대자로서의 선택은 불가피했던 것이다.[77]

사민당에는 외교 전문가로 엘러와 슈미트(C. Schmidt), 젊은 슈미트(H. Schmidt)가 있었고, 냉전의 중심인 베를린에는 브란트 서베를린 시장이 있었다. 베를린통첩기간 브란트는 소련의 요구사항을 모두 거절했고, 서독정부는 물론 서방세계와 밀접한 유대관계를 유지하고 정책공조를 취했다. 그는 서베를린이 무장 해제된 자유도시가 돼서는 서베를린의 자유를 보장할 수 없기 때문에 서베를린은 법적·정치적·경제적으로 서독에 소속돼 있어야 한다고 주장했다. 서베를린이 소련의 위협에서 벗어나기 위해 서방세계와의 공동책임론을 강조했다. 그리고 그는 베를린 시민들이 흐루시초프의 베를린통첩으로 인해 불안해하고 있을 때 미래에 베를린은 통일된 독일의 수도가 된다는 확신을 심어 주었다.[78]

브란트 시장의 외교정책은 사민당의 기본이념과 일치해 베를린을 위기에서 구하기 위해 당으로부터 적극적인 지원을 받게 됐다.[79] 베

---

77) Grabbe, Hans-Jürgen: *Unionspartei, Sozialdemokratie und Vereinigten Staaten von Amerika 1945-1966*, Düsseldorf 1983, pp.353-354.

78) Erklärung des Regierenden Bürgermeisters von Berlin, Willy Brandt, zum Berlin-Ultimatum Chruschtschows vom 27. November 1958, in: Moskau Bonn, Vol.I, p.478; Süddeutsche Zeitung, 28. November 1958, p.1.

79) 사민당 정책은 긴장완화를 위해 군비축소와 대량살상무기 폐기, 원자폭탄

를린위기 동안 베를린을 냉전의 위기에서 구하기 위해 국제적 유대관계를 굳건히 다진 그의 업적이 높이 평가되어 1960년 11월 사민당 전당대회에서 수상 후보로 지명됐다.

냉전기간 3번의 베를린위기 중 두 번을 직접 경험한 그는 그때마다 베를린위기를 슬기롭게 극복했다.[80] 이 과정에서 그의 정치적 능력을 국내는 물론 서방연합국도 인정했다. 브란트 시장은 베를린위기 때 소련이 요구한 사항을 거절했을 뿐 아니라 흐루시초프의 초청도 거절해 서방연합국으로부터 신뢰를 받을 수 있었다.

브란트는 소련의 서베를린 자유도시 요구는 서방연합군을 철수시켜 소련 군대를 베를린 주변에 배치시키면서 소련의 영향력을 강화하고, 서베를린을 경제적으로 동유럽국가에 예속시키려는 음모로 보았다. 그는 베를린위기 해소를 위해 서방세계의 중요성을 강조했다. 브

이나 대량살상무기를 소유하지 않는다는 것이다. 그리고 긴장완화를 위해 소련을 비롯하여 동유럽 사회주의 국가들과도 대화를 해야 한다는 것이었다. Protokoll der Verhandlungen des Außerordentlichen Parteitages der Sozialdemokratischen Partei Deutschlands vom 13.-15. November 1959 in Bad-Godesberg, (ed) Vorstand der Sozialdemokratischen Partei Deutschlands, Bonn o.J. pp.16-17.

80) 베를린은 냉전기간 세 번의 위기를 경험하였다. 첫 번째는 1948년 6월 베를린 봉쇄령, 두 번째는 1958년 11월 베를린통첩, 세 번째는 1961년 8월 베를린 장벽 설치다. 브란트는 1957년 10월부터 1966년 12월까지 베를린 시장을 역임해 그의 임기 중 두 번을 경험하게 된다. 그가 겪은 베를린위기는 외무장관과 수상 시절 베를린이 냉전의 피해에서 벗어나야 한다는 생각을 잊지 않게 해 주었다. 그가 수상으로 재임하던 1971년 9월 베를린협정을 체결하여 베를린에서 불합리한 법적제도를 수정·보완하였다. 독일은 베를린에 관해 국제법적으로 권한이 없었지만 자국의 문제인 만큼 4개 연합국과 대화 분위기를 조성하여 독일의 입장이 최대한 반영된 가운데 베를린협정이 체결됐다.

란트는, 서방연합군은 베를린분단이 극복될 때까지 계속 주둔해야 하며, 베를린이 동독에 예속된다는 것은 억지 주장이라고 소련의 주장을 일축했다. 브란트는 긴장완화의 필요성을 강조했는데, 이는 긴장완화가 독일문제 해결에 도움이 될 뿐만 아니라 인간의 자유스럽고 평화스런 삶에 기여할 수 있기 때문이었다. 그는 "베를린의 자유민주정치 질서를 존중하고 발전시켜야 하며, 공산주의 팽창정책에 희생되지 않아야 한다"고 밝혔다. 베를린문제를 따로 분리해서 다루면 서방연합국은 외교적 활동범위가 위축되고, 서방연합국의 의견이 분산될 위험이 있으므로, 독일문제에 포함시켜서 다루고, 독일문제와 베를린문제는 유럽의 안보차원에서 다룰 것을 주장했다.[81]

그는 위기상황에서 서방세계와 서베를린, 서독의 신뢰관계를 강화하여 소련의 외교적 공격에 대비했다. 그는 1958년 프랑스 파리에서 열리는 나토조약국회의에 베를린의 상황을 설명하기 위해 참석했다. 브란트는 베를린의 자유와 민주주의 체제를 수호하기 위해 서방세계와 긴밀한 유대관계를 유지했고, 베를린문제 해결은 서방세계와의 협력이라는 전제 아래 긴장완화 실현과정에서 찾고 있었다. 그는 강대국은 빨리 긴장관계에서 벗어나고 베를린의 현 상태를 그대로 유지하며, 베를린 자유왕래를 보전하고 서베를린과 독일연방공화국의 밀접한 유대관계의 필요성을 강조했다. 그의 파리에서의 외교활동은 미국의 외교안보정책의 기본입장과도 일치해 프랑스와 영국도 지지했다. 파리에서의 활약상은 언론을 통해 젊고 유능하며 능력 있는 정치가로 국제사회에 알려지게 됐다.[82]

---

81) Erklärung des Regierenden Bürgermeister von Berlin, Willy Brandt, vom 27. November 1958 zur sowjetischen Berlin-Note, in: Dokumente zur Berlin-Frage 1944-1959, pp.343-344.

젊은 지도자로 떠오르는 브란트를 경계해 정부·여당의 중진의원인 에르하르트(L. Erhard), 슈트라우스(F.-J. Strauß), 하셀(K.-U. Hassel)은 브란트를 비판했는데, 나치 기간 국내에서 저항운동을 하지 않고 스칸디나비아국가로 망명했다는 것이었다. 이때 언론에서는 브란트의 해외저항운동을 국내활동보다 더 높이 평가했으며, 정부·여당 의원들의 이러한 정치공세는 민주정치 발전을 방해하는 행동이라 비판하며 브란트 후보를 지지했다.83)

1) 베를린분단

1949년 동독이 건국될 때 사회주의 체제를 선택함으로써 경제는 사유재산이 인정되지 않는 국유화가 원칙이었다. 그러나 엘베강 동쪽 지역의 넓은 영토에 기반을 둔 융커 후손들의 반발을 고려해 농업과 식당, 요식업 분야에서는 사유재산을 인정했다. 그나마 인정되던 사유재산도 1959년에 농업집단화를 실시함으로써 모든 분야에서 사유재산은 완전히 금지됐다. 농업집단화 이후 젊은이들은 미래에 대한 희망이 사라지자 새로운 삶의 터전을 찾아 서베를린으로 탈출했다. 탈출자는 매일 증가해 1961년 6월부터 8월까지 매일 5천 명 이상이 서베를린 마리엔펠트(Marienfeld)에 있는 이주민수용소에 신고했다.84) 동독에서 자유권과 사유재산권이 제약받게 됨에 따라 1945~1961년에 300만 명 이상의 동독주민이 서독으로 피난했다. 이들은 젊은 세대로서 학문·기

---

82) Süddeutsche Zeitung, 1958. Dezember. 16, pp.1-2.
83) Die Zeit, 1960. November. 11, p.4.
84) Herzfeld, pp.454-455.

술·경제분야에서 고등교육을 받아 자질과 능력을 가진 자가 대부분이었다. 이들은 동독의 산업분야에서 중요한 역할을 하고 있어 젊은 세대가 서독으로 피난하는 것은 동독경제와 산업발전에 절대적인 타격이 아닐 수 없었다. 대량 탈주민 발생은 동독의 정치와 경제, 사회 전반에서 위기로 대두됐다.

피난민수가 점점 증가하자 케네디(J. F. Kennedy) 대통령은 동독이 늘어나는 피난민을 저지하기 위해 어떤 물리적 조치가 있을 것을 예견했다. 언론도 앞으로 사태의 심각성을 인식하고 연방정부는 소련 및 동독과 대화해 앞으로 있을지도 모르는 불행한 사태를 미리 예방하라고 경고했으나 아데나워 수상은 1961년 9월 17일 치를 선거전에만 전념했다. 동독 탈출자 수가 점점 늘어나고 위기 조짐이 감지되자 게르스텐마이어(E. Gerstenmeier) 연방의회 의장도 "냉전시대 독일연방공화국의 외교는 평화를 보존하는 것이 중요한 과제이므로 군비통제와 베를린의 자유왕래 보장을 위해 소련과 대화할 것"을 제의했다. 그는 "협상에서 베를린문제를 독일문제와 함께 다루고, 독일문제 해결을 위해 서방연합국의 양해 아래 소련과 평화조약을 체결해 동서독 간에 충돌과 대립을 피할 것"을 밝혔다.[85]

게르스텐마이어의 주장은 기민당 내에서 분단극복을 위한 정부의 기본정책에 대한 문제점을 제기했다는 데 의미가 있었다. 총독일문제 장관이었던 레머(E. Lemmer)는 그의 주장을 지지하면서 "현 위기의 상황에서 게르스텐마이어 외에 누구도 문제해결을 위해 나서지 않고 있다"고 여권 지도부를 향해 화살을 돌렸다. "늘어나는 피난민문제 해결을 위해 동서독이 대화해야 하며, 동시에 연대책임을 가져야 한다"는

---

85) Verhandlungen des Deutschen Bundestages, 3. Wahlperiode, Stenographische Berichte, Bd. 49, 1961, pp.9762-9766.

것이었다. 게르스텐마이어와 레머의 동독과의 대화 요구는 여당 내에서도 실질적으로 동독을 인정하는 의견이 일고 있다는 증거였다. 이들은 동독을 고립시키지 말고 협상을 통해 문제를 해결하고자 했다.[86]

여당의 핵심부인 아데나워와 브렌타노, 슈트라우스는 독일의 자주권과 할슈타인 독트린을 고수하면서 이 의견을 전혀 수용하지 않았다. 오히려 아데나워는 "게르스텐마이어의 연설은 독일연방공화국의 기본법을 위반했고, 연방의회 의장의 권한을 넘은 월권행위로 브렌타노 외무장관의 외교정책에 혼선을 일으키고 있다"고 비난했다. 언론은 "게르스텐마이어의 주장은 장벽 설치 전에 위기를 피하기 위한 적절한 언급"이라고 지지하면서, 정부·여당은 "위기 앞에서 현실적인 정책을 제시하지 못하고 있다"고 비난했다.[87]

소련은 베를린분단 강경조치의 암시로 1961년 8월 10일 이미 정년퇴임해 연금상태에 있는 제2차 세계대전 당시의 소련 장군 코니에프(I. Konjew)를 동독 주둔 소련군 총사령관에 임명했다. 그 후 3일 뒤 8월 13일 자정을 기해 소련군과 동독군은 베를린 포츠담광장(Potsdam-Platz)과 브란덴브르크문(Brandenburger Tor) 앞에 탱크와 장갑차를 배치한 가운데 동독의 경찰과 직장 민병대는 소련 점령지역을 따라 철조망을 설치하고 3일 뒤에는 콘크리트 장벽을 쌓았다. 이때 설치된 베를린장벽은 동서독 자유왕래를 단절시키고 냉전의 상징으로 1989년 11월 9일 무너질 때까지 존속했다. 베를린장벽 설치로 베를린은 동·서로 완전히 분단됐으며 베를린 자유왕래는 금지됐다.[88]

---

86) Rundfunkansprache des Bundesministers Lemmers über den Sender RIAS am 1. Juli 1961, in: Dokumente zur Deutschlandpolitik 1961, pp.1140-1141.

87) Dönhoff, Marion Gräfin: Das gefährliche Jahr 1961, in: Die Zeit, 1961. Juli 7, p.1.

1961년 8월 13일 베를린 장벽 설치 장면. 소련군과 동독군은 첫날은 철조망을 치고 그로부터 3일 후부터 장벽을 쌓기 시작하였다.

    서방연합국은 서베를린에서 서방연합국에게 직접 피해가 없다는 이유로 소련의 베를린장벽 설치에 대해 소련이나 동독에 소극적으로 대처했다. 왜냐하면 동독은 케네디 대통령이 주장한 3개의 요구사항(서독과 서베를린 간 자유왕래 보장, 서방 3개국 연합군 서베를린 주둔, 서독과 서베를린의 긴밀한 유대관계)을 침해하지 않고, 단지 동독과 동베를린 주민의 자유왕래를 제한했다는 것이었다.89) 이와 같은 맥락에서 서방

---

88) Ribbe, Wolfgang: Berlin zwischen Ost und West (1945 bis zur Gegenwart), in: *Geschichte Berlins, Von der Märzrevolution bis zur Gegenwart*, Vol. 2, (ed) Wolfgang Ribbe, München 1987, pp.1090-1092.

89) Arenth, Joachim: *Der Westen tut nichts! Transatlantische Kooperation während der zweiten Berlin-Krise(1958-1962) im Spiegel neuer amerikanischer Quellen*, Frankfurt/M. 1993, p.391.

베를린이 동서로 분리되자 동독 국경수비병이 자유를 찾아 서베를린으로 탈출하고 있다.

연합국은 동독의 행위에 대해 어떠한 강력한 조치를 취하지 않고 단지 소련에 항의하는 수준으로 끝났다. 미국은 8월 17일까지 아무런 조치를 취하지 않아 서베를린 시민들은 분노했고 미국을 증오했다.[90]

소련은 공식성명을 통해 서방세계와 서독이 서베를린에서 선동해 많은 피난민이 생겨났기 때문에 동독의 정치·경제·사회적 안정을 위해 불가피한 선택이었다고 해명했다. 미국은 탈주민문제는 서방세계의 선동에 의해 일어난 것이 아니고, 동독 사회주의 정치의 실패, 특히 동독에서 국민에게 주권과 자유권, 사유재산이 인정되지 않았기 때문이라고 지적했다.[91]

케네디 대통령은 베를린의 사정을 파악하기 위해 정보담당 보좌관

---

90) Grabbe, p.287.
91) Der Spiegel, 1961. August 23, pp.18-19.

을 베를린에 급파했다. 그는 베를린 방문 후 베를린 분단으로 서베를린과 서방세계의 신뢰관계에 균열이 생기게 됐다고 보고했다. 이와 같은 소식을 접한 케네디는 1961년 8월 17일 미국이 베를린 자유를 보호한다는 상징으로 존슨(L. Johnson) 부통령과 1948년 베를린봉쇄 당시 미국의 책임사령관이었던 클레이(L. Clay)를 베를린으로 보냈다. 그러나 미국은 소련과 동유럽국가에 정치적 보복이나 경제적 제제조치를 취하지는 않았다. 그리고 1961년 8월 18일 서베를린의 자유를 보장한다는 미국의 의지를 보여주기 위해 1,500명의 미군이 헬름슈테트(Helmstedt)에서 고속도로를 통해 베를린까지 행진했다.

행군 도중 동독에 주둔하고 있는 소련군이나 동독군은 행군하는 미군에게 어떤 도발행위도 하지 않아 미국이나 서방 언론은 소련이 베를린분단으로 독일에서 어떤 군사적 충돌을 원치 않고 있음을 인지했다.92)

베를린문제 해결을 위해 1961년 9월 말의 유엔총회 때 그로미코(A. A. Gromyko) 소련 외무상과 러스크(D. Rusk) 미 국무장관은 많은 의견을 주고 받았다. 그로미코는 베를린을 자유도시화하여 어느 체제에도 예속되지 않는 중립의 도시로 만들려고 했고, 독일이 핵무장하지 못하도록 확약을 받으려고 했다. 또 유럽에 주둔하고 있는 외국군을 철수시키고 동·서유럽국가 간 상호불가침 조약을 체결할 것을 주장했다. 미·소는 베를린문제 해결에서 서로 양보하지 않아 그로미코와 러스크의 협상은 진전이 없었고, 단지 양국은 1957년 이래 중단됐던 제네바 군축협상만을 재개했다. 베를린장벽에 대해 양국은 이견을 좁히지 못했다. 그로미코는 서베를린을 유엔감시 하에 두고 오더-나이세 강을

---

92) Herzfeld, pp.456-457.

독·폴 국경선으로 인정하며 평화조약을 체결할 것을 요구했으나, 서베를린을 어떤 경우에도 포기할 수 없다는 미국의 원칙에는 변화가 없었다. 서베를린이 유엔감시 하에 들어가게 되면 서방연합국의 역할은 감소되고 반대로 소련의 영향력은 점점 증가하게 되는 것이었다.

영국 수상은 베를린문제의 원만한 해결을 위해 "오더-나이세 경계선을 국경선으로 인정하고 어떤 방식으로든 동독을 실제적인 국가로 인정하며, 서베를린과 서독정부는 정치적으로 무관하며 서독은 핵무장을 하지 못하도록" 요구했다.[93]

베를린문제와 독일문제 해결을 위해 서방연합국은 물리적 힘이 아닌 평화적 방법을 원했지만, 합의된 정책이나 대안을 제시하지 못했다. 미국은 소련과의 단계적인 군비축소를 통해 유럽에서 긴장완화 분위기를 조성하려 했으나, 영국은 미소 군비축소보다는 중앙유럽에 비무장지대를 조성하여 소련의 활동영역을 소련의 영토로 제한하려고 했다. 프랑스는 미국과 영국의 제안을 받아들이지 않고 프랑스의 입지를 강화하기 위해 동독을 끝까지 국가로 인정하지 않았으며, 독일연방공화국을 프랑스 외교정책의 파트너로 활용하고자 했다.

베를린장벽은 기민당정부의 독일정책 실패의 결과물이다. 기민당은 베를린문제와 독일문제에 관해 국제법적 지위를 가지고 있는 소련의 요구사항을 전혀 고려하지 않았고, 동독의 위기상황에서도 대화제의를 거절하는 강변 일변도의 정책을 내놓았다. 서베를린 기민당 총재 암렌은 미군사령관에게 "서방연합군의 탱크를 동서 베를린 경계선에 출동시켜 동독의 장벽 설치를 무력으로 저지할 것"을 요구했다. 이는 암렌의 개인적 의견이었을 뿐 연방정부와 합의한 적이 없었다. 연방정

---

[93] Kroll, Hans: *Lebenserinnerungen eines Botschafters*, Köln, Berlin 1967, pp.524-525.

부는 이 제안은 "긴장을 악화시키는 결과를 초래한다"며 거절했다. 베를린장벽은 동독과 소련이 베를린에 관한 4개국 협정을 파괴하는 것이고, 인간의 기본권인 자유권을 박탈하는 것이었다. 서독정부는 미국에게 "어떤 경우라도 서방세계는 소련의 요구사항에 굴복하지 말고 서베를린 자유를 수호할 것"을 요구했다. 아데나워는 베를린위기 동안 서베를린을 방문하지 않고 계속 선거운동에 전념했다.[94]

아데나워가 베를린을 방문하지 않은 이유는 서베를린 시민들이 소련이 야기한 위기상황에서도 친서방정책만 고집하고 있는 아데나워를 대안이 없는 정치가로 무시하게 되면, 선거전에서 상대방 후보에게 유리하게 작용하기 때문이었다. <디 차이트>지는 베를린위기 상황에서 위기극복을 위해 노력하지 않는 아데나워를 보고 "미련하게 낮잠만 자고 있는 대가의 영수증"이라며 정부·여당을 비판했다. 아데나워의 현실성 없는 통일정책은 소련의 팽창정책을 고착화하도록 빌미를 제공하는 것이라고 문제점을 지적했다.[95]

아데나워는 소련이나 동독과 대화를 시도하지 않았고, 서방세계가 대화와 협력을 통해 베를린문제를 해결하기를 희망했다. 그러나 대화를 통해 이 문제가 해결되지 않는다면 외교적 제재나 금수조처를 취할 것을 미국 측에 요구했다. 그리고 동독의 정치가들이 서방세계를 방문하는 것을 제재하도록 요구했다. 이 외에도 서베를린에 주둔하고 있는 서방연합군을 증강하고 서방연합군에 서독군도 참가할 수 있도

---

94) Stützle, pp.148-149.

95) Dönhoff, Marion Gräfin: Quittung für den langen Schlaf, Die Politik des Nichts kommt uns teuer zu stehen, in: Die Zeit, 1961. August 18, p.1; Klessmann, Christoph: Adenauers Deutschlands- und Ostpolitik 1955-1963, in: *Adenauer und die Deutsche Frage*, (ed) Josef Foschepoth, Göttingen 1988, pp.71-72.

록 제의했다. 그리고 베를린장벽 설치 외에 더 이상 소련의 위협은 없을 것으로 보았다. 또한 소련은 경제개발을 위해 서방세계와 많은 교류를 하고 있는데, 동서관계가 악화될 경우 소련경제에 큰 지장을 초래할 것으로 보았다.[96]

서독정부는 베를린장벽 설치는 동독과 소련이 베를린에 관한 4개국 협정을 파괴하는 것이고, 인간의 기본권인 자유권을 박탈하는 것이라고 주장했다. 서독정부는 미국에게 어떤 경우라도 서방세계는 소련의 요구에 굴복하지 말고 서베를린 자유를 수호해 줄 것을 요구했다.[97] 아데나워 수상은 베를린장벽 설치로 인해 긴장감이 고조된 상황에서 계속 선거운동에 전념했으며, 선거유세 동안 베를린문제 극복을 위해 노력하는 사민당 수상 후보인 브란트 베를린 시장을 비난했다. 에르하르트 상공장관은 아데나워 수상이 국가의 책임자로서 소련과 동독을 비난하지 않고, 뛰어난 베를린정책을 개발해 서베를린을 소련의 위협으로부터 구하려고 노력하는 브란트 시장만 비난하고 있다고 아데나워의 행동을 비판했다.[98] 미국과 프랑스, 영국은 베를린장벽으로 국제사회가 경색되고 미·소 관계가 막다른 지경에 도달하는 것을 원하지 않아 소련과 동독에 어떠한 강경조치도 취하지 않았다.

기민당정권은 이 기간에 베를린 및 독일문제를 해결할 외교정책을 개발하지 못했다. 그 결과 언론과 진보적 지식인들은 통렬한 비판을 가했고, 기민당정부 외교정책의 한계점을 지적하면서 정권교체를 통해 적극적인 외교정책을 펼쳐 베를린 및 독일문제를 해결하라고 요구했다. 아데나워는 베를린위기 때 정치책임자로서 베를린을 방문하지

---

96) Die Zeit, 1961. August 18.
97) Stützle, pp.148-149.
98) Der Spiegel, 1961. August 23, pp.15-18.

않고 선거전에만 열중했다. 연방의회도 베를린장벽이 설치되고 약 1주일이 지난 8월 18일에 임시회의를 소집해 너무 늦게 대처했다. 아데나워는 8월 22일 베를린을 방문했다. 그는 아무런 대책 없이 방문하는 것보다 연합국과 조율해 정책을 제시하고자 했다. 베를린 방문 시 아데나워는 서베를린과 독일연방공화국의 연결을 서방세계와 함께 보장하고, 장벽 설치로 야기된 문제를 해결하기 위해 여러 조치를 통해 서베를린을 적극 도울 것이며, 베를린문제 해결을 위해 서방연합국과 협력한다고 밝혔다. 그러나 서베를린 시민과 언론은 수상이 위기에 처한 베를린을 너무 늦게 방문했다고 비난했다.[99]

베를린위기를 능동적으로 대처하지 못한 기민당(기사당)은 1961년 9월 17일에 실시된 총선에서 절대적인 지지를 받지 못해 아데나워 정권은 어려움에 처하게 됐다. 기민당은 선거 전에 일어난 베를린장벽 위기의 상황 때 정부·여당으로서 위기극복에 나서지 않고 동독과 소련에 적극적으로 대처하지 못한 책임 때문에 선거에서 참패했다. 야당인 사민당과 자민당은 민첩하게 대응한 결과 선거에서 국민들의 지지를 받게 됐다. 특히 사민당이 높은 지지를 받게 됐는데, 브란트 시장의 역할도 중요하지만 1959년에 "바트-고데스베르트 강령"(Bad-Godesberg Programm)을 발표, 계급정당을 지양하고 국민정당으로 전환해 국민들로부터 인정받은 결과였다.[100]

기민당은 242석, 사민당은 190석, 자민당은 67석을 차지, 기민당은 과반수 의석을 확보하지 못해 자민당과 연립정부를 수립해야 했다.[101]

---

99) Pressekonferenz des Bundeskanzlers Adenauer in Berlin, in: Dokumente zur Deutschlandpolitik 1961, pp.186-194.

100) Baring, Arnulf: *Sehr verehrter Herr Bundeskanzler! Heinrich von Brentano im Briefwechsel mit Konrad Adenauer 1949-1964*, Hamburg 1974, p.341.

자민당의 연립정부 참여는 지금까지 가톨릭 중심의 권위주의적인 아데나워 통치스타일에 변화를 예고하고 있었다. 첫 번째 대상은 시대적 상황의 변화에 대처하지 못한 브렌타노였다.102) 자민당은 연립내각을 위한 협상에서 지금까지 외무장관인 브렌타노는 냉전시대 분단을 극복하지 못했고, 앞으로도 극복할 능력이 없기 때문에 외무장관을 교체할 것에 합의하여 슈뢰더(G. Schröder) 내무장관이 외무장관으로 임명됐다. 슈뢰더는 전직 내무장관으로 오래 전부터 아데나워와 잘 알고 있어 그의 의도를 잘 이해할 수 있는 인물이었다. 슈뢰더는 공동여당인 자민당이 반대하지 않아 내각에서 자민당 출신과 융화하는 데 별 어려움이 없었다. 아데나워 수상은 브렌타노의 후임으로 발터 할슈타인을 생각하고 있었으나, 그는 할슈타인 독트린을 제안했기 때문에 자민당이 반대할 것을 예상해 슈뢰더를 선택했다.103)

슈뢰더에게 부과된 임무는 독일문제에 관해 정책을 개발하고, 주도권을 장악해 더 이상 서방세계에 끌려 다니지 않아야 하고, 독일 및 베를린문제를 평화적으로 해결하기 위한 대책을 마련해야 하며, 동유럽국가와 관계를 개선하기 위해 오더-나이세 경계선에 대한 입장을 정리하고, 핵무장을 포기해야 하는 것이다. 슈뢰더 장관의 임무수행이

---

101) 기민당과 기사당은 1957년 선거에서는 절대적인 지지를 받아 총 497석에서 270석을 차지했다. 기민당은 지난 선거와 비교해 28석을 잃었고, 사민당은 21석을 얻었으며, 자민당은 26석을 더 확보했다. 선거의 최대 승리당은 자민당이었다. 기민당이 1957년 선거에서 절대적인 지지를 받은 것은 1955년 아데나워 수상이 소련을 방문해 독일포로들을 소환했고, 경제가 성장해 완전고용이 됐기 때문이다.

102) Baring, p.341.

103) Die FAZ, 1961. Oktober 31; so Erich Mende im Gespräch mit mir, in: Spiegel, 1961. Oktober 4, p.25; Stern, 1963. Januar. 6, pp.22-25.

순탄하지는 않았다. 폴란드는 오더-나이세 경계선을 국경선으로 인정받기 위해 단호한 입장이었고, 기민당정부는 할슈타인 독트린을 계속 고수하고 있어 동독과의 관계개선에서 걸림돌이 됐으며, 베를린정책은 변함없이 자유를 보장하는 11번째 연방국가이고 4개국의 법적 지위가 계속 보장돼야 한다는 것이었으며 당 지도부는 아직도 핵무장에 대해 미련을 가지고 있었다. 이는 그의 전임자였던 브렌타노의 정책과 큰 차이가 없어 소련과 동독에 탄력적으로 대응할 여력이 없었다.104)

북부인 베를린과 함부르크, 뒤셀도르프 출신의 자민당 의원들은 아데나워 수상이 구시대의 생각을 가진 지도자로서 정치적 문제를 해결할 능력이 없다고 판단하고, 그에 대한 예우로 차기 임기 전반기인 1963년 가을까지만 수상직에 머물기로 합의했다. 자민당의 멘데(E. Mende) 총재는 선거기간에 에르하르트가 수상이 돼야 한다고 주장하면서 아데나워 정권의 종식을 요구했다. 그는 아데나워 재임기간 각료에 진출하지 않고 아데나워가 물러난 후 독일문제 장관에 취임했다.105)

아데나워는 소련의 베를린통첩과 장벽 설치는 한국전쟁에 이은 소련의 팽창정책으로 보고 소련의 위협 하에서 대화하는 것은 굴욕적인 외교이고 실익이 없다는 이유로 거절했다. 현실적인 대안으로 친서방정책을 선택했고, 소련의 위협에 대해 미국의 보호 아래 민주정치 체제를 더욱 발전시키고, 군사력과 국가 경쟁력을 강화시켜 독일연방공화국 주도로 통일을 이룩한다는 것이었다. 아데나워는 미국을 중심으로 서방세계와 동맹을 강화하여 소련의 사회주의 국가보다 강한 군사력을 소유하여 자유민주주의 체제를 보호하는 데 더 중점을 두고 있었다.

---

104) Die Zeit, 1961. November 17. p.1
105) Baring, p.342.

2) 베를린분단과 브란트 시장

브란트가 사민당 수상 후보로 지명된 후 정치적 위상은 서베를린 시장 때보다 더 강화됐다. 야당 수상 후보가 되면서 서베를린에서 개발한 외교정책이 당 핵심부는 물론 여당에도 영향을 미치게 됐다. 베를린에서 주장하는 긴장완화 정책이 통일정책보다 더 중요하게 다루어졌고, 정부는 외교정책에서 이념적 차이 때문에 사민당이 주장한 공동 외교정책을 수용하지 못했지만, 베를린정책은 사민당의 입장을 많이 고려했다.106)

브란트가 중심이 되어 이끄는 사민당의 외교정책은 서베를린과 독일연방공화국의 관계를 밀접하게 연결시켰고, 국제정치에서는 유럽의 현 상태를 인정하여 동유럽국가는 물론 동독에서 체제안정을 바탕으로 자유의 사상이 전파되길 바랐다. 독일정책에서는 통일보다는 긴장완화에 중점을 두어 유럽에서 분단이 극복되면 독일통일도 자연스럽게 이루어지도록 했다. 사민당은 서베를린에서 지방정부를 담당하고 있어 베를린 및 안보정책에 대해 여당보다 더 적극적으로 정책개발에 노력했다.107)

케네디 대통령의 취임은 사민당 외교·안보정책에 유리하게 작용했는데, 외교·안보정책이 미국의 군비통제정책과 같은 맥락에서 전개됐다. 베를린에서 긴장완화는 군비축소에 기여하게 되고 유럽, 특히 독일에서 긴장완화를 가져올 수 있었다. 사민당의 외교 전문가인 베너

---

106) Braunmühle, pp.32-33.
107) *Ibid.*, p.35.

(H. Wehner)와 브란트, 엘러는 미국의 민주당정부와 다양한 의견을 교환한 뒤 베를린문제, 독일문제, 유럽안보 등에 관해 공감대를 이루었다. 브란트는 1959년부터 1961년 위기의 상황에서 독일연방공화국의 안보와 서베를린의 안보를 '애틀랜틱동맹', 즉 미국과의 유대관계를 통해 보장받고자 했다. 미국이 동유럽과 관계를 개선할 때 사민당도 동유럽국가와의 정치·경제·문화교류를 통해 동·서 긴장완화에 기여하고자 했다. 이는 미국의 동유럽정책과 일치해 미국으로부터 긍정적인 반응을 얻어냈다.

1961년 8월 베를린에서 위기감이 고조될 무렵 브란트는 사민당 수상 후보로 남부독일 바이에른에 있는 뉘른베르크에서 선거유세를 마치고 주말 유세를 위해 북부독일 키일(Kiel)로 가고 있었다. 이동 도중 기차에서 베를린분단 소식을 접한 그는 선거유세를 중단하고 하노버에서 서베를린으로 귀향했다. 브란트는 베를린분단의 위기적 상황에서 시장으로서 책임을 회피할 수 없어 모든 선거일정을 중단했다. 그는 베를린에 도착해 수행원들과 함께 동·서베를린 분단선에서 철조망을 설치하는 것을 목격하고, 서방연합군 사령부를 방문하여 소련의 베를린분단 행위에 대해 서방세계가 강력히 항의할 것을 요구했다. 브란트는 베를린위기를 정부적 차원에서 아데나워 수상과 브렌타노 외무장관이 적극적으로 대처하지 못하고 있을 때, 여·야를 초월해 연방정부와 서베를린이 공동으로 대처하자고 제안했다. 브란트 시장의 협조적인 자세는 베를린 안보가 위기상황에 빠져들었을 때, 여·야가 대립하거나 충돌하지 않고 정책공조를 취하는 계기가 됐다.108)

베를린장벽 설치로 인해 동독시민은 자유왕래가 보장되지 않아 인

---

108) Willy Brandt, *Begegnung und Einsichten, Die Jahre 1960-1975*, Hamburg 1976, pp.9-11.

간의 기본권을 유린당했다. 이런 이유에서 브란트는 베를린장벽을 국가 간 국경선이 아닌, 자유가 제한된 수용소 담장과 같은 것이라고 역설했다.109) 동베를린은 서방세계와의 교류는 단절됐지만, 그렇다고 소련에 소속된 영토도 아니며, 동독의 통치자들은 베를린에 관해 국제법적 권한을 소유하지 않았으며, 베를린은 4개국 통치 아래 있는 것이라고 밝혔다. 브란트는 "베를린을 통일적으로 통치하고 베를린의 자유왕래를 보장할 것"을 요구했다. 동·서베를린 경계선의 통제는 4개국 점령지에 대한 자유통행권을 제한하고 동독인의 인권을 침해했는데, 이를 극복하는 것이 그의 임무였다.110)

그는 1961년 8월 16일 베를린시청 광장에서 열린 동독의 베를린분단 행위를 규탄하는 시민집회에서 "동독의 행위는 비민주적이고 비인간적이다"고 규정했다. 그리고 지금까지 소극적인 서방세계의 베를린정책을 지적하고, 이는 "서베를린 시민이 서방세계를 불신하는 결과를 초래했으며, 서방세계는 어떤 경우에도 서베를린의 자유를 수호하고, 서베를린에 주둔하고 있는 군대를 증강할 것"을 요구했으며, "베를린문제를 유엔에서 국제문제로 격상시켜 다룰 것"을 요구했다. 그리고 "서독과 연결하는 교통로의 자유왕래를 보장할 것"을 주장했다. 이를 위해 "서베를린과 서독을 연결하는 항공노선을 증편하고, 수상과 육상교통의 확대와 안전을 보장할 것"을 요구했다. 서베를린의 정치, 사회, 경제, 안보를 위해 "미·소 양국은 더 이상 긴장을 고조시키지 말 것이며, 동독을 국가로 인정하는 것"에 반대했다. 만약 동독을 국가로 인정하게 된다면 "동독이 합법적인 국가가 되기 때문에 서독이 독

---

109) *Ibid.*, pp.11-13; Willy Brandt: *Erinnerungen*, Frankfurt/M 1989, pp.8-13.
110) Rede Regierenden Bürgermeisters Brandt vor dem Berliner Abgeordnetenhaus am 13. August 1961, in: Moskau Bonn, Bd. II, pp.860-862.

일을 통일해야 할 법적 지위를 상실한다는 것"이었다.111) 브란트가 시청 앞 광장에서 공개한 편지를 미국의 케네디 대통령에게 보내 미국 행정부가 독일의 상황을 이해하는 데 도움이 됐고, 미국도 베를린위기 극복을 위해 브란트와 정책적 공조를 취했다.

그는 서베를린 시장으로서 베를린위기를 극복하기 위해 서방세계와 공동노선을 구축했고, 선거기간임에도 불구하고 선거운동보다는 베를린위기 극복과 심리적으로 불안에 떨고 있는 서베를린 시민에게 희망과 용기를 주었다. 서베를린과 서독의 시민은 브란트 시장이 베를린위기 극복을 위해 정책을 개발하고 소신 있게 정열적으로 일하는 모습을 보고 그를 신뢰하게 됐으며, 소련의 팽창과 긴장관계가 심화되지 않을까 하는 두려움과 공포에서 심리적 안정을 찾아 가고 있었다.112)

브란트 시장은 분단된 베를린의 현실을 안타깝게 생각하고 자유가 보장되지 않는 동독을 자유가 억압된 수용소와 똑같은 것으로 간주하고, 동서독 자유왕래 실현에 노력했다.113) 서베를린의 철조망 설치로 동독시민은 탈출할 수 있는 기회를 잃어버렸고, 도시는 통일에 대한 상징성을 잃어버렸다. 서베를린은 장벽 설치로 예기치 않는 정치적 사건이 전개될 가능성을 다분히 안고 있었다. 이런 사건에 대비해 서방세계와 서베를린이 공동으로 대책을 마련해야 하는 임무가 주어졌다. 브란트는 인도주의적인 면에서 적십자사와 교회를 통해 베를린장벽을 개방해 이산가족 및 친구를 만날 수 있도록 노력했다. 이산가족 상

---

111) 16. August 1961: Schreiben des Regierenden Bürgermeisters von Berlin, Brandt, an Präsident Kennedy, in: Dokumente zur Deutschlandpolitik 1961, pp.48-49.
112) Die Zeit, 1961, August 25, p.3.
113) Brandt, *Begegnungen und Einsichten*, pp.11-13; Brandt, *Erinnerungen*, pp.8-13.

1963년 케네디 대통령이 베를린을 방문하여 베를린 시청 앞 광장에서 연설하고 있다. 이 때 그가 남긴 나는 베를린 사람이다(Ich bin Berliner)라는 말은 냉전시대 서베를린 시민에게 심리적 안정을 주었다.

봉은 비정부단체를 통해서는 실현되지 못하고, 1963년 12월 동독정부와의 협상을 통해 실현됐다.

베를린장벽은 제2차 세계대전 후 동·서독 관계의 한 시대를 마감하고 새로운 장을 개막하는 사건으로, 브란트와 사민당은 베를린 및 독일정책에서 현실적인 정책을 제시해야 한다고 생각했다. 이 문제에 대해 브란트와 사민당 총재 올렌아우어와 의견차는 없었다. 그는 서베를린의 삶의 질을 향상시키기 위해 모든 독일국민의 책임론을 주장했고, 장벽 설치는 긴장관계와 분쟁의 위험만 악화시켰으며 동독인 전체의 인권을 침해했다고 주장했다.[114] 그리고 서방세계는 베를린장벽으로 야기된 독일연방공화국은 물론 서베를린 시민으로부터 신뢰를 얻는 것이 필요해졌다. 이를 위해 정부여당인 기민당은 서방세계와의 합의 아래 통일된 베를린정책을 작성해 소련과의 대화에서 주도권을 잡

---

114) Vorwärts 1961. August 16, p.1.

아야 했지만 기대할 만한 정책은 나오지 않았다.115)

베를린장벽 설치는 냉전의 역사에서 연속적인 사건의 하나로 브란트 시장은 이를 대반전을 기할 수 있는 전환점으로 삼았다. 그는 베를린을 냉전의 위기에서 구하기 위해 다각도로 노력했다. 기존의 친서방 정책의 틀을 유지하면서 언젠가는 소련과의 대화가 필요하다는 생각도 가지고 있었다. 소련의 흐루시초프 당서기장은 동독과 동베를린을 방문할 때 서베를린 시장 브란트를 초청했다. 흐루시초프의 초청에 대해 브란트 시장은 무조건 반대만 할 수 없는 형편이었다. 왜냐하면 베를린협정에 관한 법적 권한을 소련이 가지고 있기 때문에 소련과 적대적 대립관계보다는 대화채널을 개설해 흐루시초프와 의견을 교환하는 것도 필요했고, 소련의 진의를 파악할 필요도 있었다. 이 문제에 대해 독일 내 여론이 성숙되지 않았고, 국제적으로도 긴장완화 분위기가 성숙되지 못한 상태에서 브란트는 결정을 하지 못하고 주저하고 있었다. 그러나 베를린에서 사민당과 공동정부를 구성했던 기민당은 흐루시초프와의 만남을 반대했고, 사민당 내에서도 의견이 다양해 브란트는 사회적 여론을 감안해 흐루시초프의 초청을 거절했다.116)

흐루시초프의 초청을 거절해 신중하게 행동했고, 베를린위기 때 뛰어난 정책과 대응능력을 보여준 브란트는 서베를린 시민들로부터 절대적인 지지를 받아 1963년 2월의 서베를린 지방선거에서 이전의 52.6%에서 61.9%의 지지를 받아 그의 인기가 지지율로 그대로 연결됐음을 보여주었다. 그러나 기민당은 이전의 37.7%에서 28%로 지지율이

---

115) Süddeutsche Zeitung, 1961. September p.2.

116) Vogtmeier, Andreas: *Egon Bahr und die deutsche Frage, Zur Entwicklung der sozialdemokratischen Ost- und Deutschlandpolitik vom Kriegsende bis zur Vereinigung*, Bonn 1996, pp.51-55.

현저히 하락했다. 그리고 자민당은 앞의 선거에서 3.8%의 지지를 받아 원내 진출에 실패했으나, 이번 선거에서는 7.9%의 지지를 받아 원내 진출에 성공했다.

브란트 시장은 정책차이 때문에 계속 공조체제를 유지할 수 없어 기민당과 결별하고 대신 자민당과 연립정부를 구성했다. 두 정당의 동방정책은 베를린이라는 도시에 제한하지 않고 독일문제를 해결할 수 있는 전 독일적인 정책으로 개발했다. 진보적이고 개방적인 사민당과 자민당의 정책은 1963년 작은 성공을 거두게 됐다. 바로 1963년 12월 체결된 베를린 방문조약은 단지 베를린에 제한된 것이었지만 실현 가능했던 것은 브란트 시장의 집요한 노력 때문이었다. 브란트의 의지도 중요했지만 연방정부 독일문제장관 멘데의 도움도 한몫을 했다. 멘데 장관이 동독과의 관계를 배타적으로 몰고 가지 않고 협력적인 관계로 전환한 것은 동독을 대화의 장으로 나오게 하는 데 크게 기여했다. 그는 동독을 고립시키지 않고 가능한 범위 내에서 지원함으로써 동독시민의 삶의 질 향상에 노력했다.[117]

사민당은 동독을 독재국가로 규정하고 소련의 지원 아래에서만 유지가 가능한 국가로 보고 동독의 통치자들을 적대적으로 대했지만, 동독주민들은 적대적으로 대하지 않고 삶의 질 향상을 위해 실현 가능한 정책을 개발했다. 동독의 국민들에게 희망을 주기 위해 영향력을 행사할 방법을 찾았다. 사민당은 기민당이 주장한 "독일연방공화국이 독일국민을 대표한다"는 주장은 이해는 하지만, "동독을 인정하지 않고 있어 동독인들의 삶의 질 향상에는 기여하지 못한다"고 회의적인 입장이었다. 사민당은 전체 독일국민을 위한 정책으로 독일의 자주권

---

117) Baring, pp.202-203.

에 무게를 두었다. 우선 개인의 자유가 보장되고 평등권이 보장돼야 하며 이를 계속 보존하고 유지하기 위해서는 동독의 민주화가 전제조건이었다. 때문에 우선 동독과의 대화와 협상을 위해 동독을 실제적인 국가로 인정했다. 그리고 정치·경제·문화교류를 활성화하여 경직된 사회에서 서방의 민주사회를 이해하게 하는 것이었다. 야당의 독일정책은 동독이 서독에 합병되는 것보다 우선 동·서독 접촉과 교류를 활발히 하고 동서독 시민들이 체제의 억압에서 어느 정도 해방되어 질이 향상된 삶을 누리는 것이었다. 그리고 동독은 국제사회에서 위상이 강화되어 서방세계와의 교류에서도 확고한 위치를 확보하고 국내정치에서는 안정을 이룩하기를 원했다.

9. 풀어야 할 역사적 과제: 폴란드와의 관계

폴란드는 가톨릭 국가로서 약 100년 이상 국토가 분단됐고, 프로테스탄트 국가인 프로이센의 지배를 받았다. 아데나워 수상은 가톨릭 국가인 폴란드에 호의를 가지고 있었으나 정치적으로는 대화나 협상과 같은 정치적 고려는 전혀 생각하지 않았다. 아데나워 시대의 서독 외교는 서방세계에게는 초국가적으로 우호적이었지만, 동유럽국가의 요구에는 관심을 기울이지 않고 강경한 입장으로 초지일관했다.[118]

아데나워 수상은 제2차 세계대전 이후 생성된 경계선은 변경이 불가능하다고 보았다. 그러나 그는 지금은 폴란드 영토가 되어 버린 오

---

118) Bahr, *Zur meiner Zeit*, pp.65-66.

더-나이세강 동부의 영토가 구독일의 영토였다는 사실을 깊이 생각하고 있었다. 그는 1949년 9월 20일의 의회 연설에서 " 잃어버린 오다-나이세강 동부 영토에 대한 요구를 법적으로 계속 추적하는 것을 포기하지 않겠다"고 밝혔다. 이는 과거 독일 영토에 대한 독일의 입장을 반영하겠다는 것이고, 이 지역에 살고 있는 독일인의 지위에 대해서도 관심을 갖고 있다는 것이었다. 그는 서독이 소련과 폴란드와 평화적인 관계로 전환하는 것이 필요하다고 주장했다. 이웃 국가인 폴란드가 동·서 냉전체제에서 소련의 스탈린주의에서 헤어나지 못하고 있는 것을 안타깝게 생각했다.

1953년에 스탈린이 사망하고 1956년에 개최된 제20차 공산당 전당대회에서 흐루시초프가 당서기장에 선출되자 소련 정치에서 스탈린주의를 배격하는 변화의 조짐이 나타나기 시작했다. 이때부터 폴란드의 외교정책도 서서히 변화의 조짐이 나타나기 시작했다. 폴란드는 오다-나이세 경계선을 서부 국경선으로 인정한다는 전제조건 아래 서독과의 외교관계를 정상화하여 대사급을 교환하기를 희망했다. 서독 외무장관 브렌타노가 오다-나이세 경계선을 폴란드 서부 국경선으로 인정하는 일은 결코 없을 것이라고 선언하면서 폴란드의 관심을 일축시켜 버렸다. 브렌타노는 동유럽국가들과의 외교관계를 개선하면, 동독도 국가로 인정하는 결과가 되어 할슈타인 독트린에 위배되므로 이를 단호히 거절했다.[119]

폴란드가 1956년까지 오다-나이세 경계선을 국경선으로 인정받는 것에 치중했다면, 1957년 이후는 독일의 핵무장을 방해하는 데 전념했다. 1957년 10월 2일 폴란드 외무장관 라파키는 유엔 연설에서 군축문

---

119) Stehle, Hansjakob: Adenauer, Polen und die Deutsche Frage, in: *Adenauer und die Deutsche Frage*, (ed) Foschepoth, Josef, Göttingen 1988, pp.80-81.

제와 관련하여 폴란드, 서독, 동독, 체코슬로바키아가 포함된 유럽 중앙에 비핵화지대를 만들어 이 지역에서는 핵무장을 하지 못하도록 하자고 제안했다. 이 제안은 미국의 외교관이었던 캐넌의 프로그램과 유사했는데, 기본취지는 긴장이 감돌고 있는 유럽 중앙에 긴장완화 분위기를 조성하는 것으로 이 지역에서 미국은 소련의 영향력을 배제시키는 것이 목적이었다면, 폴란드는 서독의 핵무장을 저지하는 것이 목적이었다. 이 제안은 아데나워 수상에게는 매력적이지 못했다. 이 제안을 수용하게 되면 독일통일을 포기해야 하고 독일은 중립국으로 전환해야 하며 동독을 국가로 인정해야 하는데, 이는 서독정부로서는 수용하기 어려운 내용이었다.[120]

1958년 독일 정치가로서는 처음으로 사민당 출신의 카를로 슈미트 (C. Schmid) 국회 부의장이 바르샤바대학에서 연설을 했다. 그는 독일의 정치가로서 나치시대 참혹한 현실과 폴란드에 저지른 죄악에 대해 인정하고 사과했지만 이 정도 선에서 폴란드가 만족하거나 끝날 문제가 아니었다. 슈미트는 귀국 후 폴란드에서 보고 느낀 인상을 수상에게 전달했다. 폴란드 국민들은 나치시대 독일에 당한 감정을 지금도 잊지 않고 간직하고 있으며, 독일인에 대해 매우 부정적인 악감정을 가지고 있다고 사실대로 보고했다. 그는 폴란드와 화해하고 신뢰를 회복하는 길이 무엇보다 우선시돼야 한다고 설명하고, 폴란드인이 독일에 대해 갖고 있는 공포와 두려움을 제거하기 위해 오더-나이세 경계선을 폴란드 국경선으로 인정하는 것도 고려해야 할 것이라고 직언했다.[121]

아데나워 정부는 서유럽국가와는 친서방정책을 통해 화해하고 신

---

120) Adenauer, *Erinnerungen 1955-1959*, p.366.

121) Schmids Tagebuchnotizen, in: *Ungewöhnliche Normalisierung, Die Beziehungen der Bundesrepublik Deutschland zu Polen*, (ed) Plum, Werner, Bonn 1984, p.201.

뢰를 회복했지만, 동유럽국가와는 할슈타인 독트린을 고집하고 있어 과거의 역사적 부담에서 해방되지 못했다. 아데나워 정부는 오다-나이세 국경선 문제와 폴란드와 관계개선 문제를 해결하지 못한 채 다음 정권에 부담을 안겨주었다.122)

폴란드와 국가 간 관계는 진척되지 않았지만 대기업 중 하나인 크룹(Krupp)사의 바이츠(B. Beitz)123) 사장은 여러 차례 폴란드를 방문해 양국 간의 경제교류와 경제협력에 대해 많은 의견을 교환했다. 바이츠는 정치문제보다는 주로 경제문제에 관해 폴란드와 의견을 교환했다. 그리고 1958년 포젠에서 개최되는 산업박람회에 크룹사의 제품을 전시했고, 그로부터 2년 후인 1960년에도 계속해서 전시회를 개최했다. 바이츠가 1960년에 포젠의 산업전시회장을 방문했을 때, 폴란드의 시란키에비츠 당서기장은 전시장을 방문하고 바이츠를 초대했다. 그는 이 자리에서 폴란드 무역대표부를 프랑크푸르트(Frankfurt)에 설치하는 것에 깊은 관심을 가지고 있었다. 정부 간에 구체적인 대화채널이 없을 때 바이츠는 민간인으로서 대폴란드 대화창구 역할을 전담했다. 그가 귀국 후 아데나워에게 폴란드의 관심사항을 전하자, 아데나워는 이미 미국도 폴란드와 경제분야에서 협력을 추진하고 있는 상황에서 독일이 주저할 아무런 이유가 없다고 밝히면서 양국이 무역대표부를 설치해 경제교류를 활성화하는 방안을 고려하게 됐다.124)

서독은 폴란드와 무역협정과 문화협정을 체결하고 양국 간에 영사

---

122) *Ibid.*, p.312.
123) 폴란드 국민들은 바이츠가 27세 때 크룹사의 폴란드 책임자로 근무하면서 많은 유태인을 크룹사의 직원으로 채용해서 구해 주었기 때문에 그의 인간성을 높이 평가하고 있다.
124) Stehle, p.322.

관을 교환하는데, 이것이 불가능할 경우 무역대표부를 설치해 무역대표부가 영사의 지위와 권한을 소유할 수 있도록 하고, 이 문제를 해결하기 위해 특사를 파견해 실무작업을 진행할 것을 제안했다.[125] 폴란드와 독일연방공화국은 1963년 상호 무역대표부를 교환·설치함으로써 서서히 경제교류가 이루어졌다. 두 나라는 1970년 12월 바르샤바조약을 체결해 국교를 정상화했고, 양국의 외교적 문제를 제거함으로써 경제교류도 활기를 띠기 시작했다.

---

125) *Ibid*, pp.327-328.

제3장 에르하르트 시대

1. 국제관계의 변화: 데탕트시대의 서곡

 쿠바사태 이후 국제정치가 대립과 충돌에서 긴장완화의 시대로 전환하면서 독일 외교정책도 많은 변화의 조짐이 나타나기 시작했다. 쿠바사태는 핵무기 경쟁시대 강대국 간에 전쟁은 승자도 패자도 없이 모두가 공멸한다는 인식을 깨우쳐 주었다. 핵대결이 가져올 파국을 우려한 미국과 소련은 대립과 갈등의 외교를 지양하고 긴장완화정책으로 전환하게 된다.
 1961년 프랑스가 핵무기 실험에 성공하자 핵보유국은 핵무기 확산에 대해 우려를 나타내기 시작하고 이를 저지할 대책 마련에 고심하게 된다. 미국은 핵무기가 확산될 경우 약소국이 국지전에서도 핵무기를 사용할 수 있다는 염려를 갖고 이를 저지하기 위해 소련과 대화를 재개했다. 미국과 소련은 1962년 6월부터 1963년 4월까지 18개국이 참가하는 가운데 스위스 제네바에서 열린 군축회담에서 동서 갈등을 해소하고 인간 삶의 질을 향상시키며, 전쟁도발을 선동하는 행위를 중지하고 원자에너지를 전쟁을 위해 생산하는 것을 금지하며, 상대방 국가를 일시에 기습 공격하는 것을 방지하고 핵무기 자유지역을 조성하여 이 지역에 해당하는 국가는 핵무기를 소유하거나 생산하지 못하도록 함으로써 핵무기 확산을 방지한다는 내용을 논의했다. 그 외에도 나토와 바르샤바조약국 간 불가침조약을 체결한다는 내용 등 국제질서 조성을 위해 다양한 내용을 논의했다.[1)]

맥나마라(McNamara) 미국 국방장관은 우선 핵무기가 확산되는 것과 공산주의 세력이 확산 되는 것을 저지하기 위해 국제사회에서 긴장완화를 실현하는 것에 중점을 두었다. 소련도 핵무기가 확산되는 것을 염려하여 이를 저지하기 위해 미국과 공동협력의 필요성을 인식하고 있었다. 미국과 소련의 긴장완화정책의 첫 번째 결과는 1963년 8월 5일 모스크바에서 체결된 핵실험금지조약이었다. 미국, 영국, 소련이 핵확산금지조약을 체결함으로써 핵무기 경쟁은 양극화됐다. 이들 국가는 지구가 핵실험을 통해 방사능에 오염되는 것을 방지하고 제3의 국가가 핵실험을 통해 신생 핵무장 국가로 등장하는 것을 저지하고자 했다.[2)]

핵확산금지조약은 짧은 협상기간에도 불구하고 성공적으로 이루어졌다. 이는 미국과 소련이 긴장완화의 필요성을 깊이 공감하고 있다는

---

1) Haftendorn, Helga: Zwischenbilanz der Abrüstungsverhandlungen, Nach der zweiten und dritten Verhandlulngsphase der Genfer 18 Mächte-Abrüstungsskommission (Juni 1962-April 1963), in: Europa-Archiv 1963, pp.414-417.
2) 프랑스와 중국은 핵무기실험금지조약에 가입하지 않고 미국과 소련의 외교정책을 반박했다. 프랑스와 중국은 핵기술을 제3의 국가에 이전하여 미·소 중심의 핵패권에 도전했다.

증거였고, 외교관계에서도 대화를 통해 문제를 해결하려는 한 단계 성숙된 국제관계의 모습을 보여주는 것이었다. 미국과 소련은 핵확산금지조약 및 핵실험금지조약을 통해 군사적 균형을 유지하게 됐고 긴장완화에 바탕을 둔 대화의 시대로 접어들게 됐다. 핵확산금지조약 체결은 군축문제와 더불어 독일과 베를린문제에 대해 의견을 교환할 채널을 구축했다는 점에서 의미가 있었다.

케네디 대통령 재임시절 계획된 긴장완화정책은 그의 후임자 존슨이 계속 유지・발전시켰으나, 독일문제는 베트남정책에 밀려 활발하게 논의되지는 못했다. 그러나 독일문제가 미국의 외교・안보정책에서 중요한 부분을 차지할 수 있었던 것은 맥나마라 국방장관과 번디 안보담당보좌관이 케네디 시절에 이어 존슨 대통령 때도 계속 안보정책을 책임지고 있었기 때문이다.[3]

미국은 소련을 적대국이라는 인식보다 평화 정착을 위한 군비축소와 안보문제에서 파트너라는 생각을 갖게 됐다. 미국의 유연한 외교정책은 상대방을 무력으로 굴복시킨다는 생각에서 벗어나 군축회담에 참가하여 대화를 통해 문제를 해결한다는 원칙으로 선회했다. 미국과 소련이 군비축소에 전념하자 유럽 언론들은 미・소의 주도권 속에서 유럽이 희생되거나 또는 소외될 수 있기 때문에 지속적인 긴장완화정책을 추진할 것을 요구했다. 미국도 유럽의 요구를 무시할 수 없어 유럽이 소련의 위협에서 해방되고 미국과 유럽 모두에게 이익이 될 수 있는 정책을 제시했다.[4] 1960년대 미국은 전 세계를 대표할 수 있는

---

3) Schwartz, Thomas Alan: Victories and defeats in the long twilight struggle: The United States and western europe in the 1960s, in: *The diplomacy of the crucial decade, american foreign relations during the 1960s*, (ed) Diane B. Kunz, New York 1994, pp.132-134.

국가임을 자임하고 소련 외의 동유럽 사회주의 국가들과도 관계를 개선시켜 긴장완화를 미·소 관계뿐만 아니라 동유럽으로 확대하려 했으나 소련의 반대로 실현하지 못했다. 잠시나마 해빙 분위기를 조성했던 두 나라의 대화관계는 1964년 10월 흐루시초프가 실각하고 브레즈네프가 등장하면서 단절됐다.5)

국제관계가 경색되자 미국은 유럽 안보강화에 비중을 두었고, 독일문제도 미국의 안보정책에서 한 단계 높여 중요하게 취급됐다. 독일은 미국과의 우호를 바탕으로 정책적인 공조를 이루어 또다시 독일문제가 냉전의 소용돌이에 휘말리는 것을 경계했다. 미국의 외교팀에서 맥나마라 국방장관과 러스크 국무장관은 소련과의 관계가 평화적인 분위기로 전환되면 독일문제도 대화를 통해 해결된다고 굳게 믿고 소련과의 평화를 구축하는 데 열중했다. 이때 독일문제에 대해 다양한 의견이 제시됐으나, 미국의 기본노선은 현상유지(Der Status Quo)를 인정했다. 그래서 더 이상 소련의 팽창을 허용하지 않았고, 독일문제는 오랜 시간을 두고 점진적으로 대화를 통해 해결한다는 전략이었다.6)

기독교연합의 원로 정치가이고 영향력 있는 아데나워와 슈트라우스는 독일이 핵무장하여 소련의 위협에 대항하고 자주국방력을 갖출 것을 주장했다. 기독교연합의 보수파로 통하는 이들은 독일의 국방력은 핵무장을 해야 한층 더 강화된다고 보았다. 또한 서독의 핵무장은

---

4) Schertz, Adrian W.: *Die Deutschlandpolitik Kennedys und Johnsons, Unterschiedliche Ansätze innerhalb der amerikanischen Regierung*, Köln, Weimar, Wien 1992, pp.235-237.

5) Pisar, Samuel: *Supergeschäft Ost-West, Der Schlüssel zum Weltfrieden*, Hamburg 1970, p.145.

6) Schwartz, pp.133-137.

단독으로는 불가능하기 때문에 프랑스와 공동으로만 가능하다고 생각했다. 미국은 기독교 보수파가 주장하는 핵무장에 대해 염려했고, 이 문제로 독일과 미국의 관계는 긴장관계에 직면하게 됐다. 에르하르트 수상은 미국의 안보정책에 동의하고 독일의 핵무장을 반대했다. 미국은 유럽의 강대국인 영국, 프랑스, 독일과 우호적인 관계를 유지하면서 안보와 경제문제에서 이들 국가의 의견을 최대한 고려하고자 했다. 그러나 프랑스가 미국의 독단적인 행동에 반대해 독자적인 외교노선을 천명하면서 미국의 외교정책에 차질이 불가피했고, 이는 미국을 긴장시켰다. 미국은 유럽의 다른 우방과 최대한 우호적인 관계를 유지하려고 노력한 결과 독일 및 영국과는 별 문제가 없었다. 미국은 이들 국가와의 협조 아래 독일문제를 유럽의 통일 차원에서 해결하려고 했지만, 프랑스는 유럽의 문제는 유럽이 주도권을 가지고 해결해야 한다는 원칙이었다. 프랑스는 독일문제는 유럽문제이기 때문에 프랑스와 유럽이 주도권을 행사해야 한다고 주장하고 양보하지 않아 독일문제에 관해 서방세계에 균열이 생기게 됐다.

드골은 유럽이 군사적으로 강국이 되면 미국과 소련의 영향력에서 벗어난다고 믿고 국방력 강화에 전념했다. 소련과 미국이 핵을 소유하고 있어 프랑스도 이들과 경쟁력을 갖추기 위해서는 핵무기를 소유하고 독일을 프랑스 편으로 끌어들여 유럽에서 동반자 국가를 확보하는 것이 필요했다. 프랑스의 핵프로그램은 미국의 긴장완화정책에 대한 저항이었다. 프랑스의 도전에 미국은 서유럽국가들의 단합을 위해 나토국가의 핵 공동개발을 제안해 프랑스와 독일이 공동으로 핵무기를 개발하는 것을 저지했다.[7]

---

7) Hanrieder, Wolfram F.: *Deutschland, Europa, Amerika, Die Außenpolitik der Bundesrepublik Deutschland 1949-1994*, Paderborn, München, Wien, Zürich 1989,

미국은 서방세계의 균열을 우려하여 프랑스, 독일, 영국의 관심사 항도 진지하게 경청했다. 서방국가 중에서도 정치·경제적으로 선진 국인 영국, 독일, 프랑스 등과 협조체제를 유지하여 우호적인 관계를 유지하고자 했으나, 프랑스가 미국의 일방적인 군축·군비정책에 제 동을 걸었다. 미국은 유럽 통일이 이룩되면 독일의 통일은 가능하다고 보고 독일을 미국의 안보정책에 적극 활용했다. 미국은 독일이 프랑스 와 공동으로 핵 개발하는 것을 방해했다.8) 1960년대 초반 긴장완화는 미국의 외교활동 범위를 확대했으며, 서독과의 관계도 더욱 강화시켰 다. 미국의 서유럽정책은 서유럽에서 주도권을 장악하는 것이 목적이 아니라 이들 국가와의 관계에서 미국의 실익을 최대한 고려하는 것이 었다.

드골 대통령은 1960년대 중반부터 사회주의 국가인 소련을 이념적 으로 적대국가라는 생각보다는 외교적 파트너로 간주하기 시작했다. 이런 맥락에서 프랑스와 소련과의 관계는 해빙 분위기로 전환하기 시 작했다. 첫 번째 결과로 1965년 그로미코 소련 외무장관이 프랑스를 방문해 유럽 안보와 협력 차원에서 프랑스의 역할과 가치를 인정했 다.9) 드골은 미국과 소련 중심의 국제정치 구도에서 유럽의 명예를 다 시 찾기 위해 유럽 역할론을 강조했다. 그는 미국과의 관계는 상하가 아니라 동등한 자격의 파트너로 대하기로 했다. 그리고 나토에서 미국 이 주도적인 역할을 하자 나토에서 탈퇴하는 것도 고려했다. 드골은

---

pp.49-52.

8) Kissinger, Henry A.: Die deutsche Frage als Problem der europäischen und internationalen Sicherheit, in: Europa-Archiv 1966, pp.831-838.

9) Schwarz, Hans-Peter: *Adenauer und Frankreich, Die deutsch-französische Beziehungen 1958-1969*, Bonn 1985, pp.63-67.

장기적인 전략에서 소련을 유럽에 포함시켜 유럽문제와 안보문제를 해결하기 위해 접근했다. 그리고 동유럽의 사회주의 국가인 루마니아, 불가리아, 유고슬라비아, 체코슬로바키아, 헝가리와 관계를 향상시켰고 경제교류도 확대했다.[10]

프랑스는 동유럽국가들과 역사적으로 우호적인 관계를 갖고 있었다. 그 대표적인 나라가 폴란드이다. 그러나 폴란드가 공산화되면서 더 이상 활발한 교류는 이루어지지 못했다. 폴란드는 프랑스와의 활발한 교류를 통해 유명한 예술가와 과학자를 배출한 국가이다.[11] 프랑스는 동유럽이 소련의 지배로부터 해방돼야 자유가 보장된다고 믿고 외교적 입지 강화를 위해 폴란드에 접근했다. 폴란드가 전통적으로 프랑스와의 유대관계를 유지했던 요인은 파리가 유럽의 문화 중심국가이기도 했지만, 안보 차원에서는 독일이라는 강대국이 주변에 있어 양국의 유대관계가 절실히 필요했기 때문이다. 1965년 9월 폴란드의 국무의장 시란키에비츠는 파리를 방문하여 오더-나이세 경계선을 폴란드 서부 국경선으로 인정받기 위해 프랑스가 적극 협조해 줄 것을 요청했다. 폴란드는 이 문제를 독일과 폴란드의 당사자 문제가 아닌 유럽안보 차원에서 논의할 것을 제의했다. 폴란드의 요구에 프랑스는 독일과 사전협의 없이 이 경계선을 폴란드 서부 국경선으로 인정했다. 독일은 프랑스의 독단적 행동에 서운한 감정을 표시했다.

프랑스가 동유럽국가와 관계를 개선하자 동독도 프랑스에 접근을

---

10) Fisch, Alfred: De Gaulle profiliert seine Ostpolitik, Nach dem rumänischen Ministerpräsidenten wird nun der polnische erwartet, in: Rheinischer Merkur, 1964. August 14, p.5.
11) 폴란드 출신으로 프랑스 파리에서 활동하면서 세계적인 명성을 얻었던 예술가로는 쇼팽, 과학자로는 퀴리 부부가 있었다.

시도했지만, 서독과의 관계를 고려해 동독의 요구사항을 인정하지 않고 서독 편을 들어 주었다. 동독은 프랑스로부터 정식 국가로 인정받기를 원했지만 프랑스는 이를 거절했다. 프랑스는 동독과 외교관계를 정상화하지 않는 대신 경제교류를 확대했다. 프랑스 기업은 동독의 라이프치히(Leipzig)에서 열리는 박람회에 참가해 동유럽으로 진출을 시도했다. 프랑스는 동독과 합작으로 화학공장을 건설했다. 프랑스는 자국의 기술력과 자본력을 바탕으로 동독의 저렴한 노동력을 활용해 사회주의 국가에도 프랑스 무역거점을 확보하려 했다. 그러나 국가체제가 다른 관계로 양국 간 경제교류는 처음 계획대로 잘 진행되지는 않았다. 프랑스와 동독의 경제교류 실패는 동독 당국과 노동자들이 자본주의 시장경제 원리를 잘 이해하지 못한 데 원인이 있었다.[12]

드골은 독일문제에 대해 서독의 입장을 최대한 고려했다. 그는 서독의 잠재적인 힘을 결코 무시하지 않았다. 그리고 독일문제를 유럽문제에 포함시켜 서독이 단독으로 소련과 협상하거나 친소정책으로 나가는 것을 경계했다. 드골은 서독이 국제무대에서 고립되지 않고 프랑스와 공동노선을 취하면서 서독의 역할을 다하도록 지원했다. 프랑스는 유럽정책 성공을 위해 반드시 서독의 지원이 있어야 했다. 프랑스와 서독 간에 외교적 마찰이 생길 경우 양국관계에는 균열이 생기게 되고, 결국은 유럽 전체가 위기에 빠져들게 되는 위험을 안고 있었다. 이런 경우는 지난날 양국의 역사가 적나라하게 증명해 주고 있었다.

소련도 미국과의 군비경쟁은 아무런 도움이 되지 않는다는 것을 알고 대립 대신 긴장완화를 선택했다. 소련은 미국과의 군비경쟁을 포기하고 동유럽국가에서 소련의 주도권을 인정받기 위해 동·서 평화공

---

12) Schütze, Walter: Die Ostpolitik Frankreichs, Europa-Archiv 1965, pp.174-177..

존의 시대를 선언했다.

소련은 미국과 함께 핵확산금지조약에 서명함으로써 독일연방공화국이 핵무장하지 못하도록 국제적 연대를 조성했다. 그리고 나토라는 이름으로 미국이 서방국가와 공동으로 핵개발을 하지 못하도록 했다. 소련의 긴장완화정책을 독일연방공화국에서 수용하기는 쉽지 않았다. 왜냐하면 소련은 동독을 국가로 인정하고 나토와 바르샤바조약국 간에 불가침조약을 체결할 것을 종용했기 때문이다. 소련의 긴장완화정책에 미국은 긴장완화의 전제조건으로 유럽의 현상유지를 존중한다고 암묵적으로 인정했다. 독일이 유럽의 현 경계선을 동서 경계선으로 인정하게 될 경우 엘베강 동쪽의 독일 영토는 소련의 지배를 받고 있지만 하나의 외국 국가로 존중해야 하고 오더-나이세 경계선도 폴란드 국경선으로 인정해야 하는데, 미국과 독일은 구체적으로 이에 대해 입장을 유보한 상태였고 기독교연합이 인정하게 되면 지지기반이 무너져 버리게 되는 것이다.[13]

핵확산금지조약은 소련의 외교와 안보정책에서 하나의 전환점을 맞이하게 했다. 파생효과가 없는 군비투자를 중단해 경제에 투자할 수 있고 국제적으로 긴장완화 분위기를 조성해 서방세계와 교류를 확대할 수 있는 기회를 만들었다. 하지만 1964년 10월 브레즈네프(L. I. Breschnew)와 코시긴(L. I. Kossygin)의 등장으로 서방세계와 조성된 평화적 분위기가 냉기류를 타게 됐다. 소련의 새 지도부는 국제정치에서 우호적인 지지를 받았던 흐루시초프의 정책을 계승하지 않고 국내정치에서 개혁노선보다는 강경노선으로 회귀했다. 국제관계는 단지 동유럽의 사회주의 국가와 우호체제를 공고히 하는 것 뿐이었다. 브레즈

---

13) Hanrieder, pp.70-72.

네프와 코시긴은 긴장완화정책을 계승하지 않아 미국 및 서방세계와의 관계는 지속적으로 발전하지 못했다.

소련은 미국에게 군비축소 회담 참여를 요구했다. 이를 통해 군비지출을 최소화하고 경제개발에 적극 매진하고자 했다. 소련이 완전한 군비축소 회담을 요구하고 있는 이유는 전쟁이 일어날 경우 인적 피해뿐만 아니라 산업과 농업분야에서 피해가 따르기 때문이다.[14] 소련은 전략적 핵무기를 외국에 설치하는 것을 문제 삼았다. 그 이유는 나토 회원국에 핵무기를 설치하게 될 경우 서독을 중심으로 전략상으로 중요한 서유럽국가에 핵미사일 기지를 설치할 수 있었기 때문이다. 서독에 핵미사일 기지를 설치한다는 것은 바로 동유럽국가와 소련에 위협이 되는 것이었다. 브레즈네프는 바르샤바조약국과의 유대와 연대를 강화하고 서방세계와는 일정 거리를 유지하여 동서관계가 잠시 냉각됐다. 이는 브레즈네프가 국내정치에서 완전히 실권을 장악하지 못했기 때문에, 국내정치 안정을 목표로 지지기반을 다지기 위해서였다. 그래서 흐루시초프 때 외교정책의 기본틀은 그대로 유지만 했을 뿐 진척시키지는 못했다.

소련은 경제위기 때문에 미국을 상대로 계속 완전한 군축을 요구했다. 경제위기 극복을 위해 1965년에는 5억 루불의 국방예산을 절감해야만 했다. 미국과의 대립과 냉전이 계속되는 한 국방예산 절감은 어렵기 때문에 유럽에서 신뢰성있는 안보체제를 갖추어 안정된 평화를 구축하고자 했다. 소련은 나토의 핵무장을 두려워했는데 나토라는 이름으로 독일이 다국과 함께 공동으로 핵무장에 참여할 수 있기 때문이었다.

---

14) Karpow, Viktor P.: Die sowjetische Abrüstungspolitik nach der Kuba-Krise, in: Europa- Archiv 1963, pp.61-66.

소련은 미국의 계획을 외교적 다변화를 통해 계속 저지했다. 제일 먼저 동유럽국가의 단결과 우호를 거듭 재확인했다. 첫 번째 외교작업으로 1965년 4월 폴란드와 친선 및 우호조약을 체결했다. 양국은 안보·경제·기술분야에서 공동 협력했고, 폴란드의 최대 관심사이며 외교적 현안문제인 오더-나이세강을 폴란드 서부 국경선으로 인정받기 위해 공조체제를 유지했다.15)

소련은 중부유럽과 동유럽에서 세력을 확보하고 영향력을 행사하기 위해 서방세계의 균열을 적극 활용하고자 했다. 소련은 프랑스의 유럽정책을 지지했다. 그리고 미국이 유럽문제에 간섭하는 것은 유럽국가들의 자주권을 무시하는 정책이라고 비판했다. 프랑스의 유럽정책은 서유럽에서 미국의 주도권을 거부하고 있기 때문에 소련의 외교정책과도 어느 정도 공통점을 가지고 있었다. 소련은 프랑스에 접근해 유럽에 현존하는 경계선을 국경선으로 인정하고, 오더-나이세강을 폴란드의 서부 국경선으로 인정해 동유럽에서 헤게모니를 장악하고자 했다. 독일의 핵무장을 포기하도록 하기 위해 프랑스의 지원이 필요했다. 1966년부터는 집단안보체제를 구축해야 평화를 정착시킨다고 보고 이 집단안보체제에 유럽이 참여할 것을 호소했다. 그 후 바르샤바조약국들은 서서히 집단안보체제의 필요성을 언급했다. 이를 실현하게 될 경우 참가국 간에 우호적인 동반자관계를 유지하고 각국의 주권을 존중하며 서로 동등한 자격의 국가로 인정하여 상대방 국가의 국내 사건에 간섭하지 말 것을 요구했다.16)

---

15) Hoensch, Jörg K.: *Sowjetische Osteuropapolitik 1945-1975*, Düsseldorf 1977, p.260.

16) Erklärung der Teilnehmerstaaten des Warschauer Vertrags vom 6. Juli 1966 zur europäischen Sicherheit, in: Europa-Archiv 1966, pp.414-424.

2. 에르하르트의 동방정책

에르하르트(L. Erhard)는 경제학자로 현실정치에 참여하여 전쟁 후 폐허가 된 독일을 라인강의 기적을 이룩하여 선진국으로 만든 장본인이다. 그의 경제정책 성공은 아데나워가 이끄는 기민당의 장기집권을 가능하게 했고, 스스로는 독일 국민의 영웅으로 부각되어 아데나워의 후임자로 확고한 위치를 확보했다. 에르하르트의 도움으로 아데나워의 경제정책은 성공 했지만, 독일문제와 베를린문제는 지나치게 연합국에 의존한 나머지 비난을 면치 못했다. 아데나워가 이끄는 기민당과 자매당인 기사당은 1961년 8월 13일 베를린장벽 설치 후 실시된 총선에서 절대 과반수를 확보하지 못해 재집권을 위해 자민당과 연립정부 구성이 불가피했다. 독일문제에 대해 진보적인 자민당의 소장파 의원들은 아데나워 수상은 더 이상 독일문제를 해결할 능력이 없다고 수상 교체를 주장했지만, 기민당 의원들은 아데나워의 명예를 존중해 차기 4년의 임기 중 전반기 2년만 재임하기로 했다. 이 약속에 따라 에르하르트는 1963년 10월 수상에 취임했다.[17]

에르하르트 수상이 취임할 당시 독일통일에 대한 인식도 시대의 변화에 따라 서서히 변하고 있었다. 이전까지 독일과 유럽인의 인식은 독일통일에 대한 논의가 구체적으로 진전돼야 유럽에서 긴장완화가 실현된다는 것이었다. 그러나 이제는 유럽에서 긴장완화가 이루어져

---

17) Borowsky, *Deutschland 1945-1969*, pp.245-246.

야 양독관계가 평화적인 상황으로 전개되고 통일이 가능하다는 인식이었다. 이러한 시각에 따라 미국의 유럽정책도 변하고 있었으나 슈뢰더 외무장관의 외교정책은 전혀 변하지 않아 국제적 변화에 적응하지 못하고 있었다.

슈뢰더는 베를린장벽 설치 후 브렌타노 후임으로 임명되어 아데나워 후기에 외무장관을 역임했다. 뒤이어 에르하르트 수상 시대에도 외무장관으로 재임명됐다. 에르하르트 정부는 1963년 8월 체결된 핵확산금지조약은 데탕트 시대의 서곡이고 미국과 소련이 대화체제를 구축했다는 데 큰 의미를 두었다. 그는 독일문제가 서방세계의 지지 속에 국제정치의 중점사항으로 다루어져야 한다고 주장했다. 그는 독일을 비롯한 유럽문제를 해결하기 위해 긴장완화정책은 지속돼야 한다고 그 필요성을 강조했고, 독일문제를 해결하기 위해 미국 및 서유럽 우방국가들과의 단결을 주장했다. 이를 위해 미국과의 관계, 나토의 단결과 유럽연합 공조가 필요함을 역설했다. 그는 프랑스의 독단적 행동을 부정적으로 보고 일정 거리를 두었다. 그리고 드골의 유럽정책은 프랑스가 유럽에서 헤게모니를 장악하려는 의도로 보았다. 또 프랑스는 독일문제와 군축문제를 해결할 능력이 아직까지는 없다는 결론을 내렸다.[18]

그러나 에르하르트는 독일문제를 소홀히 다루는 미국에게 서운한 감정을 드러내곤 했다. 독일문제가 긴장의 주요소이기 때문에 이 문제가 해결되지 않고는 긴장완화 실현이 불가능하다는 것이었다. 그는 미국이 독일문제를 해결하기 위해 괄목할 만한 대안을 제시하기 전에는

---

18) Hillenbrand, Martin: Die Vereinigten Statten und Deutschland, in: *Im Spannungsfeld der Weltpolitik: 30 Jahre deutsche Außenpolitik (1949-1979)*, (ed) Wolfram F. Hanrieder, Hans Rühle, Stuttgart 1981, p.143.

존슨 대통령의 안보정책이나 유럽정책을 절대로 지지하지 않는다는 입장이었다. 또한 어떠한 경우에도 동독정부의 위상을 방관하지 않을 것이며, 동독을 합법적인 국가로 인정하지 않겠다는 입장이었다. 그는 독일문제와 긴장완화 문제를 연결시킴으로써 서방세계의 연대를 이끌어 내고자 했고, 이는 독일통일과 관련하여 독일국민의 자유권을 보장하기 위해 주변국가로부터 관심을 끌기 위한 것이었다.[19)]

서독이 주장하는 "동독국민을 소련의 억압상태에서 해방시켜 자유권을 보장한다"는 명분은 주변국가의 지지를 얻기 위한 것이었다.[20)] 에르하르트 수상의 동유럽정책은 아데나워보다 더 진보적인 것으로 이는 시대적으로 해빙 분위기에 편승한 점도 있지만, 개인적으로는 동유럽과의 관계정상화에 깊은 관심을 가지고 있었다. 그는 기회가 있을 때마다 폴란드와의 관계정상화 필요성을 강조했고, 여러 장애물이 있음에도 지속적으로 노력했다. 그는 제일 먼저 제2차 세계대전 이후 동유럽국가들이 독일에 대해 가지고 있는 선입견과 공포증을 제거하기 위해 정치적 접근이 어려운 점을 감안해 우회적으로 경제교류와 문화교류를 통해 동유럽과의 접촉을 극대화하기로 했다. 에르하르트 정부의 사회주의 외교정책은 양면성을 띠고 있었는데, 소련 및 동독과는 외교관계를 개선하지 않고 적대관계를 그대로 유지하고, 동유럽의 사회주의 국가들과는 우호적인 관계를 유지해 이들 국가가 소련의 영향권에서 벗어남으로써 동서체제를 약화시킨다는 계산이었다. 슈뢰더 장관은 동유럽의 다른 국가와의 관계는 개선하면서 동독은 고립시켰는데, 동독이 국제사회에서 고립되면 굴욕적인 자세로 서독에게 협상

---

19) Kommuniqué über die Besprechung zwischen Bundeskanzler Erhard und Präsident Johnson Washington, in: Dokumente zur Deutschlandpolitik 1964, pp.685-686.

20) Borowsky, Peter: *Deutschland 1963-1969*, Hannover 1983, pp.10-11.

을 요구해 올 것을 내심 기대하고 있었다. 동독 고립외교는 할슈타인 독트린에 기초를 두고 있었다. 미국의 안보담당보좌관 브레진스키(Z. Brezinski)가 제안한 이론은 동독을 사이에 두고 서독과 동독 주변의 사회주의 국가가 동독과 일정 거리를 두는 정책으로 실현이 불가능했다.

여당 내에서 진보적 사고를 가진 인사로는 바이체커(F.v. Weizäcker)와 몇 명의 소장의원이 있었다. 이들은 지금까지의 여당 외교정책은 현실성이 없는 것으로 생각했다. 하지만 당 지도부가 워낙 보수적 성격을 가지고 있어 젊은 소장의원 몇 명으로 외교정책의 방향을 바꾸는 것은 어려운 일이었다. 기민당의 보수파 의원들은 독일문제가 독일 자체적으로 해결된다고 보지 않고, 미소관계의 변화 속에서 통일이 가능한 것으로 보았다. 그래서 자체적으로 정책을 개발하는 것을 소홀히 했다. 슈뢰더 장관은 동유럽국가와 외교관계를 정상화시키지는 못했지만 1963년부터 폴란드를 선두로 동유럽국가와 상호 무역대표부를 교환하여 경제교류나 문화교류를 가능하게 했다. 무역대표부는 경제교류 외에 실제적으로 양국 간 외교적 업무를 관장하고 있었으나 외교관계를 정상화하지 못해 정식대사를 파견하지는 못했다. 이는 결국 계속 할슈타인 독트린을 유지하는 것이며 동독을 고립시키는 정책이었다.[21]

동독과 동유럽국가는 서베를린이 서독에 예속된 것이 아니라 독립된 정치집단으로 인정하고 있었다. 동유럽의 사회주의 국가, 즉 폴란드, 루마니아, 헝가리, 불가리아는 서독과 무역대표부를 교환할 때 동독과의 관계를 고려해 서베를린을 서독 '마르크 화폐 사용지역'으로 간주하여 실질적으로 서독에 예속된 지역으로 인정하고 있다. 동유럽

---

21) Thränhardt, pp.150-151.

국가와 무역협정은 경제교류는 물론 다른 분야까지도 기회가 확대될 수 있는 계기를 마련했다. 동유럽국가들이 서독과 무역대표부를 교환하고 서방과의 접촉이 이루어지자 소련은 이를 방해하기 위해 1963년 말 끝나는 서독과의 경제교류 협정을 더 이상 연장하지 않았다. 그 대신 소련은 1964년 6월 동독과 친선조약을 체결하여 양국의 우호관계를 과시했다. 그 밖에도 소련은 동유럽국가들에게 소련과 동독이 맺은 친선조약 모델에 의해 동독과 조약을 체결할 것을 강요했다. 이것을 통해 동독의 고립을 예방하고 동유럽 사회주의 국가들의 우호체제가 와해되는 것을 경계했던 것이다.22)

소련은 동독과 마찬가지로 서베를린을 하나의 정치집단으로 인정하라고 강요하여 서독과 체코슬로바키아가 약속한 경제협력조약은 무산됐고, 이 조약은 1967년 브란트가 외무장관이 됐을 때 체결됐다. 슈뢰더 장관은 할슈타인-독트린을 고수하고 베를린문제 처리하지 못한 관계로 사민당의 비판을 받았고, 여당 내에서도 비난이 있었다. 슈뢰더 외교정책을 신랄하게 비판했던 사람은 브렌타노 전 외무장관이었다. 브렌타노는 기민당 원내총무로 동유럽국가와 무역대표부 교환은 외교관계를 수립하기 위한 전초전이라고 주장하고, 이는 그의 재임기간 실시했던 할슈타인 독트린에 구멍이 뚫린 결과라고 비난했다.23)

에르하르트 초기 내각 때는 아데나워 시대와 별 차이가 없었다. 단지 변화가 있다면 자민당 멘데 총재가 독일문제장관에 취임했다는 것이다. 이것은 지금까지 기민당 출신 장관이 펼쳤던 일방적 대 동독정책의 변화를 시사하는 것이었다. 멘데는 독일문제를 국제법 해석에 의존하지 않고 정치적으로 해결해야 한다고 주장했다. 그는 독일문제가

---

22) Borowsky, *Deutschland, 1945-1969*, pp.247-248.
23) Borowsky, *Deutschland 1963-1967*, pp.11-13.

강대국의 힘의 원리에 의해 해결되는 것을 지양하고 독일이 주도권을 갖고 해결할 것을 강조했다. 자민당은 독일문제를 평화적으로 해결하기 위해 먼저 동독을 국가로 인정하고 대화의 무대로 끌어내야 한다고 주장했다. 이런 주장은 기민당 외교정책의 기본노선인 할슈타인 독트린을 정면으로 거부하는 것이었다. 그는 동유럽국가와는 국교 정상화로 외교관계를 개선해야 하지만 여의치 않을 경우 무역대표부 교환도 필요하다고 보았다.24)

멘데는 동유럽국가는 경제적 위기를 극복하기 위해 서방세계의 기술과 자본을 필요로 하고 있는데, 동유럽국가들과 인적·문화적·경제적 교류는 독일에서 긴장을 완화하는 데 도움이 된다고 보았다. 그는 동유럽 및 동독과의 경제교류를 확대하면 동서독 관계가 개선될 수 있다고 보고 동독에게 유리한 조건으로 차관을 제공해 주었다. 이에 대한 보답으로 동독이 일정(크리스마스)기간 베를린 자유왕래를 허용할 것을 희망했다. 그리고 동독의 연금생활자가 서독을 방문할 수 있고, 동독의 정치범을 서독으로 인도해 줄 것도 요구했다. 그는 동서독이 활발한 문화교류를 통해 이데올로기로 이질화된 독일이라는 정서적 공감대를 극복하고자 했다. 멘데는 동독주민의 생활향상과 민주화, 인간 중심의 정책 실현에 깊은 관심을 갖고 있었고 이런 정책이 실현된다면 독일분단은 빨리 극복되리라 믿었다.25)

자민당은 할슈타인 독트린이 양독관계 개선에 방해가 된다며 이를 폐지할 것을 요구했다. 분단극복을 위해 연합국이 위원회를 설치해 대

---

24) Aus der Rede des Bundesvorsitzenden der FDP, Mende, auf dem 16. Parteitag der FDP in Frankfurt, in: Dokumente zur Deutschlandpolitik 1965, pp.307-316.
25) Bulletin des Presse- und Informationsamtes der Bundesregierung, 21. September 1965, Nr.155/p.1253.

화를 통해 문제를 해결하는 방법을 제시했고, 연합국이 가지고 있는 독일에 대한 점령군 지위도 시대의 변화에 따라 현실적으로 변경할 것을 제의했다. 자민당 지도부는 독일정책에 대해 진보적인 생각을 가지고 있어 어느 정당보다 독일정책에서 뛰어났다. 자민당의 진보적인 성향의 결과 독일문제가 냉전적 사고에서 벗어나 긴장완화와 화해·협력시대 분위기에 편승해 가고 있음이 사회 곳곳에서 감지됐다.26)

에르하르트는 동유럽국가와 경제적 관계에서 진전을 보았지만 외교관계에서는 별다른 진척을 보이지 못했다. 사회주의 종주국인 소련과 관계를 개선하지 못함에 따라 동독과의 관계도 개선되지 못했고 분단극복 문제는 차기 정부로 이양됐다. 에르하르트는 1964년 9월 독일문제와 국경선문제 해결을 위해 소련과 직접 회담을 개최할 용의가 있다고 발표했다. 기민당 정부도 이제는 더 이상 친서방정책을 고집할 수 없었고 독일문제 해결을 위해 소련과 직접 대화를 위해 노력했다. 그 결과 독소 정상회담이 구체화될 무렵 보수파의 브레즈네프 등장으로 백지화됐다.27)

흐루시초프 방문을 위한 사전 의견조율은 그의 사위인 <이베스티야> 신문 책임편집장 아슈베이(A. Adschubei)가 본을 방문했을 때 이루어졌다. 협상내용은 독일문제와 베를린문제, 경제교류에 관한 것이었다. 그러나 1964년 10월 흐루시초프가 브레즈네프에 의해 실각되자 대화 분위기는 갑자기 냉전관계로 전환됐고, 논의되던 독소 정상회담도 무효화돼 버렸다.28)

---

26) Denkschrift des Landesvorstandes der FDP Bayern: Die deutsche Frage, in: Dokumente zur Deutschlandpolitik 1965, pp.432-446.

27) Aide-memmoire der Bundesregierung vom 16. April 1964 über die Verhandlungen zu einem neuen Warenverkehrsabkommen, in: Moskau Bonn, Bd.II, p.1002.

슈뢰더는 베를린장벽 설치 후 외무장관에 임명됐다. 베를린은 쿠바 사태 전까지 동서관계에서 핵심문제였다. 슈뢰더에게 부여된 임무는 베를린이 최고로 긴장되고 위기에 처했을 때 이를 해소하기 위해 새로운 방법을 모색하는 것이었다. 정부와 여당의 정치가들은 이 문제의 돌파구를 찾지 못한 가운데 미국이 주도하는 긴장완화정책 구도에 끌려가 버렸다. 미국에 의존적인 공산권 접근외교는 동유럽국가가 서독에 갖고 있는 부정적 이미지를 제거하는 데 아무 효과도 없었다. 서독은 동유럽국가의 흑색선전을 극복하지 못했다. 동유럽국가들은 서독이 구독일제국의 영토를 찾기 위해 제국주의적인 보복심으로 충만해 있다고 보고 불신하고 있었다. 이 불신 관계를 제거하기 위해 1962년부터 동유럽국가에 관심을 갖게 됐다.

동유럽국가들이 소련, 동독과의 관계를 고려하기 때문에 서독이 이들과 외교관계를 수립하는 것은 현실적으로 어렵다고 판단하고 가능한 한 경제교류를 활성화하는 쪽으로 결정했다. 동유럽국가와 무역대표부 교환은 경제교류 외에도 문화적·인적 교류를 확대하는 기회로 활용했다. 슈뢰더 장관은 1963년 3월 7일 폴란드와 무역협정을 체결하고 동시에 바르샤바에 무역대표부를 설치해 양국 간 무역교류를 확대할 수 있는 기반을 다졌다. 동유럽국가들과의 무역협정은 뒤이어 헝가리, 루마니아, 불가리아와 이루어졌다. 그러나 국교가 정상화되지 못해 정치적 교류는 이루지 못했다.[29]

---

28) Mitteilung über von Bundeskanzler Prof. Dr. Erhard mit dem Botschafter Smirnow und dem Chefredakteuer der "Izwestija" Adschubej am 27. und 28. Juli 1964, in Moskau Bonn, Bd. II, p.1008.

29) Kommuniqué und Interview mit dem Bundesminister des Auswärtigen, Dr. Gerhard Schröder, über die Wirtschaftsverhandlungen mit Polen, 7. März 1963, in:

무역대표부 교환 이후 인적·문화적 교류는 동유럽국가 국민들의 독일에 대한 원한의 감정을 해소하는 데 조금이나마 보탬이 됐다. 민간 차원에서 대화하고 교류할 수 있는 기회를 갖게 됐다는 것이 다행이었다. 하지만 무역대표부 교환으로 독일과 폴란드, 동독과의 관계 또 체코슬로바키아와 해결해야 할 근본적인 문제를 해결하지는 못했다. 폴란드 국민들은 오더-나이세 문제 해결을 기대했으나 당시 기민당 정부에서는 이 문제를 언급하기 어려웠다. 그리고 체코슬로바키아와 뮌헨조약의 무효화를 선언하는 것 또한 불가능했다.30)

동독은 서독에게 끊임없이 합법적인 국가로 인정해 줄 것을 요구했으나 서독은 이에 대해 단호한 입장이었다. 여당과 야당은 모두 다 동독을 국가로 인정하는 것을 거절했는데, 그 이유는 동독을 국가로 인정하게 되면 동독은 합법적인 국가가 되고 국제법적으로 외국이 됨으로써 서독 주도 하에 통일을 이룩해야 할 법적 근거를 잃어버린다는 것이었다.31)

슈뢰더는 동방정책이 긴장완화에 기여해야 한다는 원칙을 가지고 있었지만 기대한 만큼 효과는 없었다. 그는 새로운 시대 동서관계에서 서독의 관심사항은 반드시 고려돼야 한다고 강조함으로써 미국과 소련 중심의 긴장완화 정책에 독일연방공화국도 어느 정도 활동할 수 있는 공간을 확보하고자 했다. 또 새 시대에 맞는 정책의 필요성에 의해 현재의 사실을 제대로 인식하고 현실을 분석해 가고 있었다. 독

Auswärtige Politik der Bundesrepublik Deutschland 1963, pp.494-497.
30) Buchheim, Hans: *Deutschlandpolitik 1949-1972, Der politisch-diplomatische Prozeß*, Stuttgart 1984, pp.115-119.
31) Genscher, Hans-Dietrich: Neue Ansätze in Gerhard Schröders Ostpolitik - Die Friedensnote vom 25. März 1966, in: Gerhard Schröders Ostpolitik, pp.87-88.

일문제는 유럽 안보정책의 범주에 포함시키고 이 굴레 안에서 해결돼야 한다는 것이 원칙이었다. 쿠바사태 이후 미국과 소련은 대립과 충돌보다는 대화를 통한 긴장완화에 기반을 두고 동서문제를 해결하기로 했다.

1963년의 핵확산금지조약 체결 후 국제정치에서는 군비통제가 중점문제로 부각됐다. 이전까지는 독일문제가 미·소 간 외교정책의 핵심문제였으나, 이제는 긴장완화를 위한 군비축소가 핵심문제로 대두됐다. 따라서 독일문제는 긴장완화 범주에 포함되어 평화적인 방법으로 해결될 수 있는 기반이 조성됐다.[32]

잠시 해빙무드를 타던 소련과의 관계는 1966년까지 전혀 호전되지 못했다. 에르하르트 수상은 취임 전부터 지금까지의 동방정책에 대해 만족하지 못하고 정책개발의 필요성을 느끼고 있었다. 그는 아데나워 수상의 동방정책은 서유럽국가들의 관심사항과 거리가 먼 것으로 이해하고 새로운 정책을 구상하고 있었다. 에르하르트는 슈뢰더 외무장관에게 동방정책에 관한 전권을 위임했다. 그는 동유럽과의 관계를 점진적으로 개선하기 위해 현실적으로 가능한 대안을 찾고 있었다. 그는 동유럽 사회주의 국가들을 더 이상 무시하지 않고 이들 나라의 관심사항에도 귀를 기울이게 됐다.

동유럽과의 접근 시도는 서독 외교정책의 변화로 볼 수 있는데, 아데나워는 독일통일 열쇠는 소련이 쥐고 있다고 판단하고 소련 외의 동유럽국가와는 관계개선을 시도하지도 않았다. 그러나 에르하르트는 서유럽, 특히 프랑스가 동유럽과 관계를 개선하자 이들 국가와 접근하고자 노력했다.[33] 독일연방공화국은 세계평화를 위해 노력하는 국가

---

32) *Ibid.*, p.88.
33) Hanrieder, pp.183.

와는 이념과 체제를 초월해 관계를 개선한다는 평화선언문을 발표했다. 여기서 서독정부는 평화체제 구축을 위해 모든 국가와 대화와 협상에 임할 용의가 있다고 밝혔다. 이는 친서방정책을 바탕으로 동유럽국가의 관심사항을 긍정적으로 검토할 용의가 있음을 시사하는 것이었다. 독일은 주권도 회복했고 서유럽과의 동맹관계도 안정된 상태이므로 이제는 동유럽국가와 새로운 외교관계를 정립하기 위한 시간이 무르익고 있다고 판단하고 있었다. 선언문의 기본이념은 다음 정부에 의해 계승됐다.

슈뢰더 장관이 1966년 3월 25일 발표한 평화선언문은 지금까지 취하던 친서방정책의 기초 위에서 동유럽 사회주의 국가와 관계를 개선할 수 있는 동방정책의 기틀을 제시했다. 세계평화를 위해 노력하는 국가와는 이념과 체제를 초월해 관계를 개선하고, 유럽이라는 체제 내에서 모든 국민은 자유롭게 살 수 있어야 하며, 평화적인 이웃관계를 위해 노력하자는 것이었다. 그리고 소련 및 동유럽국가도 유럽의 한 부분이라며 전 유럽을 강조했다. 평화선언문은 외교정책의 원칙과 목표도 시대의 변화와 함께 유연하게 변하며 또 발전하고 있다는 것을 의미했다. 평화선언문의 기본취지는 독일이 과거의 서방 중심 외교에서 벗어나 동유럽국가와 새로운 외교질서를 정립하기 위해 과거의 사고방식에서 탈피해야 한다는 것이었다.[34]

---

34) Note der Bundesregierung vom 25. März 1966 zur deutschen Friedenspolitik, in Europa-Archiv 1966, Dokumente, pp.175-176.

3. 드골파와 애틀랜틱파의 대립

　기민당과 기사당 내에서는 외교정책에 대해 의견이 두 개로 나누어져 있었다. 1963년 프랑스와 친선조약 체결 후 1963년 말부터 프랑스 외교정책에 접근하는 '드골파'와 미국의 외교정책에 찬성하는 '애틀랜틱파'가 있었다. '드골파'는 아데나워 전 수상과 게르스텐마이어 전 연방의회의장, 슈트라우스 전 국방장관, 구텐베르크(K. T. F. v. Guttenberg) 등으로 아데나워 시대에 중요한 직책을 담당했던 사람들과, 지역적으로는 보수적 색채가 강한 바이에른 출신의 기사당 의원이 대부분이었다. '애틀랜틱파'에는 에르하르트 수상과 슈뢰더(G. Schröder) 외무장관, 하셀(K.U. Hassel) 국방장관을 중심으로 북부독일 출신의 기민당 의원이 있었다. 그리고 자민당과 사민당 의원들도 친미주의적 외교접근에 동의했다. 에르하르트 수상이 주도하는 '애틀랜틱파'는 당연히 연방의회에서 입지가 강했다.35)

　'드골파'는 프랑스와 동맹을 강화해 서독의 입지를 강화하고, 미국의 외교정책은 자국 패권 우선이므로 유럽의 입지가 약화된다고 비판적 시각이었다. 그리고 소련의 긴장완화정책은 믿을 수 없다는 것이었다. 이들은 사민당이 주장하는 '접근을 통한 변화'로는 동유럽의 국가들을 소련에서 해방시키지 못할 뿐만 아니라 독일통일을 이룩할 수도 없다고 보았다. 미국과 소련이 중심이 되어 추구하는 긴장완화정책은

---

35) Thränhardt, p.147.

독일문제 해결에 적극적이지 않고 소홀히 다루게 된다는 것이었다. 이 밖에도 미국과 소련 중심의 국제관계 속에서는 당연히 유럽국가의 의견이 무시되며, 독일과 프랑스의 관심사항이 전혀 관철될 수 없다는 것이었다.[36]

'드골파'는 핵무기 개발에 적극적이었다. 서독이 핵무장을 해야 소련의 팽창정책을 독자적으로 저지할 수 있다고 믿고, 미국의 외교에 수긍할 경우 서독의 독자적인 핵무기 개발은 불가능하고 냉전체제 속에서 양독은 미국과 소련에 종속된다고 보았다. '드골파'는 국제여론을 의식하지 않을 수 없었는데, 서독 독자의 핵무기 개발은 불가능하고 프랑스와 협력해 공동개발이 가능하다고 보았다. 서독이 핵기술을 미국에 의지하게 될 경우 앞으로 전개될 핵에너지 시대 핵개발 후진성을 면치 못한다고 보았다.[37]

'드골파'는 독일문제를 지금까지 4개 연합국 차원에서 논했지만 아무런 진전이 없어 회의적으로 보았다. 독일문제를 유럽문제로 격상시켜 유럽안보 차원에서 논한다면, 유럽분단의 원인은 독일문제에서 시작됐기 때문에 유럽분단을 극복하는 과정에서 독일통일이 이루어진다고 보았다. 유럽은 더 이상 미국에 의존하지 않고 미국과 동등한 자격으로 소련 및 바르샤바조약국과 협상할 것을 주장했다.

여당 내에서 '드골파'의 입지가 강화될 수 있었던 것은 1963년 1월 독일과 프랑스가 체결한 조약에 의해 양국의 협력이 구체화됐고 독일국민이 가지고 있는 프랑스에 대한 감정도 긍정적으로 변하고 있었기 때문이다.[38] 친프랑스 외교정책을 주장하는 '드골파'는 대부분 전직

---

36) *Ibid*, pp.147-150.

37) Strauß, Franz Josef: *Erinnerungen*, Berlin 1989, pp.358-359.

38) Hacke, Christian: Die *Weltmacht wider Willen, Die Außenpolitik der*

고위관료들이었다. 이들이 일반적으로 친미외교를 반대하는 이유는 그 동안 미국이 독일문제를 해결하는 데 적극성이 없었고, 미·소 양자 중심의 외교구도 속에서 자국 이익에 집중한 나머지 독일이 희생양이 될 가능성이 있었기 때문이다. '드골파'의 주장은 프랑스와 동맹을 강화했을 때 독일의 잠재적인 힘이 미국과 동맹했을 때보다 강하게 나타난다는 것이었다. 또 프랑스는 미국에 비해 군사력이 약하기 때문에 소련과 대항하기 위해서는 서독의 강력한 도움이 필요하다는 것이었다. 그리고 프랑스는 전통적으로 동유럽국가와 유대관계를 유지해 왔기 때문에 프랑스 세력이 동유럽에 영향을 미치게 될 때 독일의 동방정책도 프랑스의 동방정책과 함께 힘을 받게 된다고 보았다. '드골파'는 미국은 부득이한 경우 유럽에서 철수하게 될지도 모르며, 미국은 유럽국가가 아니기 때문에 유럽의 통일을 위해 노력하지도 않을 뿐 아니라 아무런 책임도 없다고 주장했다. 또 미국은 쿠바사태에서처럼 중요한 국제적 사건에는 유럽을 배제하고 독단적으로 행동한다는 것이었다. '드골파'는 민족주의적 감정에 빠져 있었다. 그들은 프랑스와 동맹하게 될 경우 독일의 외교적 위상이 지금보다는 강화된다고 보았다. 또 드골의 외교정책과 협력하면 그가 주장하는 유럽은 '애틀랜틱에서 우랄까지'의 슬로건으로 유럽이 통일되거나 상호 우호적인 관계로 전환하면 지금까지 유럽정책에서 앵글로색슨족 중심의 미국과 영국의 자리를 프랑스와 독일이 차지하게 된다는 것이었다.[39]

'애틀랜틱파'는 서독의 안보는 미국과의 협력을 통해 보장된다고 보고, 미국과의 유대관계를 강조하고 앞으로 미국의 외교정책에 초점

Bundesrepublik Deutschland, Stuttgart 1988, pp.110-114.

39) Pfetsch, Frank R.: *Die Aussenpolitik der Bundesrepublik 1949-1980*, München 1981, pp.152-153.

을 맞추어 외교정책을 추진해야 한다고 주장했다. 이들은 영국이 유럽공동체에 가입하고, 동유럽 사회주의 국가와의 관계는 지금까지 경직된 사고에서 다소 유연성을 가지고 대처해야 한다는 입장이었다. 이들은 현재 프랑스의 외교력이나 국방력으로는 독일문제를 해결할 능력이 없고 또 소련을 상대로 군축회담을 성사시키지 못한다고 보았다. '애틀랜틱파'의 주장은 안보란 강력한 힘을 바탕으로 이루어지는데, 소련의 팽창정책에 대항할 수 있는 국가는 오직 미국뿐이라는 것이었다. 미국은 유럽문제에서 높은 비중을 차지하고 유럽의 그 어떤 국가에도 뒤지지 않는 똑같은 대우를 받아야 한다는 것이었다. 베를린 안보를 보장하기 위해 미국의 힘은 절대적이었다. 그러나 기민당 내에서 막강한 영향력을 행사하고 있는 아데나워 전 수상이 프랑스의 유럽정책을 지지하고 있었기 때문에 에르하르트 수상과 슈뢰더 외무장관이 이끄는 친미주의적 외교정책은 어려움에 직면해 있었다. 이러한 상황에서 슈뢰더 장관의 외교정책은 당내에서 많은 제약을 받아 소련과의 관계를 향상시키지 못했고, 또 동독과의 관계도 향상시키지 못해 동독의 사회변화에 아무런 역할도 하지 못했다. 자민당과 사민당 출신 의원들은 "애틀랜틱파"의 외교정책을 강력하게 지지했으며, 1970년대 초 브란트 수상의 동방정책은 미국과 유대를 바탕으로 성공할 수 있었다.[40]

정부·여당 내에서 '드골파'와 '애틀랜틱파'로 의견이 양분됐을 때, 정치적 분위기에 따라 언론에서도 서로 다른 의견이 조성됐다. 북서부 지방에서 발행되는 <라이니셔 메르쿠어>(*Rheinischer Merkur*)는 '드골파'의 외교정책을 지지했고, 북부지방의 함부르크에서 발행되는 <디 차

---

40) Doering-Manteuffel, pp.115-118.

이트>(Die Zeit)는 친미성향인 '애틀랜틱파'의 외교정책을 지지했다. 두 신문사는 서로 경쟁이라도 하듯이 외교정책을 개발해 독일문제를 평화적으로 해결하는 길을 제시했을 뿐 아니라 어떤 경우에도 독일문제를 해결해야 한다는 국민들의 관심을 고조시키는 데 기여했다. <라이니셔 메르쿠어>는 노트라인 베스트팔렌에서 발행되는 신문으로 아데나워 전 수상의 정치적 지지기반과 밀접한 관계가 있었으며, 함부르크에서 발행되는 <디 차이트>는 편집인들이 자민당과 우호적인 관계에 있었고 함부르크는 브레멘과 함께 사민당의 아성이었다.

<디 차이트> 편집국장인 테오 조머(T. Sommer)는 언론에 널리 알려진 외교 전문가로 미국의 펄브라이트 장학재단의 초청으로 미국에서 수학했으며, 당시에 미국의 외교 전문가인 모겐소(H. Morgenthau)나 키신저(H. Kissinger) 등 외교·안보정책 전문가들과 교류가 있었고, 특히 국제분쟁을 평화적으로 해결하기를 주장하는 키신저 정책에 공감하고 있었다.

4. 브란트 사민당총재의 등장: 베를린에서 본으로

기민당정부가 분단극복 정책을 제시하지 못하고 독일문제가 냉전의 논리에 빠져 있었을 때, 독일사회는 분단을 극복할 수 있는 구체적인 정책을 요구했다. 이때 가장 적극적으로 분단의 문제점과 통일의 필요성을 제시한 것은 기독교 인사와 대학생, 교수 등 지식인 그룹이었다. 기독교 인사는 리하르트 폰 바이체커(R. v. Weizäcker), 학계 인사는 철학자이며 물리학자인 칼 하인즈 폰 바이체커(K. H. v. Weizäcker) 형제가 있었다. 사회단체가 요구한 내용은, 당시로는 독일 통일은 실현하기가 어렵기 때문에 동서독 접촉과 교류의 기회를 확대해 동독시민의 삶의 질 향상에 기여해야 한다는 것이었다. 이 문제에 착안해 냉전시대 가장 큰 고통을 감수하고 있던 서베를린에서 브란트 서베를린 시장을 중심으로 측근들이 분단극복을 위해 정책개발을 서두르기 시작했다. 브란트는 서베를린시 자체의 역량과 한계를 인식하고 베를린과 독일문제를 해결하기 위해 가장 현실적인 정책을 제시했는데, 그 정책이 바로 '작은 행보의 정치'(Der Kleine Schritt)였다.[41]

브란트 시장이 제시한 작은 행보의 정치도 통일은 현실적으로 불가능하다는 것을 인지하고 현재 가능한 것부터 단계적으로 실천해 간다는 원칙이었다. 이 원칙에 의해 1963년 12월 크리스마스 기간 서베를린 시민은 동베를린을 방문하게 됐다. 베를린 분단으로 베를린에서 자유왕래가 불가능해짐에 따라 브란트는 시장으로서 베를린 자유왕래를 위해 여러모로 노력했다. 그는 1961년 말 국제적십자를 통해 인도적 차원에서 이산가족 상봉을 위해 노력했으나 실현하지 못했다. 그러나 그의 집요한 노력 끝에 베를린 자유왕래는 1963년 성탄절 기간에 실현됐다. 동독과 서베를린 협상대표는 서베를린 시민이 크리스마스와 신정연휴 기간인 1963년 12월 21일에서 1964년 1월 5일까지 친인척이 동베를린에 살고 있을 경우 동베를린을 방문할 수 있도록 했다.[42]

성탄절 자유왕래 협정이 체결돼 제한적이나마 서베를린 시민은 베를린분단 이후 28개월 만에 동베를린을 방문할 수 있게 됐다. 이 기간에 120만 명의 서베를린 시민이 동베를린을 방문했다. 이는 브란트 시장이 인도적 차원의 가족상봉 실현을 포기하지 않고 인내하고 노력한

---

41) Brandt, *Erinnerungen*, pp.55-65.
42) Borowsky, *Deutschland 1945-1969*, pp.149-150.

결과였다.43) 제한적 자유왕래 협정은 계속 확대돼 1964년부터 성탄절과 새해 신년과, 1965년부터는 부활절과 성심강림절 기간도 방문이 허용됐다. 그러나 동독은 1966년 성탄절 때에는 자유왕래를 거절했는데, 그 이유는 서독이 동독을 국가로 인정하지 않아서였다.

1963년 말 사민당 총재 올렌아우어가 서거하면서 브란트는 1964년 임시전당대회에서 당원들의 적극적인 지지를 받으며 총재에 추대됐다. 이는 동유럽 공산국가와의 관계개선을 위해 적극적이고 많은 정책을 개발한 사민당이 당 차원에서 동방정책을 적극 추진할 수 있는 계기가 됐다. 그리고 새로 구성된 당 조직은 외교안보 전문가 엘러가 부총재, 동독문제 전문가 베너가 원내총무에 임명됐다. 사민당 지도부가 외교와 동독문제 전문가로 구성되어 외교정책에서 의견의 통일을 이룰 수 있었다. 또 브란트는 당 총재로서 서베를린 시장 때보다 야당이 정부·여당보다 더 현실적인 정책을 가지고 정부를 압박할 수 있는 유리한 위치에 있었다.44)

그는 지금까지 기민당 정부가 추진한 동방정책은 소련 및 동유럽과 관계를 개선할 수 있는 비전이 없다고 비판했다. 그러면서도 그는 외교와 안보분야에서는 정부는 물론 미국의 외교·안보정책과도 협조체제를 유지했으며,45) 동유럽국가와의 관계개선에 걸림돌을 제거하

---

43) Brandt, *Begegnungen und Einsichten*, p.105.
44) Die Zeit, 1964. Februar 21, p.1.
45). Gespräch des Bundeskanzler Erhard mit dem Regierenden Bürgermeister Brandt, in: Akten zur Auswärtigen Politik der Bundesrepublik Deutschland 1964, pp.305-310; 21. Mai 1964: Erklärung des Regierenden Bürgermeisters von Berlin, Brandt, zum Abschluß seiner Amerikareise, in: Dokumente zur Deutschlandpolitik 1964, pp.585-587.

기 위해 동·서유럽이 공동으로 참가 할 수 있는 여러 가지 프로젝트를 제시했다. 그는 1964년 8월 26일 동·서독 간의 원활한 교류를 위한 구체적인 방안으로 각 분야, 즉 동·서베를린 간 교통망 확대, 동서독 무역 확대, 우편·전화·철도·문화교류·스포츠교류 등을 위해 동·서독 간에 협정을 체결하자고 정부에게 제안했으나 에르하르트 수상은 거절했다.46)

브란트의 정책개발은 1965년에도 쉬지 않고 계속되어 동독 및 동유럽과의 교류를 확대하기 위해 유럽 공동으로 원유, 가스, 전기 공급라인을 건설하자고 제안했다. 유럽에너지 개발 프로젝트는 기름과 가스, 전기를 독일에서 생산해 동유럽에 제공하고, 교통망 확장을 통해 동유럽국가와 유통 및 인적 교류를 원활하게 하자는 것이었다. 그리고 유럽에서 동서 자유왕래를 위해 국가를 초월한 육상교통과 내륙 수상교통망을 구축하자고 제의했으며, 유럽의 환경보전 차원에서 수자원오염과 대기오염 방지를 위해 공동으로 대처하자고 제안했다. 또 문화교류 및 경제협력도 추진하고 이 프로젝트에 의해 동서독 여행도 자유화하여 국경선 제한 없이 어디든지 왕래할 수 있도록 하자고 제안했으나, 정부 여당은 수용하지 않았다. 그리하여 이 제안은 국제외교로 확산되지 못하고 단지 야당의 정책으로만 남아 있게 됐다. 비록 정부가 받아들이지는 않았지만 언젠가는 이 프로젝트가 현실로 다가올 것이라고 브란트는 확신했다.47)

이러한 계획이 실현되면 동유럽국가는 경제를 발전시킬 수 있고, 동유럽과 서유럽이 동시에 생활수준을 향상시킬 수 있는 기회가 되며,

---

46) Die Zeit, 1964. März, 13, p.4.

47) Memorandum des Regierenden Bürgermeisters von Berlin, Brandt, für Außenminister Rusk, in: Dokumente zur Deutschlandpolitik 1964, pp.877-883.

무엇보다 동서 유럽 간 자유왕래가 가능해지면 동유럽에 자유의 바람을 불러일으키게 된다고 생각했다. 브란트의 적극적인 동방정책은 단순히 개인의 생각과 상상에 끝나지 않고 당내에서도 활발하게 논의됐다.[48] 브란트는 바(E. Bahr) 서베를린 언론정보장관을 정책개발과 수행 능력이 뛰어난 사람으로 인정하고 깊이 신뢰했다. 이에 대답이라도 하듯 바 장관도 브란트 시장에게 굳은 믿음을 주었으며 성실히 정책을 개발하고 수행했다.[49]

이들은 1961년 베를린장벽 설치 후 베를린과 독일이 냉전의 희생에서 벗어날 수 있도록 정책을 개발했는데 브란트 시장에 이어 바 장관도 '접촉을 통한 변화'(Wandel durch Annäherung)라는 동독정책을 기본이념으로 제시했다. 그는 공산주의 체제는 당장 없앨 수 없으므로, 상호 접촉을 통해 교류가 진전되면 동독도 서서히 자유개방 정책을 취할 것이라고 확신했다.[50]

'접촉을 통한 변화'(Wandel durch Annäherung)는 브란트가 주장한 '통일을 향한 작은 행보의 정치'(Der Kleine Schritt)와 함께 동방정책의 기본노선으로 채택되어 1969년 사민당이 집권했을 때 동방정책을 성공적으로 이끄는 데 견인차 역할을 했다. 바는 미국의 안보정책과 공조를 취해야 독일문제가 해결된다고 보고, 냉전시대 독일문제를 해결할 능력을 가진 나라는 미국으로 생각하고 있었다. 미국의 기본입장은 동유럽과 중·남부유럽에서 공산주의 국가를 제거하지는 못하지만 변화를 유도할 수는 있다는 전략을 가지고 있었다. 때문에 미국은 동·서 체

---

48) Willy Brandt, *Wille zum Frieden, Perspektiven der Politik*, Hamburg 1973, pp.84-85, 87-88.
49) Vogtmeier, pp.51-58.
50) Seebacher, Brigitte: *Willy Brandt*, München 2004, pp.193-202.

제변화를 위해 현상을 유지하면서, 동·서 관계를 적대에서 우호적인 관계로 변화시키고자 했다. 그러면 당연히 독일문제도 해결되며 동서 관계가 신뢰를 바탕으로 한 단계 발전하게 된다는 것이었다.[51]

바의 접촉을 통한 변화는 같은 해 6월 케네디 대통령이 워싱턴 아메리칸대학 연설의 내용에서 동기를 부여받았다. 핵무기 경쟁 시대의 전쟁은 전 세계의 파괴를 의미하므로 미국은 세계평화를 위해 우방과 합의 하에 소련 및 동유럽국가와 충돌과 대립을 피하고 평화적 방법으로 정치적 문제를 해결한다는 것이었다. 케네디 대통령의 아메리칸대학 연설은 베를린 방문을 불과 20일 앞두고 행해졌으므로 베를린시 정치담당자들은 이를 독일문제나 베를린문제를 해결할 수 있는 계기로 삼았는데, 바 국장은 이를 독일의 현실에 적용했다. 바의 '접촉을 통한 변화'의 기본명제는 전체 유럽의 공동협력이 전제돼야 하고, 이 바탕 위에서 전 유럽의 안보를 기약할 수 있다는 것이었다. 바는 독일문제는 분쟁의 핵심요소이기 때문에 반드시 강대국과 협력을 통해 해결해야 한다고 주장했다. 바 평화정책의 기본이념은 상대방 국가를 적으로 보지 않고 대화의 파트너로 인정해 독일에서 평화를 정착시키는 것이었다. 이 정책은 평화를 위해 상대방 국가를 무시하지 말고 대화의 장으로 끌어들여 서로의 관심사에 대해 상의하자고 주장했다. 통일이란 정치적으로 한 번에 끝나는 사건이지만 그 전 단계와 또 후속 단계가 반드시 필요하므로 통일의 전 단계를 구축하는 것이 중요하다는 것이었다.[52]

사민당의 동유럽국가 인식이 바뀌자 1966년 2월 동독 통합사회당(SED) 당수 울브리히트(W. Ulbricht)는 서독 사민당 총재에게 편지를 보내

---

51) Vogtmeier, pp.59-66.
52) Thränhardt, pp.147-148; *Ibid.*, pp.64-66.

동독의 칼막스 헴니즈와 서독의 에센을 상호 교류 방문해 독일문제 및 현안문제, 즉 핵무장 포기, 동·서독 경계선을 국경선으로 인정하는 것, 상호 긴장완화 등에 관해 구체적으로 논의하자고 제안했다. 사민당은 이 제안을 수용해 당내 외교안보 전문가인 브란트, 엘러, 베너가 참가하기로 결정했다. 사민당은 실현 가능성이 없음을 알고도 한 가닥 희망을 가지고 적극적으로 나왔다. 그러나 동독은 몇 번의 편지교환 후 서독 사민당과 교류제안은 없었던 것으로 무효화를 선언했다.[53)]

---

53) Dokumentation in einem Extrablatt der "Zeit" vom 8. April 1966, p.3-4; Die zweite Antwort der SPD, Fortsetzung des deutschen Dialogs -Eine Dokumentation, in: Die Zeit, 1966. April 22, p.11-14.

제4장 키싱거 시대

1. 대연정 구성

    라인강의 기적을 통해 성장가도를 달리던 독일경제는 1966년 가을부터 위기의 조짐이 나타나기 시작했다. 위기의 원인은 기계와 부품산업에서 주문량이 감소하고 건설경기가 위축됐기 때문이다. 경기침체가 장기화되는 가운데 생산량이 감소해 폐업하는 기업이 늘어나고 실업자는 증가했다. 그럼에도 불구하고 물가는 계속 상승해 인플레이션 위기에 직면했다. 시장경제를 신봉하는 에르하르트 수상은 위기를 극복하기 위해 국가적 차원에서 대책을 세우지 않고 시장원리에 따라 문제를 해결하려고 했다. 그가 취한 정책은 고작 조세 인상이었다. 이는 경제위기를 수습하는 데 도움이 되기보다는 오히려 역효과를 초래했다.[1)]

    기민당과 연립정부를 구성한 자민당이 조세 인상에 반대하면서 사

---

1) Borowsky, *Deutschland 1945-1969*, pp.295-297; Thränhardt, pp.167-169.

건의 발단이 시작됐다. 자민당은 조세 인상이 국민의 부담을 가중시키고 경제위기 극복에 도움이 되지 않는다고 반대했지만, 기민당의 입장에는 변화가 없었다. 자민당의 의견이 받아들여지지 않자 자민당 출신의 장관 네 명이 사표를 제출했다. 기민당의 완강한 고집의 결과 연립정부는 와해됐다.2)

기민당은 의회 다수석을 차지해 선거 없이 정권을 계속 유지하기 위해 사민당에 대연정 구성을 제의했다. 지금까지 야당만 해 온 사민당은 경제적 위기가 사회적 위기로 확산될 가능성이 있어 현실을 외면할 수 없는 형편이었다. 사민당 지도부는 연립정부에 참여해 수권능력을 검증받을 필요가 있어 일부 의원의 반대에도 불구하고 대연정에 참여했다. 사민당이 대연정에 참여하면서 제시한 정책은 미국, 프랑스와 유대관계를 유지하고, 원자폭탄 생산과 소유를 하지 않으며, 동유럽국가들과 관계를 정상화해 평화적 분위기를 조성하고, 동독과 대화를 통해 사민당의 활동영역을 확대하고, 경제위기를 극복해 국가재정 질서를 안정시키는 것이었다.

사민당 내에서 대연정을 적극 주장했던 인사는 브란트 총재와 베너 원내총무, 경제전문가 쉴러(K. Schiller) 등이었다. 대연정에서 브란트는 외무장관, 베너는 독일문제 장관, 쉴러는 경제장관에 취임해 기존의 기민당 중심의 정책 변화에 크게 기여했다. 함부르크대학 교수 출신인 쉴러는 경제장관으로서 위기를 순조롭게 극복해 일등공신이 됐고, 차기 총선에서 사민당이 국민들의 높은 지지를 받는 데 절대적인 기여자가 됐다.3)

---

2) Borowsky, *Deutschland 1963-1969*, pp.52-59. 사임한 자민당 출신 장관은 멘데 독일문제장관 겸 부수상, 북허 주택 및 도시건설 장관, 달그린 재무부 장관, 쉘 경제협력장관 등이다.

2. 대연정의 외교정책

에르하르트 시대 서독 외교는 미국과의 관계만 너무 중요시한 나머지 동유럽국가들과 서운한 관계가 됐고, 국제변화에 적응하지 못하는 구시대적 사고에 머물러 있었다. 기민당정부는 과거 정책에 의존하고 있을 뿐, 동유럽과 관계개선을 위해 강력한 지도력을 발휘할 정치가도 없었고, 정치적 그룹도 없었다. 기민당정부는 동유럽과 화해해야 하는 도덕적 책임을 통감하고 있으면서도 이를 실현할 구체적 대안을 제시하지 못했다. 동독을 국제사회에서 계속 고립시키고, 유럽에 놓여 있는 경계선을 인정하지 않는 것이 바로 그것이었다.4)

새로 취임한 키싱거(H. G. Kiesinger) 수상은 동유럽국가와의 관계개선을 위해 현재의 문제를 냉정하게 분석하고 기존 외교정책을 검토했다. 그가 생각하는 바람직한 방법은 양독이 적대적 관계를 청산하고 동서 냉전체제의 세계질서가 붕괴되는 과정에서 독일문제가 해결되는 것이었다. 이를 실현하기 위해 키싱거는 미국의 긴장완화정책에 기초한 외교정책과 보조를 맞추었고, 과거 정부 외교정책의 기본골격을 계속 유지했다.5)

키싱거 수상은 통일은 먼 미래 해결할 과제로 설정하고 독일 혼자

---

3) *Ibid.*, pp.61-63.
4) Hanrieder, pp.182-183.
5) Bender, Peter: *Die Ostpolitik Willy Brandt oder die Kunst des Selbstverständlichen*, Hamburg 1972, pp.33-34.

1966년 키싱거 수상이 의회에서 취임연설을 하고 있다.
그의 오른쪽이 사민당 출신의 브란트 외무부 장관이다.

만의 문제가 아닌 국제문제로 연합국과 합의 하에 점진적으로 해결한다는 계획이었다. 에르하르트 시대에는 같은 연합국이면서도 이웃 국가인 프랑스와 서운한 관계였다. 드골 대통령은 독일문제 해결의 전제조건은 독일이 주변의 모든 국가와 화해하고 신뢰를 회복하는 길이라고 언급했다. 이는 냉전시대 양극체제 외교질서에 독일이 맹목적으로 미국의 영향권에 편입되는 것을 경고한 것이다. 그는 유럽분단 극복은 미·소 중심의 냉전체제가 와해되고, 유럽 각국의 외교적 입지가 강화돼야 이루어진다고 보았다. 일방적인 미·소 중심의 냉전체제가 깨지기 위해서는 유럽의 역할이 필요한데, 그 임무를 수행할 국가는 프랑스가 적임자라고 보았다.[6]

대연정 외교 책임자인 브란트 외무장관은 프랑스와의 우호적인 관

---

6) Französische Europa- und NATO-Politik, in: Europa-Archiv 1966, pp.D.141-146

계는 독일문제 해결에 필수적이라고 보았다. 프랑스가 적극적으로 동방정책을 추진하자 독일도 프랑스의 역할을 인정하고 거기에 맞게 적절히 대처했다. 대연정의 외교팀은 현재 통일은 불가능하지만 현 상태의 국제질서가 변해 동·서 대립구도가 붕괴되면 통일이 이루어진다고 보았다.[7]

대연정의 외교정책은 과거 아데나워 시대 주장했던 4개국 역할론을 무시하고 통일을 위해 독일이 중심적인 역할을 해야 한다고 보았다. 키싱거 수상은 미국, 영국, 프랑스가 분단된 독일의 현실을 정확히 이해하고, 독일이 완전한 자주권을 회복할 수 있도록 지지할 것을 요청했다. 대연정은 외교정책에서 서베를린을 안전하게 보호하고 동독을 국가로 인정하지 않으며 오더-나이세 경계를 국경선으로 인정하는 문제를 평화조약 체결 때까지 유보했다. 키싱거 수상과 브란트 외무장관 모두 통일보다는 유럽에서 긴장을 제거하는 데 큰 비중을 두었다. 독일 주변국은 대연정 외교정책을 환영하는 분위기였다.

대연정의 외교정책은 이전의 외교정책보다 탄력적이고 유연성을 가지고 있었음에도 불구하고 폴란드와의 화해 및 국경선 문제에 대해 별다른 정책이나 또는 진전이 없었다. 국민들은 대연정이 다수의 강한 정부라 국내 및 외교정책에서 소신 있게 정치를 펼칠 수 있으리라 기대했다. 이러한 분위기를 감안해 기민당은 어느 때보다 독일정책에 높은 비중을 두었지만 국민의 기대에는 부응하지 못했다.[8]

대연정에서 기민당은 구시대의 외교정책을 고수해 사민당의 외교정책에 방해가 되었다. 사민당 외교·안보정책의 기본노선은 핵무장을 포기하고 군비축소 회담에 높은 비중을 두고 있었다. 사민당은 기

---

7) Bender, *die Ostpolitik Willy Brandts*, pp.34-37.
8) Borowsky, *Deutschland 1963-1969*, pp.68-70.

민당의 양해를 얻어내 핵확산금지조약에 가입하려 했지만 실현하지 못했다. 그러나 기민당의 생각도 변해 1967년부터 핵확산금지조약 가입에 대부분이 동의했다. 대연정의 외교정책은 당의 색채가 달라 불협화음이 예고됐다. 어느 당도 자기 당 외교정책의 기본입장을 포기하기 않았다. 그렇지만 두 당이 큰 무리 없이 외교정책을 추진할 수 있었던 것은 외무장관 주도 하에 외교정책이 이루어져 수상이 크게 간섭하지 않았기 때문이다. 정책이 다른 두 정당 사이에 큰 갈등이 없었던 것은 브란트 장관이 과거 정부의 기본골격을 유지하면서 어느 정도 유연성을 가지고 대처했기 때문으로 풀이된다.9)

　미국과 소련, 영국이 핵확산금지조약에 적극적이어서 국제적 대세를 거역할 수는 없었다. 핵확산금지조약에 가입하면 긴장완화 분위기로 가는 국제외교에서 고립되지 않고 독일에 대한 부정적 이미지도 줄일 수 있었다. 더구나 동독이 서독보다 먼저 조약에 가입해 서독이 주저하게 될 경우 많은 정치적 부담이 될 것이었다. 여당에서 핵무장 옹호론자는 슈트라우스였다. 그는 핵확산금지조약에 서명하는 것은 당의 정책에 위배되는 것이며 원자에너지 시대에 경제적 손실이 우려된다며 강력히 반대했다. 브란트 장관은 핵무장 포기를 선언해 독일이 세계평화에 노력하고 있는 모습을 보여줌으로써 동유럽국가가 독일에 가지고 있는 두려움을 제거했다. 이는 차기 정권에게 새로운 길을 열어 주었고, 소련을 비롯한 동유럽국가에게 사민당 외교정책에 대한 신뢰를 심어 주는 계기가 됐다.10)

　할슈타인 독트린은 대연정 기간 사민당 주도의 외교정책에 큰 부담으로 작용했다. 사민당은 할슈타인 독트린이 사회주의 국가는 물론 제

---

9) Borowsky, *Deutschland 1945-1969*, p.345.

10) Bender, *Die Ostpolitik Willy Brandts*, pp.35-36.

3세계 국가와 외교관계 개선에 방해가 된다며 폐지할 것을 주장했다. 그러나 기민당은 할슈타인 독트린이 외교정책의 기본노선이기 때문에 완강히 고수를 주장했다. 1969년 5월 캄보디아, 이라크, 수단, 시리아, 이집트, 남예멘이 동독을 정식 국가로 인정하고 외교관계를 수립했다. 이는 동독이 국제사회에서 지위가 향상됐다는 것을 증명하는 것이었다. 동독을 고립시키기 위해 만든 할슈타인 독트린은 오히려 서독을 스스로 고립으로 몰고 갔다. 동독의 외교력이 확대되자 외무장관 퇴임설까지 나돌았다. 외무장관 퇴임은 결국 대연정 해체를 의미하는 것으로 기민당 내에서도 할슈타인 독트린을 유연성 있게 활용하기로 결정했다. 그 결과 루마니아, 유고슬라비아와 외교관계를 수립해 서서히 사회주의 국가와 관계의 벽을 허물어 갔다.[11]

베를린문제는 독일문제와 함께 서독 외교에서 중요한 문제였다. 포츠담협정에서 연합국은 베를린을 4개국(미, 소, 영, 프) 공동으로 통치하기로 했으나 국제질서가 양극체제로 전환함으로써 동서로 분단됐다. 서독은 베를린을 고립된 도시로 언제까지 그대로 방치할 수는 없었다. 서독은 베를린문제 해결을 위해 소련과 대화채널을 유지할 필요가 있었다.[12]

서독이 독일을 대표하는 국가이고 독일의 정통을 계승한다는 원칙을 고수하고 있어 수도였던 베를린을 내버려둘 수는 없었다. 과거 베를린의 정치적 전통과 위상, 독일의 자존심을 지킨다는 생각으로 연방대통령을 서베를린에서 선출하기로 했다. 서독의 강압적 자세에 대해 서방연합국도 포츠담협정에 위배된다며 회의적이었다. 소련과 동독도 서베를린은 서독에 소속된 영토가 아니고, 하나의 독립된 정치집단이

---

11) Borowsky, *Deutschland 1945-1969*, pp.341-342.
12) *Ibid.*, p.348.

라며 강력히 항의했다. 서독은 서방연합국의 반대와 소련과 동독의 강력한 저항에 부딪쳐 서베를린에서 대통령을 선출하지 못하다가 1969년 3월 서베를린에서 연방대통령을 선출했다. 소련은 체코슬로바키아의 수도 프라하 무장침입으로 외교적 부담 때문에 서독의 과감한 행동에 강력하게 반대하지 못했다.13)

소련은 외교적 부담을 덜기 위해 강경노선보다는 유화적 자세를 취했다. 그 대표적인 것이 1966년 이후 중단됐던 크리스마스와 부활절 기간 서베를린 시민의 동베를린 방문 허용이었다. 프라하 사태 이전까지 서독은 연방대통령 선거를 서베를린에서 하지 않는 대신 동베를린 자유방문을 요구했으나 동독은 거절했다. 서방연합군은 베를린협정이 패전 직후에 체결됐고, 그 뒤 세 차례의 베를린위기를 통해 개정해야 할 사항이 많다는 데 대해 의견의 일치를 보고 소련과 서베를린 시민의 삶의 질 향상을 위해 제도적 보완을 합의했다. 그 결과 베를린은 생활 면에서 편리함을 도모할 가능성이 열리게 됐다. 대연정은 비현실적인 정책을 지양하고 실현 가능한 정책에 집중했다. 가장 먼저 동유럽과 관계를 향상시키는 데 전념했다. 유럽의 정치적 현실이 서서히 변하고 있으므로 새로운 시대에 적응하면서 미래 통일을 실현할 수 있는 가능성을 찾고 있었다. 여러 분야에서 교류를 통해 분단을 약화시키고 완화된 분위기 속에서 동독과 접촉할 기회를 찾고 있었다. 동독과 서독은 분단의 상황에서 독일의 결속력을 강화해 국가 간 분단의 골을 해소하려고 노력했다.14)

---

13) *Ibid*, pp.352-355.

14) Bender, Peter: *Neue Ostpolitik, Vom Mauerbau bis yum Moskauer Vertrag*, München 1989, 2.Ex., pp.135-136.

3. 동·서독 정상의 서신교환

대연정의 독일정책은 법률적 허구성과 맹목적 권의주의에서 벗어나 양국의 실익을 위한 교류의 기회를 확대할 방법을 찾고 있었다. 첫째로 양국의 공무원이나 정치지도자가 접촉해 인간의 기본적 관심사항을 가지고 의견을 교환했다. 서독은 더 이상 동독을 고립시키지 않고 긴장완화의 대화구도 속으로 끌어들이기로 했다. 그러나 동독을 합법적인 국가로 인정하지는 않았다. 서독 동방정책의 기본목표는 동유럽에서 일고 있는 개혁 분위기를 한 단계 더 성숙시켜 자유민주주의 사상을 수용케 하는 것이었다. 또한 경제·문화에서 동유럽국가와 교류를 확대해 이들 국가가 서독에 가지고 있는 보복주의 국가라는 공포를 제거하고 신뢰를 회복하는 것이었다.[15]

동독은 서독이 추구하는 긴장완화와 휴머니즘적인 정책에 대해 냉담한 반응을 보였다. 동독은 오로지 서독으로부터 합법적인 국가로 인정받아 독일 영토에서 두 개의 국가가 존재한다는 것을 확인하는 것이었다. 동독은 소련에 예속되어 자체적으로 개혁정책을 추진할 능력이 없었다. 동독은 국민들의 개혁에 대한 요구를 수용하지 않았다. 일부 사회주의 국가에서는 소련식 체제에 대한 회의적 반응이 일어나고 있었는데, 바로 체코슬로바키아와 루마니아였다.[16]

키싱거는 동독과 관계개선을 통해 양국민의 삶의 질 개선과 여행

---

15) Borowsky, *Deutschland 1945-1969*, pp.344-346.
16) Borowsky, *Deutschland 1963-1969*, pp.104-105.

기회 확대를 위해 노력했다. 방문의 경우 장소도 베를린으로만 제한하지 않고 베를린 근교의 동독지역까지 확대하고자 했다. 양국은 방문 시 화폐교환을 간소화하고, 동독시민은 서독에서 친인척이 보내는 의약품이나 선물을 받는 데 불편이 없도록 했다. 그리고 양국 간 이질감을 없애기 위해 경제공동협력을 강화하고 교통정책을 통해 여행자들이 상대방 국가를 여행하는 데 불편을 최소화하려고 했다. 또 독일 내 무역교류를 활발히 하고 교통시설 이용을 극대화하기 위해 교량, 고속도로, 수로, 철도를 수리·보수하고 새로 건설할 필요가 있음도 시사했다. 통신시설의 원활한 이용을 위해 우편시설, 전화회선을 연결하고, 동·서베를린 간 중단된 전화회선도 복원할 것을 요구했다.[17]

양국 간의 활발한 교류를 위해 학문·기술·문화교류, 즉 책, 잡지, 신문을 교환하거나 양국에서 교차 판매하자고 제의했다. 청소년과 학생교류, 스포츠와 문화·예술단체의 활발한 교류를 통해 양국 간 멀어진 거리를 좁혀 보고 서로 이질감을 극복하는 방법도 제의했다. 키싱거 수상의 제안은 사민당의 정책과 큰 차이가 없어 정부 내에서도 환영하는 분위기였다.

브란트와 베너 장관도 이를 긍정적으로 평가했다. 베너 독일장관은 통일이란 서독의 기본법 효력이 미치는 지역이 확대되는 것을 의미하는 것이 아니라 동독국민들이 사회발전에 스스로 참여할 수 있는 기회와 권리를 획득하는 것이라고 보았다. 그는 동서독에서 이데올로기가 무너지고 동독이 진보적인 방향으로 진행되면 동독국민이 자치권을 획득해 가는 과정에서 통일이 이루어진다고 보았다.[18]

베너는 동독이 유고슬라비아처럼 소련의 직접적인 영향권에서 해

---

17) Borowsky, *Deutschland 1945-1969*, pp.344-346.
18) *Ibid.*, pp.343-344.

방돼 자주권을 획득하는 것을 독일문제 해결에 최상의 방법으로 보았다.19) 그러나 동독 통치자들은 소련의 영향권에서 벗어나려 하기보다 오히려 사회주의 체제를 강화했다. 이들은 서독과 가까워지는 것을 경계해 일정한 거리를 유지했다. 하지만 동독 정치권은 국민들의 상호방문 요구나 통일문제를 그대로 무시할 수 없었다. 어떤 형식으로든 독일문제 해결을 위해 동독정부가 적극성을 보일 것을 내외적으로 강요받았다. 이런 분위기 속에서 동독 국무회의 의장 스토프는 동독을 국가로 인정한다는 전제조건 아래 양국 정상회담을 제의했다. 1967년 4월 동독의 스토프 국무회의 의장은 서독의 키싱거 수상에게 서신을 보내 양국 정상이 수도, 동베를린과 본에서 만나 독일문제를 논의하자고 제안했다. 동독이 제안한 내용은 관계 정상화를 위해 새로 규칙을 세우고, 유럽에 현존하는 경계선을 국경선으로 인정하며, 동서독 사이 경계선도 국경선으로 인정하는 것 등이었다.20)

그 외에도 군축회담을 개최해 현 수준의 절반까지 군사비를 줄이고, 양국이 핵무기 개발을 포기하고 핵확산금지조약에 가입해 중부유럽에 핵 자유지역을 만들어 가입할 것을 제안했다. 스토프의 제안은 긴장완화 분위기를 조성하고 관계를 정상화하고, 서독이 독일을 대표하는 유일한 국가라는 것을 포기하고 동독을 합법적인 국가로 인정받기 위한 것이었다. 또한 유럽에 존재하는 경계선을 인정해 오다-나이세 경계선을 폴란드 서부국경선으로 인정하고, 서베를린을 하나의 정치집단으로 인정하며, 뮌헨조약을 무효화하자고 제의했다.

동독의 제안에 대해 정부·여당 내에 다양한 의견이 있었다. 사민당은 양독 정상회담이 동·서독관계를 호전시킬 수 있는 기회로 생각

---

19) Borowsky, *Deutschland 1963-1969*, p.108.
20) Borowsky, *Deutschland 1945-1969*, pp.344-346.

했으나, 기민당 강경파 의원은 동독과 편지교환을 중단할 것을 요구했다. 이유는 동독이 이를 통해 실제적인 국가로 인정받고자 하는 숨은 의도가 있다는 것이었다. 당내 대부분의 의원이 동독과의 대화에 부정적인 입장을 가지고 있어 키싱거 수상은 어려운 처지에 직면했다.

자민당과 진보적인 신문, 그리고 공동여당인 사민당은 동독국민의 생활수준 향상과 평화로운 삶을 위해 어떤 식으로든 동독과의 관계를 더 이상 미룰 수 없는 상황이라며 여론을 주도했다. 이들은 동독과 대화하기 위해 파트너로 인정해야 하므로 동독을 실제적인 국가로 인정했다. 이 입장을 지지하는 언론사는 함부르크에서 발행되는 <슈피겔>과 <디 차이트> 신문 등이었다. 야당과 여론의 강압을 무시할 수 없는 상황에서 키싱거 수상은 동독의 스토프가 제안한 정상회담을 긍정적으로 검토하고 적극적인 자세로 임하자 동독은 정상회담 제의를 철회했다.[21]

정치권 못지않게 언론에서도 이질감 극복을 위한 노력이 있었는데, 대표적인 신문이 <디 차이트>와 <쥐트 도이체차이퉁>이다. 양 신문사는 동서독이 이질감을 극복하고 동질성을 회복하기 위해 서로 정보교환 차원에서 <디 차이트>와 <쥐트 도이체차이퉁>을 동독에서 판매하고 그 대신 동독 통합사회당의 기관지인 <노이에스 도이칠란트>를 서독에서 판매하자고 제안했으나, 서독과 동독이 모두 반대하여 실현되지 못했다.

서독연방 기본법에는 독일공산당(KPD)을 불법단체 또는 이적단체로 규정하고 활동을 금지하고 있는데, 불법단체의 당 기관지를 서독에서 판매하는 것은 기본법에 위배된다는 것이었다. 이는 그 당시 서독

---

21) Borowsky, *Deutschland 1963-1969*, pp.111-115.

은 아직까지도 정치권에서 진보적인 생각을 수용하지 못하고 있으며, 자유·진보적 사상을 가진 사람들의 활동범위가 협소하다는 것을 그대로 보여주는 것이었다. 하지만 동독도 이 문제에 대해 환영하거나 관용을 베풀 수 있는 정치적·사상적 자유가 있었던 것은 아니다. 동독의 정치가들은 서독의 신문이 동독에서 판매되면 동독사회가 위기에 빠진다는 두려움을 가지고 있었다.[22]

4. 브란트 외무장관과 사민당의 활동

사민당 출신의 브란트 외무장관 취임은 지금까지 기민당 주도의 외교정책에 큰 변화를 예고하는 것이었다. 그의 가장 큰 관심사항은 소련을 비롯한 동유럽국가와의 대립적인 관계를 우호적인 관계로 전환시켜 독일이 냉전의 희생에서 벗어나는 것이다. 그리고 동·서독관계를 개선시켜 상호 협조체제를 유지하면서 교류와 방문의 기회를 확대해 적대적 관계를 청산하는 것이었다.[23]

그는 프랑스의 스트라스부르크에서 열린 유럽 외무장관 회의에서 독일의 외교정책 기본입장을 발표해 유럽국가로부터 능력을 인정받았다. 그는 동유럽국가들과 경제·기술·문화분야에서 공동협력을 통해 긴장완화에 기여하고, 핵무장을 포기해 전 유럽인의 관심사항인 살인적인 전쟁을 피하고 평화를 정착시키는 데 최선을 다할 것이라고

---

22) Weber, Hermann: *Die DDR 1945-1986*, pp.66-75.
23) Hildebrand, Klaus: Von Erhard zur Großen Koalition 1963-1969, in *Geschichte der Bundesrepublik Deutschland*, Stuttgart 1984, pp.325-327.

밝혔다. 그의 정치적 기본이념은 동유럽 개혁운동을 지지하고 모든 분야에서 활발한 접촉과 교류를 통해 동유럽국가들이 서독에 갖고 있는 공포와 두려움을 제거하는 것이었다.24) 그는 더 이상 동독을 고립시키지 않고 긴장완화의 구도에 끌어들일 것이나, 합법적인 국가로 인정하지는 않을 것이라고 했다. 그가 동독을 국가로 인정하지 않은 것은 합법적인 국가로 인정하면 동독이 외국이 되어 서독이 통일을 주장해야 할 명분이 사라진다는 것이었다.

브란트 장관은 1967년 1월 말 루마니아와 외교관계를 정상화하여 지금까지 외교정책에서 적용하던 할슈타인 독트린을 폐지했고, 동유럽 사회주의 국가로부터 서독이 독일을 대표하는 유일한 합법적인 국가로 인정받게 됐다. 루마니아에 이어 1958년 이후 국교관계가 단절됐던 유고슬라비아와도 외교관계를 정상화했다.

브란트 장관의 공격적인 외교정책에 방해가 되는 나라는 소련이었다. 소련은 적극적인 동방정책을 저지하기 위해 서독이 수용할 수 없는 내용, 즉 유럽에 존재하는 경계선을 인정하고 서베를린을 국가로 인정하며, 1938년에 체결한 뮌헨조약을 백지화하고25) 서독의 군국주

---

24) Texte zur Deutschlandpolitik, Bd.I, 13. Dezember 1966 - 5. Oktober 1967, (ed) Bundesministerium für Gesamtdeutsche Fragen, Bonn/Berlin 1968, pp.30-32; Borowsky, *Deutschland 1963-1969*, p.104.

25) 뮌헨조약은 나치 기간 히틀러의 강압과 무력에 의해 체고슬로바키아와 맺어진 조약으로 체코 영토 내에 있는 주데텐지방을 독일 영토로 인정한다는 내용이었다. 이 조약이 서독과 체코슬로바키아의 관계를 정상화시키는 데 최대의 장애물이었다. 체코슬로비아 정부는 이 조약은 처음부터 무효라고 강력하게 주장했다. Protokoll der Verhandlungen des Parteitag der Sozialdemokratischen Partei Deutschlands vom 17. bis 21. März 1968 in Nürnberg, (ed) Vorstand der Sozialdemokratischen Partei Deutschlands, Bonn, p.710; Archiv

의와 파시즘 행동을 중지하고 핵확산금지조약을 체결하며, 동독을 또 다른 국가로 인정할 것을 요구했다.26)

소련의 요구에 브란트 장관은 동유럽과 관계를 정상화하고 불신을 종식시키기 위해 경제협력과 기술교환을 활발히 진행시켜 양독이 평화공존의 시대에 함께 더불어 살 수 있는 정책을 계속 추진할 것이며, 무력 포기를 위해 노력하고 누구도 동독의 사회구조를 무력으로 파괴해서는 안 되며, 유럽의 긴장완화에 역행하는 정책은 없을 것이며, 또한 결코 동독을 고립시키지 않겠다고 밝혔다. 브란트 장관의 긴장완화정책은 미국은 물론 프랑스도 지원을 약속했고, 소련과 동유럽국가에게도 긴장완화를 위해 상호 경쟁이 아닌 동반자가 필요하다는 인식을 심어 주었다. 브란트 장관은 할슈타인 독트린을 탄력적으로 적용해 외교적 고립에서 벗어났고, 동유럽 사회주의 국가와 관계를 개선할 수 있는 계기를 마련했으며, 서독의 침략에 대한 공포와 두려움을 제거하는 데 도움을 주었다.27)

1968년 3월 뉘른베르크(Nürnberg)에서 열린 사민당 전당대회에서 브란트는 오더-나이세 경계선을 폴란드의 서부국경선으로 인정할 용의가 있다고 밝혔다. 곧바로 폴란드 공산당 의장 고물카(W. Gomulka)는 서독에게 국경선조약을 맺자고 제안했다. 브란트의 동방정책은 실제적인 면에서 소련 및 동유럽, 동독과 관계진전을 이루지 못했다. 이는 보수적 색채가 강한 기민당과의 연립정부에서 한계가 있었기 때문이다. 대연정 후반 무렵 브란트의 외교정책은 위기에 직면했는데, 이는

---

der Gegenwart 1968, pp.14001-14005.

26) Die Auswärtige Politik der Bundesrepublik Deutschland, (ed) Auswärtigem Amt unter Mitwirkung eines wissenschaftlichen Beirates, Köln 1972, pp.69-73.

27) Löwenthal, Vom Kalten Krieg zur Ostpolitik, pp.667-670.

기민당이 주장하는 할슈타인 독트린이 주된 요인으로 제3세계 국가와 외교관계에서 서독의 외교가 스스로 고립되게 됐다. 그러나 대연정은 이를 해결할 가능성을 가지고 있지 못했으며, 오히려 정책의 차이 때문에 브란트의 진보적인 동방정책은 방해를 받고 있었다. 그러나 이때 소련에서 위기 돌파를 위한 제스처가 시작됐고, 또 독일 사회는 정치·경제·사회분야에서 진보 성향의 사회적 분위기가 성숙됐다.

5. 야당 자민당의 통일정책

1958년 베를린통첩 이후 독일문제 해결을 위해 끊임없이 정책을 개발해 온 자민당은 1966년 대연정이 구성되면서 야당으로 전락하게 됐다. 정부·여당은 447석을 확보했으나 야당인 자민당은 불과 49석에 불과했다. 소수의 자민당은 위기에 처하고 고립을 면치 못하게 됐다. 당내에서도 의견의 통일이 이루어지지 않았고 개혁적인 정책을 제시하지도 못했으며 또한 전략적으로 여당에 강력하게 대응하지도 못했다. 결국 당은 무력감에 빠지게 됐다. 그러나 언제까지나 자민당이 무기력하게 있을 수는 없었다.

자민당은 당 이미지 변화와 개혁을 위해 젊은 세대로 교체가 불가피한 상황이었다. 당의 사고방식도 과거에는 자유·진보적 색채가 강했지만 이제는 좌익적 내용도 수용할 만큼 역량을 확대했다. 야당으로 있으면서 기민당과의 대화채널은 거의 단절됐지만 사민당과는 동방정책 이념이 거의 같아 계속 대화를 유지하고 있었다. 자민당이 사민당과 좋은 관계를 유지하고 있었지만 사민당 의원 모두가 자민당에

우호적이지는 않았다. 브란트 총재는 자민당에 우호적이었지만 베너와 슈미트 의원은 냉담했다.28)

소수당인 자민당은 야당으로 살아남기 위해서 정책개발에 심혈을 기울였다. 독일문제 해결에 깊은 관심을 가지고 있는 대표적인 의원으로 숄베어(W. Schollwer)와 쉬츠(W.W. Schütz) 등이 있었다. 1966년 12월 숄베어는 독일연방공화국이 독일을 대표하는 유일한 합법적인 국가라고 주장하는 것은 이제는 포기해야 하며, 폴란드와 독일 사이에 있는 오더-나이세 경계선을 폴란드 서부 국경선으로 인정해야 한다고 밝혔다. 그리고 동독을 국가로 인정하지 않으면 통일은 불가능하고, 동독과 함께 더불어 살 수 있는 방법을 찾아야 한다고 밝혔다. 자민당은 야당으로서 정부 정책을 반대하기 보다는 유럽안보 차원에서 서독정부는 물론 동독정부와도 의견을 교환할 용의가 있다고 밝혔다. 자민당의 적극적인 외교정책은 특히 동방정책에 대해 여당 내에서 기민당과 사민당 간의 정책이 상이하다는 것을 인정하고 동방정책에 대해 강한 의지를 가지고 있는 브란트 외무장관과 정책공조를 취할 가능성을 열어 놓았다.29)

1968년의 프라이부르크 자민당 전당대회(Freiburger Parteitag)에서 젊은 소장 학자인 다렌도르프(R. Dahrendorf)의 지원을 받아 쉘(W. Scheel)이 총재로 선출됐다. 당내에서 좌파로 불리는 다렌도르프는 적극적으로 동방정책을 추진해 독일문제를 해결해야 한다고 당 지도부에게 강력하게 요구했다. 당 총재 쉘은 동방정책에 대해 적극성을 보이기 시작해 사민당과 정책공조를 취했다. 동방정책에 대한 두 당의 의견 일치는 동유럽국가와의 외교관계 정상화를 위한 초석을 다지는

---

28) Borowsky, *Deutschland 1945-1969*, pp.356-358.
29) Baring, Arnulf: *Machtwechsel, Die Ära Brandt-Scheel*, Stuttgart 1983, pp.99-105.

계기가 됐다.30)

두 당의 관심사항 못지않게 사회적 분위기도 중요했다. 1968년 독일에서 일어난 학생운동은 자민당호를 순항시키는 바람을 불게 했다. 시민단체나 야당인 자민당에서 신좌파가 중요한 역할을 했다. 하지만 자민당은 시민단체와 연합하거나 협력하는 것을 경계했다. 왜냐하면 자민당은 경제정책에서 다른 당보다 장점을 가지고 있는데, 좌파적 성향으로 흐를 경우 경제인들과 관계가 멀어질 가능성이 있었기 때문이다.

자민당의 기본방침은 어디까지나 의회정치의 범위 내에서 야당의 신분에서 벗어나지 않으려고 했다. 그래서 갑작스런 변화보다는 지속적인 발전을 더 강조했다. 새로 선출된 쉘 총재는 당의 중요 부분의 인사를 단행, 젊고 진보적인 세대를 기용해 당체제를 일신했다. 이때 발탁된 인물이 겐셔(H. D. Genscher)와 뮐러(H. Müller)였다. 그리고 다렌도르프는 젊은 진보적인 학자로서 명성을 얻고 있었다. 그는 쉘 총재의 가까운 측근으로 당의 이미지 면에서 중요한 역할을 했다. 자민당은 사회적 여론을 반영해 보수적인 친기민당 분위기가 서서히 약화되기 시작했다. 반기민당 정서는 1969년 대통령선거에서 확연히 나타났다. 대통령선거에서 일부 의원은 기민당 후보인 슈뢰더를 지원했지만 당내 다수의견은 사민당의 하이네만을 지지했다.31) 자민당 지도부는 슈뢰더를 그의 경력에서 볼 수 있듯이 보수적인 인물로 평가했다. 1953~1961년 내무장관, 1961~1966년 외무장관으로 그의 장관 재임시절 대부분이 아데나워 시대에 해당되므로 구시대 인물로 평가했다. 그리고 외무장관 시절에도 동독과의 관계개선에 특별한 업적이 없는 것도 새 시대를 이끌어 갈 인물과는 거리가 멀다는 일반적인 평가였다.

---

30) Morsey, pp.97-103.

31) Baring, *Machtwechsel*, pp.100-102.

기민당 내에서도 자민당의 지지를 받기 위해 집요한 선거전을 펼쳤지만, 1969년 3월 서베를린에서 개최된 선거에서 하이네만이 기민당의 슈뢰더 후보를 물리치고 대통령에 당선됐다. 하이네만 당선은 자민당의 지지가 절대적이었다. 대통령선거에서 보여주었듯이 자민당은 비록 소수정당이지만 그 가치와 역할은 예측할 수 없었다.

사민당은 자민당의 새로 구성된 젊은 지도부에 대해 감사하고 있었고 하이네만의 당선은 분단 후 독일 정치사에서 변화가 시작되고 있다는 증거였다. 대통령선거 때 자민당과 사민당과 공조 분위기는 그해 가을 총선에서도 계속됐다. 사민당에서 베너와 슈미트가 자민당과의 공조와 연립정부에 반대하듯이 자민당에서도 전 총재 멘데가 사민당과의 연립정부 수립에 반대했다. 그래서 그는 자민당을 탈당해 기민당으로 당적을 옮겼다.[32]

6. 교회의 통일운동

서독 외교는 일방적으로 친서방정책을 취하고 동방정책을 소홀히 하여 동유럽 사회주의 국가들과 관계를 개선하지 못했다. 에르하르트 시대에 동유럽국가에 무역대표부를 교환해 경제교류 확대기반을 다져 놓았으나 동유럽국가의 관심사항을 고려하지 않은 관계로 정치적 접근은 이룩하지 못했다. 동유럽국가와의 관계개선에 가장 문제가 되는 것은 국경선 문제였다. 서독정부가 나치정권의 최대 피해국인 폴란

---

32) Borowsky, *Deutschland 1945-1969*, p.358.

드와 화해하지 못하고 있을 때 독일교회협의회(Die Evangelische Kirche in Deutschland: EKD)는 1965년 10월 1일 성명을 발표해 독일이 제2차 세계대전 동안 동유럽국가에 저지른 비인간적 행위에 대해 인정하고 화해해야 한다고 밝혔다. 독일의 침략행위는 동유럽 국민에게 재산피해는 물론, 부모형제 친인척과 생이별해야 하는 고통을 안겨 주었기 때문에 도덕적인 면에서 이 문제를 공개석상에서 토론할 필요가 있다고 지적했다.

이 성명문은 교회가 비정치적인 단체이지만 긴장을 제거하고 인간의 고통을 해소하는 데 적극적으로 참여할 수 있다는 것을 시사한다.33) 이로써 비정치단체인 종교단체가 분단극복에 동기를 부여하고, 베를린장벽 제거와 동서독 자유왕래 실현을 통해 분단을 최소화하는 데 기여했다. 이 성명은 폴란드와의 관계개선을 위해 오더-나이세 경계선을 폴란드 서부 국경선으로 인정해야 한다고 밝혔다. 이 성명문은 동방정책에 직접적인 영향을 미쳤는데, 서독정부가 더 이상 동유럽국가와 관계 개선하는 것을 소홀히 해서는 안 된다는 것이었다.34) 독일 교회의 성명문은 사회 각계각층에 영향을 미쳤는데, 언론에서는 이 성명이 시사하는 바를 널리 공개하고 동유럽과의 관계개선을 위해 오더-나이세 경계선을 폴란드 서부 국경선으로 인정하라고 했다.

이 성명의 영향으로 서독정부는 1966년 3월 25일 발표한 평화선언문에서 동유럽과 관계를 개선할 용의가 있으며, 이를 위해 제2차 세계

---

33) Die Lage der Vertriebenen und das Verhältnis des deutschen Volkes zu seinen östlichen Nachbarn - eine evangelische Denkschrift, in: Die Denkschrift der EKD, Texte und Kommentar von Karl-Alfred Odin, Neukirchen 1966, pp.64-69.

34) Raiser, Ludwig: Deutsche Ostpolitik im Licht der Denkschrift der Evangelischen Kirche, in: Europa-Archiv 1966, pp.200-207.

대전 이후 설정된 유럽의 경계선을 국경선으로 인정할 용의가 있다고 선언했다. 그리고 서독정부는 세계평화를 위해 모든 나라와 협력하고, 군비축소와 긴장완화를 위해 협상할 용의가 있다고 밝혔다.[35]

교회에는 크리스마스이브에 창가에 촛불을 켜는 전통이 있다. 이 전통은 시대와 사건에 따라 의미가 변했다. 이 운동은 기독교단체에서 제안해서 시행된 것이 아니고, 1948년 베를린봉쇄령 때 베를린이 고립되지 않고 독일이 통일하는 데 베를린이 주도적인 역할을 해야 한다고 제안하면서 전국적인 국민운동으로 전개됐다. 이 운동은 베를린에서 시작됐지만 지역과 시간을 초월하여 독일 현대사에서 국가적 중대사와 함께했다.

촛불운동이 냉전체제와 관련됐던 것은 1948년 베를린봉쇄령과 1958년 베를린통첩 때였다. 이때 내건 슬로건은 "베를린이 냉전의 고립된 도시에서 해방돼야 한다"는 것이었다. 그리고 또한 독일 땅에서 자유로운 삶의 보장을 간절히 염원했다. 1954년과 1956년의 촛불운동은 1953년 6월 동베를린 민주화운동 1주년을 기념하고, 1956년은 헝가리 자유화운동을 기념하기 위해 진행됐다. 이때 촛불운동은 독재정권에서 억압받은 국민이 해방되어 자유로운 생활을 영위하도록 간절히 기원했다.

시간이 지나면서 이 운동은 서독뿐 아니라 동독으로 확산됐다.[36] 동독의 슈트라우빙 교회는 촛불 켜기를 통일운동으로 전국적으로 확

---

35) Note der Bundesregierung vom 25. März 1966 zur deutschen Friedenspolitik, in: Europa-Archiv 1966, pp.171-175.

36). Meyer, Christoph: *Die deutschlandpolitische Doppelstrategie, Wilhelm Wolfgang Schütz und das Kuratorium Unteilbares Deutschland (1954-1972)*, Lech 1997, pp.305-310.

대했다. 동독에서 민간운동으로 확산되자 서독 교회는 통일은 당장 불가능하기 때문에 실현 가능한 현실적인 운동으로 이산가족 상봉을 주제로 설정했다. 이리하여 촛불운동은 크리스마스이브 7시에 동서독이 동시에 촛불을 밝히기로 했다. 촛불운동은 동서독에서 동시에 일어났다. 이 운동은 분단 극복을 위해 정치권이 아무 것도 하지 못할 때 교회가 주최가 되어 전국적인 민간운동으로 확산됐다. 이 운동은 사회여론을 고조시켜 정부가 냉전문제 해결에 대한 의지와 관심이 없다고 비난을 가하게 됐다. 그 결과 정부는 물론 야당도 독일문제에 깊은 관심을 가지고 정책을 개발하게 됐다.37)

7. 무력포기 선언

키싱거 수상도 에르하르트 수상과 마찬가지로 무력포기에 많은 관심을 가지고 있었다. 그는 유럽의 평화정착을 위해 동유럽국가들과 대화할 용의가 있다고 밝혔다. 이에 대해 소련은 즉각적인 반응으로 서독이 동유럽국가에 확실한 신뢰를 주기 위해 동독과 무력포기 협정을 체결할 것을 요구했다. 이러한 입장은 소련이 서독의 무력포기나 평화협정에 대해 불신하고 적대적이어서 강경 입장을 견지해 왔으나, 이제 유연한 자세로 전환하기 시작했다는 증거였다.38)

---

37) *Ibid.*, pp.306-311.

38) Regierungserklärung des Bundeskanzlers vor dem Deutschen Bundestag am 13. Dezember 1966, in: Außenpolitik der Bundesrepublik Deutschland, Dokumente vom 1949 bis 1994, (ed) Auswärtiges Amt, Bonn 1995, pp.299-309.

서독은 무력포기는 물론 모든 문제를 동독과 협상을 통해 해결하기 위해 동독을 무력포기 협상의 테이블로 끌어들이려 했지만, 동독은 아직 대화할 자세가 갖추어지지 않았다. 동독은 서독에 나치 잔존세력이 존재한다고 믿고, 서독이나 서베를린 시민의 대부분이 신나치주의 사고를 가지고 있다고 보았다. 동독은 나치 사상이 동독에 침투되는 것을 차단하기 위해 서독 연방의회 의원들이 동독 영토를 통과하는 것에 반대했다.

서독은 경제적 힘을 활용해 동유럽에서 동독의 입지를 약화시키려 했으나 사회주의 국가의 공동연대 때문에 이를 실현하지 못했다. 동유럽국가들은 지역에 따라 독일에 대한 인식이 달랐다. 남유럽국가(헝가리, 루마니아, 불가리아)는 지리적·역사적으로 국경선을 접하지 않아 독일에 대한 두려움이 없었다. 헝가리는 독일과 외교관계를 수립하게 되면 여러 면에서 최대한 잇점을 활용할 수 있었다. 경제적인 이유에서 국교정상화를 희망하고 있었지만 바르샤바조약 회원국이기 때문에 소련과 동독의 눈치를 보지 않을 수 없었다. 헝가리와 불가리아가 소련의 눈치를 보고 있었지만 루마니아는 다른 입장이었다. 루마니아는 전통적으로 친프랑스 외교를 견지하는 국가였다. 루마니아는 프랑스의 외교적 입지가 강화되고 미·소 중심의 냉전체제가 이완될 조짐이 나타나자 독일과 외교관계를 수립했다. 루마니아는 소련의 독단적인 외교정책의 그늘에서 벗어났으며 서유럽과 정치·경제교류 확대의 길을 열어 놓았다.[39]

북쪽의 사회주의 국가(소련, 폴란드, 동독, 체코슬로바키아)는 독일문제에 대해 민감하게 반응하고 있었다. 그것은 독일문제가 나라의 운명

---

[39] Bender, pp.39-45.

과 직결됐기 때문인데, 이는 역사적으로 증명된 것이었다. 제2차 세계대전은 독일의 국력이 강해지면 주변국가의 피해가 어떤가를 적나라하게 보여주었다.

동유럽의 관심사항을 보면 소련은 독일연방공화국이 무력과 핵무기 포기선언, 폴란드는 오더-나이세 경계선을 국경선으로 인정받고 독일의 사죄를 받아내는 것이었다. 동독은 합법적인 국가로 인정받아 국가의 위상을 격상시키는 것이었다. 체코슬로바키아는 히틀러의 강압에 의해 체결된 뮌헨조약을 무효화하고 주데텐지방을 체코의 영토로 예속시키는 것이었다. 서독정부는 이들 국가의 요구사항을 단호히 거절했다. 동유럽의 공통적인 관심사는 유럽의 현 상태를 인정하고 유럽에 존재하고 있는 경계선을 국경선으로 인정하는 것이었다. 바로 이것이 독일의 침략에서 벗어날 수 있는 유일한 방법이라고 생각했다.[40]

에르하르트 수상과 슈뢰더 외무장관은 독일통일 전까지 무력의 위협에서 해방되기 위해 동독과 불가침조약을 체결하려고 했다. 소련이 1967년부터 무력포기 협정을 고집한 것은 유럽의 동서 경계선을 인정하고 동독의 국가 존재를 확인하고자 하는 것이었다. 소련의 목적은 이 조약을 통해 독일제국의 과거 영토 반환에 대한 요구를 박탈하고 주변 국가의 독일에 대한 두려움을 제거하는 것이었다. 소련의 무력포기 협정은 유럽의 현 상태를 인정하고 주변 사회주의 국가들의 기본 요구사항도 충족해 주어야 하므로 우선 오더-나이세 경계선을 폴란드 서부 국경선으로 인정해야 했다. 이 문제에 대해 독일 국내에서 여론은 너그럽지 못했다. 일부 진보적인 인사들만 오더-나이세 경계선을 인정하자고 요구했다. 보수적인 기독교연합의 키싱거 수상과 브란트

---

40) *Ibid.*, pp.39-40.

외무장관은 각각 다른 의견이 달랐다.[41]

    소련은 독일의 현 정권이 유럽의 현 상태를 인정하고 긴장완화정책을 추진할 의사가 없다고 보았다. 대화가 중단된 후 키싱거 수상은 소련의 무력포기 협정을 재검토하고 재대화를 시도했지만, 정권의 기간이 얼마 남지 않아 소련이나 독일 모두 공동의 의견을 조성할 수 있는 시간적 여유가 없었다. 키싱거는 소련의 변함없는 태도는 무조건 독일의 굴복만을 요구하고 있다고 비난했으며, 브란트 외무장관은 소련의 외교 기본노선은 과거나 현재나 변함이 없다고 지적했다.

    폴란드는 기민당과 사민당의 대연합은 양국 간 관계향상에 크게 기여할 것이라 기대하지 않았고, 다음 정권이 교체되면 양국이 현안 문제에 대해 협의할 수 있을 것이라고 믿고 다각도로 정책을 검토했다. 폴란드는 오데-나이세 경계선을 국경선으로 인정받기 위해 동독과의 일방적인 관계 의존도에서 벗어나 서독과도 협상할 준비를 했다.

    대연정 기간 동독과의 관계는 노력에 비해 큰 성과 없이 끝났다. 양국의 관계도 향상되지 않았으며 양 국민 간에 이질감을 극복하는 데도 큰 진척이 없었다. 야당인 자민당은 동독을 대화로 끌어들일 수 있는 여러 가지 정책을 제시해 동독을 국가로 인정하는 것까지도 고려했지만, 키싱거 수상의 대 동독관은 기민당의 기본노선에서 크게 벗어나지 않았다.

---

41) Rede des Bundesministers des Auswärtigen, Willy Brandt vor der Beratenden Versammlung des Europarats in Straßburg über Entspannungspolitik in Europa, 24. Januar 1967, in: Aussenpolitik der Bundesrepublik Deutschland, pp.305-306.

8. 할슈타인 독트린의 약화: 루마니아와의 외교 정상화

동독은 경제정책의 실패를 적극적인 국내정치와 활발한 외교정책의 성공을 통해 분위기를 반전하고자 했다. 1965년 2월 울브리히트는 이집트를 방문해 이집트와 외교관계를 정상화했다.[42] 그는 국가원수로 대우받아 동독의 위상이 제3세계 국가에서 강화됐다는 것을 적극 홍보했다. 동독과 이집트의 관계는 이집트를 발판으로 제3세계 외교를 적극 추진할 수 있을 뿐만 아니라 아랍세계와의 외교에서 유리한 위치를 점하게 됐다. 그 해 여름 유고슬라비아의 티토 대통령이 동베를린을 방문해 양국의 유대를 다시 한 번 확인했다. 동독은 활발한 외교활동을 통해 입지를 강화했고 국교를 수립한 국가는 계속 증가했다.[43]

그러나 동독이 외교관계를 수립한 국가는 1965년까지 12개에 불과했고 대부분이 사회주의 국가였다. 그리고 영사관이나 상업대표부를 교환한 국가는 18개국, 무역대표부나 국립은행의 지사를 파견한 지역은 13개국이었다. 대사관이 파견된 지역은 대부분 동유럽의 사회주의 국가라면, 국립은행 지점이나 무역대표부가 파견된 지역은 서방세계로 동독 외교의 한계점을 보여주었다.[44]

---

42) 동독은 서방세계로부터 정식국가로 인정을 받지 못하자 제3세계 국가에 적극적인 외교정책을 추진하였다. 이집트 나세르 대통령은 비동맹국가에서 지도적인 위치에 있었는데 동독은 1955년부터 이집트와 우호적인 관계를 유지하였다.

43) Weber, *Geschichte der DDR*, pp.363-364.

동독의 외교는 동유럽의 사회주의 국가로 부분적이지만 성공적이었다. 그러나 서독과 관계를 개선하기 위한 정책의 변화는 1966년까지 한 번도 없었다. 그나마 양국관계에서 큰 변화라면 1963년에 체결된 베를린방문 협정이 전부였다.

동독이 제3세계 국가와 외교관계를 확대하자 서독도 동유럽 사회주의 국가와의 관계개선이 필요했다. 사회주의 국가와 제일 먼저 국교를 정상화한 것은 루마니아였다. 루마니아와 서독의 국교 정상화는 동유럽 사회주의 국가로부터 서독이 독일을 대표한다는 것을 인정받은 것이다. 이는 동독의 울브리히트 체제가 사회주의 국가 내에서조차 인정받지 못한다는 것을 의미한다. 서독과 루마니아의 외교관계가 정상화됐을 때 소련은 도미노현상을 우려해 폴란드, 동독과 공동으로 바르샤바국가의 공동연대를 강화했다.45)

동독은 울브리히트 독트린을 발표해 사회주의 국가가 서독과 국교를 정상화하는 것에 반대했다. 소련은 심리적으로 불안해하고 있는 동독을 안정시키기 위해 1964년 소련과 동독이 맺은 우호조약의 모델에 의해 동유럽국가들이 동독과 우호조약을 체결할 것을 강요했다. 1967년 3월 제일 먼저 폴란드와 체코슬로바키아가 동독과 우호조약을 체결했고, 뒤이어 헝가리와 불가리아도 조약을 체결했다. 이 조약이 체결됨으로써 동독은 사회주의 국가 내에서 다른 국가들과 똑같은 대우를 받게 됐고, 사회주의 국가들은 동독의 통일정책과 베를린정책을 지지했다.46)

---

44) *Ibid.*, p.364.
45) Görtemaker, *Kleine Geschichte der Bundesrepublik Deutschland*, p.187; Pfetsch, pp.156-158.
46) Rauch, pp.544-549.

서독과 사회주의 국가들의 관계는 소련과 동독의 방해 때문에 유고슬로비아와 루마니아의 관계 정상화로만 끝나게 됐다. 소련은 국제사회에서 동독을 고립시키지 않고 우방체제를 강화했지만, 헝가리와 불가리아는 형식적으로 소련의 요구에 순응했을 뿐 자국의 경제적 이익을 위해 서독과 관계를 개선할 기회를 찾고 있었다. 헝가리와 불가리아는 전통적으로 자원이 빈약한 국가로 해외에서 원자재를 수입해 자국에서 가공해서 외국에 수출해 국가의 수입을 늘렸다. 이들 나라는 국제사회에서 경쟁력 강화를 위해 서방의 기술과 자본을 자국으로 끌어들여 기술을 향상시키고 시설을 투자하여 경제구조의 변화를 도모하고 있었다.[47]

서독은 대연정 기간에 소련과 관계를 향상시키지는 못했지만, 1967년 가을부터 새로운 가능성이 나타나기 시작했다. 소련은 공식 외교문서를 통해 무력포기 협정에 관해 의견을 교환하자고 제의했다. 서독은 이를 긴장완화를 위한 기회로 생각하고 소련과 대화를 준비했으나 1968년의 체코슬로바키아 사건으로 의사교환이 중단됐다. 체코에서 일어난 민주화운동은 소련의 외교정책에 중대한 영향을 미쳐 더 이상 서방세계와 관계를 개선할 여력이 없었다. 동유럽 사회주의 국가체제의 안정과 주변국가들의 동요를 염려했다.

9. 68학생운동

독일에서는 1960년대부터 전통으로 이어져 오는 부활절 시위행진

---

47) Görtemaker, *Kleine Geschichte der Bundesrepublik Deutschland*, pp.187-189.

이 있었다. 이 행사에는 노선을 가리지 않고 기독교인, 평화주의자, 사회주의 그룹이 참가했다. 이 운동이 처음 시작된 1960년은 1천 명이 참가했는데, 그 이듬해에는 2만 명, 1962년과 1963년에는 5만 명이 참가했다. 1964년에는 처음으로 10만 명을 넘어 부활절 시위가 전국적으로 자리를 잡아 가고 있었다. 1967년의 부활절 시위는 15만 명이 참가했다. 부활절 시위는 지식인, 노동조합, 회사원, 청소년, 대학생 단체 등이 참가해 반핵운동 서명을 추진했고, 나중에는 핵무장뿐만 아니라 소모적인 군비경쟁에 강하게 반대했다. 1962년의 부활절 시위는 핵무장 반대라는 이미지를 심어 주었고, 그 다음 해부터는 강력하게 군비 축소를 요구하기 시작했다. 이 시위는 여러 계층으로 확대돼 기독교 청소년단체, 사회주의적 성향의 청소년단체, 징집반대자, 공산주의자들까지 참여했다. 여러 계층이 참가함에 따라 시위운동의 순수함을 찾아볼 수 없게 되자 사민당과 노동조합은 공산주의적 성향으로 기우는 것을 염려하기 시작했다.[48]

재야운동 단체로는 '부활절 시위' 외에도 '사회주의 독일학생연합'(SDS)이 있었다. 이 단체는 사민당과 밀접한 유대관계를 맺고 사민당의 지원을 받고 있었다. '사회주의 독일학생연합'은 어느 재야단체보다 이론적으로 잘 정비돼 있어 활동력과 능력을 인정받고 있었다. 이 단체는 반핵이나 군축에서 벗어나 1960년대 독일이 처한 정치·경제적 위기를 극복할 수 있도록 사태를 제대로 파악하는 데 주안점을 두었다. 이 단체는 독일사회가 안고 있는 여러 가지 문제를 지적했다. 그리고 서유럽의 민주주의가 현실적이지 못한 점에 대해서도 비판을 서슴지 않았다.[49]

---

48) Borowsky, *Deutschland 1945-1969*, pp.318-320.
49) Thränhardt, pp.178-179.

재야단체와 학생운동은 민주주의 선진국 미국이 저지른 베트남전쟁을 공격적으로 비판했다. 미국이 치르고 있는 베트남전쟁은 서유럽 민주주의의 전통인 자유와 자치권을 침해하는 것이라고 비판했다. 그 밖에도 미국이 아시아, 아메리카, 아프리카 식민지 해방운동을 억압하면서 오히려 독재정권을 지원하고 있다고 미국 국제정치의 기본성향을 문제 삼기 시작했다. 학생운동은 독일이 미국의 비민주적인 정책을 지지하고 있는 점에 대해서도 우려를 표명했다. 이러한 문제를 극복하기 위해 잘못된 정책을 시정하고 새로운 방향을 설정할 것을 주장했다.

1968년 혁명의 발단은 1967년 여름 팔레비(M.R.S. Pahlewi) 이란 국왕과 그의 부인 디바(F. Diba)가 베를린을 방문하면서 시작됐다. 그는 1967년 5월 27일부터 6월 4일까지 독일을 방문했다. 팔레비가 행한 비민주적인 정치행위, 즉 야당탄압과 독재행위 때문에 독일에 살고 있는 그의 반대자들의 반발과 저항이 충분히 예상되는 일이었다. 경찰은 팔레비의 안전한 보호를 위해 도로를 차단하고 강경진압을 준비했다.

팔레비가 6월 2일 베를린을 방문했을 때 이란의 비밀경찰이 동원한 이란인 박수부대가 베를린 쇠네베르크 시청(Schöneberg Rathaus)과 오페라하우스 앞에서 왕을 환영했다. 그러나 이때 팔레비 열광주의자와 팔레비를 반대하는 독일 학생 및 이란의 야당세력 간에 충돌이 일어났다. 팔레비와 그의 부인 디바가 오페라 '마적'을 관람하고 있을 때 경찰과 데모 군중 사이에 충돌전이 벌어졌는데, 경찰이 쏜 총에 맞아 26세의 대학생 오네조르크(B. Ohnesorg)가 사망했다. 이 사건이 군중시위와 국가권력 간 충돌의 서곡이 됐다. 국가 폭력사건의 결과 베를린은 비상사태 수준까지 가게 됐고, 베를린시 경찰청장이 사퇴하고 뒤이어 시 내무장관, 마지막에는 시장 알베르츠(H. Albertz)까지 물러나는 결과를 초래했다.[50]

학생운동의 최고점은 1968년 4월 11일의 부활절 시위 때 베를린 시내 쿠르피어스텐 담(Kurfürsten Damm)에서 23세의 바크만(J. Bachmann)이 두취케(R. Dutschke)를 저격하면서 시작됐다. 두취케는 독일 학생운동연합의 이론가로 학생운동의 중심인물이었다. 두취케는 중상을 입고 사망했다. 저격범 바크만은 두취케가 공산주의자이고, 자신은 공산주의자를 증오하기 때문에 저격했다고 사실을 시인했다. 두취케 저격사건은 매스컴을 통해 전국적으로 알려졌다. 이 사건을 계기로 1968년 '부활절 시위운동'은 서베를린의 학생단체와 재야단체는 물론, 서독 전역에서 두취케 저격사건을 규탄하는 집회가 됐다.51)

1967년 오네조르크가 사망하고 학생운동이 전국적으로 확산되자 언론 그룹 '악셀 슈프링거'(Axel Springer)는 학생운동을 좌익과 민주주의 반대세력이 선동하는 것이라며 매우 비판적으로 사건을 보도했다. 학생들은 기사를 호도한 '슈프링거'사의 비민주적인 행동을 비판하고, 이 언론그룹에서 발행하는 <빌트>(Bild)지의 수송을 저지했다. 1968년 두취케 사망 후 학생과 재야운동 단체는 독일 전역의 도시에서 두취케 사망을 규탄하는 시위운동을 전개했다. 학생과 재야세력의 시위대는 바리케이드를 설치해 뮌헨에 있는 슈프링거사의 진입로를 막아 버렸다. 이곳에서 경찰과 시위대의 격렬한 몸싸움과 투석전이 벌어졌고, 32세의 사진기자 프링스(K. Frings)와 24세의 학생 슈렉(R. Schreck)이 심한 부상을 입고 사망했다.

경찰이 비상사태법을 통과시키기 위해 학생운동을 강압적으로 탄압한 것도 하나의 이유였다. 학생들은 비상사태법 제정은 물론 현재의 우익성향 정치행태에도 깊은 우려를 갖고 시위를 했는데, 시간이 지나

---

50) Borowsky, *Deutschland 1945-1969*, pp.322-323
51) *Ibid.*, p.323.

독일 68학생운동의 지도자인 두취케와 사회학자 다렌
도르프가 1968년 1월 프라이부르크에서 토론하는 장면.

고 노동조합과 재야세력이 지원하면서 운동은 전국으로 확산됐다. 시위가 점점 더 격렬해지고 전국적으로 확산되자 키싱거 수상은 무장한 좌익세력이 민주정치 질서를 파괴하려는 움직임이라며 강경하게 대처할 것이라고 경고했다. 그리고 학생들에게는 자유민주 정치질서를 유지하는 데 조력할 것을 부탁하고 무력을 선동하는 행위를 자제할 것을 부탁했다.

내무장관 벤다(E. Benda)는 폭력화된 시위운동을 순수 학생운동으로 보는 것은 잘못된 판단이며, 그 중심에는 '사회주의 독일학생연합'이 있다고 보았다. 내무장관은 '사회주의 독일학생연합'을 위헌집단으로 규정하고 이 단체의 활동을 금지할 것이라고 선언했다. 순수 학생운동 참가자들은 이 단체와 일정 거리를 두면서 서서히 이탈해 가자 과격론을 주장하던 '사회주의 독일학생연합'은 고립됐다. 서서히 학생운동의 존재 명분이 사라지자 극좌적 성향을 가진 학생은 다음에 창당된 독일공산당에 가입했고, 온건한 중도적 성향의 학생은 나중에 사민당과 자민당이 연립정부를 구성하자 사민당에 입당해 의회민주주의 질서를 존중하면서 이에 순응했다.52)

10. 국제정치의 변화: 프랑스의 나토 탈퇴

1966년 7월 1일 프랑스의 나토 탈퇴는 나토의 위기였고, 국토가 분단된 서독의 외교·안보 역시 어려움을 겪게 됐다. 에르하르트 수상과 슈뢰더 외무장관은 드골 대통령과 대화를 통해 문제를 해결하려고 했으나, 드골은 이들이 '애틀랜틱파'로서 친미적 외교를 주장하고 있었으므로 냉담한 반응을 보였다. 프랑스가 나토에서 탈퇴하면 독일에 주둔하고 있는 프랑스군이 철수해야 하는데, 서독은 안보 차원에서 프랑스군을 서독에 주둔시켜야 했다. 슈뢰더는 이 문제를 해결하기 위해 드골과 여러 번 대화를 시도했으나 만족할 만한 합의점을 찾아내지 못했다. 이 문제는 대연정의 키싱거 수상과 브란트 외무장관이 해결해야 할 과제로 남게 됐다.

브란트 장관은 프랑스군 주둔문제를 해결하기 위해 취임 후 제일 먼저 프랑스를 방문했다. 이는 프랑스가 독일 외교에서 그만큼 중요하다는 것을 의미하며, 양국의 공동협력이 유럽문제를 해결할 뿐만 아니라 독일문제 해결에도 긴요하다는 것을 뜻하는 것이다. 브란트는 1958년 서베를린 시장 취임 때부터 드골 대통령과 가까운 친분을 유지하

---

52) *Ibid.*, p.325.

고 있었다. 베를린이 연합국의 통제 하에 있었기 때문에 미국, 영국은 물론 프랑스와도 우호적인 관계가 필요했다. 브란트는 프랑스의 절대적인 지지와 도움이 있어야 독일문제가 해결된다고 판단하고 프랑스의 역할을 높이 평가했다.[53]

브란트는 드골과 담판하여 프랑스군이 독일에 계속 주둔한다는 약속을 받아냈다. 나토조약의 협약과는 별도로 4개 연합국의 협정에 따라 주둔하게 된 것이다. 그러면서도 브란트는 안보의 중요성 때문에 프랑스보다는 미국에 높은 비중을 두었다. 키싱거와 브란트 내각은 외교정책에서 미국 다음으로 프랑스를 독일 안보의 중요한 파트너로 인정하고 예우했다.[54]

사민당의 원내총무 슈미트는 프랑스의 중요성을 강조하는 정책의 입안자였다. 그가 프랑스의 중요성을 강조한 데는 프랑스가 독일의 주변국가인 폴란드와 전통적인 우호관계를 유지하고 있고, 루마니아를 비롯한 동유럽의 사회주의 국가들과 외교적 관계를 활발히 하고 있기 때문이었다.

동유럽의 사회주의 국가들은 서독이 군사적으로 강해지는 것을 두려워했고 제2차 세계대전의 패배를 극복하기 위해 동유럽국가에 복수하지 않을까 하는 두려움을 떨쳐 버릴 수 없었다. 그러나 서독은 동유럽국가와 외교관계가 없기 때문에 이를 대변해 줄 수 있는 유일한 국가가 프랑스라고 믿고 있어 프랑스와의 관계를 이전의 에르하르트-슈뢰더 시대보다 더 강화할 필요성이 제기됐다. 그리고 프랑스와의 관계를 통해 독일의 외교에 '보복주의'가 존재하지 않는다는 것을 증명할 수 있었다.

---

53) Brandt, *Erinnerungen*, pp.243-245.
54) *Ibid.*, pp.249-251.

슈미트 원내총무의 제안에 대해 당 총재이며 외무장관인 브란트는 "프랑스와의 관계개선을 위해 모든 생각과 지혜를 총 동원해 위기의 시대를 극복할 것"이라고 선언했다. 브란트는 드골의 재임기간에 그가 심혈을 기울이고 있는 유럽통합은 실현하지 못하겠지만 통합을 위해 최대한 진적을 이루어 내겠다고 다짐했다. 유럽에서 분단이 극복되고 통합이 이루어지면 그 연장선에서 독일의 통일이 이루어진다고 보았다.55)

드골은 독일을 프랑스 외교의 동반자로 삼기 위해 에르하르트 시절보다 더 적극적으로 파트너의 필요성에 대해 설명했고, 독일의 지지를 요청했다. 프랑스는 유럽문제에 대해 지리·군사·정치적인 면에서 중요한 위치와 역할을 하고 있지만, 이른바 앵글로색슨족이라 불리는 미국과 영국의 견제를 받고 있었다. 유럽문제의 핵심인 독일문제, 즉 독일통일에 대해서도 미국과는 입장차이가 있고 접근방법도 달랐다. 프랑스는 유럽의 경계선과 군축문제에 대해 준비된 정책을 가지고 있었고 강력하게 프랑스만의 목소리를 냈다. 프랑스는 유럽이 주체가 되어 유럽문제를 해결하기 위해 동유럽국가와 정상회담을 통해 상호 이해관계를 조율하면서 외교적 입지를 서서히 확대했다. 1967년 드골의 바르샤바 방문은 독일과 약간의 오해가 있었으나 합리적인 유럽인의 사고에 의해 곧바로 해결됐다. 폴란드는 오더-나이세 경계선을 국경선으로 인정받아 독일이 군사·외교적으로 강해졌을 때 이 문제를 재론하는 일이 없도록 하고자 했다. 독일과 폴란드의 경계선은 1945년 독일이 제2차 세계대전 직후 독일의 동의 없이 결정됐기 때문에 언젠가는 재론할 수 있는 소지가 있었다. 드골 대통령은 오더-나이세 국경선

---

55) Hilldebrand, pp.74-76.

은 포츠담협정에 의해 결정됐기 때문에 시간이 지나고 상황이 바뀌어도 계속 유효하다고 폴란드의 요구를 확인시켜 주었다.

독일에서는 오다-나이세 경계선을 폴란드 서부 국경선으로 인정하는 것에 대해 찬반 논란이 상존하고 있어 정치권에서 쉽게 결정하지 못했다. 드골은 폴란드와 독일의 관계를 고려해 어려운 입장이었지만 이 경계선을 국경선으로 인정해 독일의 보수적인 국민과 언론의 비판 대상이 되었다. 드골은 '유럽의 전후문제'는 포츠담협정에서 체결한 내용을 준수해 현 상태를 인정해야 유럽의 평화가 정착되고 독일문제도 해결된다는 생각에 변함이 없었다. 유럽의 평화와 안정을 위해 독일과 프랑스는 이 문제를 가지고 외교적 마찰로 비화시키지는 않았다. 독일문제와 베를린문제 해결을 위해 프랑스의 도움과 협조가 필요한 독일은 드골의 결정을 큰 유럽의 그림을 위해 현명한 판단으로 받아들였다.56)

그러나 드골은 동독을 국가로 인정하는 것에는 단호히 반대했다. 그가 1966년 6월 소련을 방문했을 때 소련은 동독을 국가로 인정할 것을 요구했으나 끝까지 거절했다. 드골은 독일과의 관계를 고려해 동독에 대해서는 냉정하게 행동했다. 동독은 과거 프로이센의 영토에 자리를 잡고 있고, 이들 스스로 프로이센의 후손이라고 주장했다. 근대 초기에 강대국으로 성장한 프로이센은 독일을 통일해 비스마르크가 프랑스를 굴복시켰고, 제1차 세계대전을 일으켜 유럽의 정치질서와 평화를 파괴하고 불안과 위협으로 빠져들게 했던 것이다. 드골은 프랑스와 유럽이 겪은 과거의 역사 때문에 프로이센에 대해 부정적 시각을 가지고 있어 이 국가의 후손을 자처하는 동독을 좋은 시각으로 볼 수

---

56) Pressekonferenz des französischen Staatspräsidenten, Charles de Gaulle, am 4. Februar 1965, in: Europa-Archiv 1965, p.D.94-97.

는 없었던 것이다.

11. 프라하의 봄 : 동·서독 외교의 재고

　대연정 기간 브란트 외무장관은 소련 및 동유럽과 긴장관계를 완화하고 무력포기를 위해 협상하며 동독과 대화를 통해 실제적인 문제를 해결하려고 했지만, 소련과 동독의 반대에 부딪쳐 실현하지 못했다. 소련은 서독이 동유럽에 우호적일 때마다 신나치주의니 보복주의니 군국주의니 하며 흑백선전을 통해 서독과 동유럽국가의 관계가 호전되는 것을 저지했다. 이는 서독정부와 야당 평화주의자들의 활동영역을 축소시켰으며, 또 대연정의 긴장완화정책을 곤궁으로 몰아넣었다.
　소련은 서독을 평화를 파괴하는 국가로 규정하고 동유럽의 사회주의 국가들이 일치단결해서 서독의 군국주의 침투를 저지하자고 호소했다. 그러나 자유를 추구하고자 하는 인간의 욕망은 표출될 수밖에 없다. 1968년 1월 체코슬로바키아에서 당의장 노보트니(A. Novotny)가 물러나고 두브체크(A. Dubcek)가 선출됐다. 두브체크와 개혁주의자들은 국가제도, 경제, 문화분야에서 혁신적인 변화를 요구했다. 이에 대해 두브체크는 표현의 자유와 노동조합, 문화단체의 자치권을 최대한 보장하겠다고 약속했다. 프라하에서 민주화운동이 시작됐을 때 소련은 사태를 수습하기 위해 경제생활 수준의 향상을 약속했다. 정치분야의 개혁은 미흡했지만 체코슬로바키아 공산당이 국가와 사회에서 지도적인 임무를 계속 수행하는 데는 변함이 없었다. 그러나 국민들은 정치개혁이 미흡해 끊임없이 개혁을 요구하게 됐으며 대규모 시위로 확산됐다. 소련의 지도부는 프라하 민주화운동이 폴란드와 동독으로 확산될 가능성을 배제하지 못해 서서히 위기의식을 느끼기 시작했다. 이 민주화운동이 동독과 폴란드로 확산되면 사회주의 국가의 결속이 무너지고 공산당의 지도적 역할은 심대한 타격을 받게 된다.[57]

프라하 민주화운동이 계속 확산되자 소련은 바르샤바조약군과 동독군대를 프라하에 파견해 민주화운동을 무력으로 진압하고 체코슬로바키아의 개혁적인 지도자 두브체크를 강제 해임했다. 그 결과 인간성 회복을 위한 자유운동의 확산은 끝나게 됐다.[58] 소련은 프라하 민주화운동 무장진압 이유를 서독의 제국주의가 개혁이라는 이름으로 체코슬로바키아 정권을 전복시키려 하기 때문에 피할 수 없는 선택이라고 변명했다.

대연정의 적극적인 동유럽정책은 프라하 민주화운동의 무력진압으로 잠시 소강국면에 빠져들었다. 무력진압은 자유를 추구하고자 하는 인간의 욕망과 의식을 억압할 수 없었다. 소련과 위성국가는 프라하 민주화운동을 무력 진압하여 유혈사태를 일으켰다는 것에 대해 외교적·정치적·도덕적으로 무거운 부담을 떨쳐 버리지 못하게 됐다. 소련은 프라하 사태를 정치적으로 합리화하기 위해 브레즈네프 독트린(Breznew Doktrin)을 선언했다. 브레즈네프 독트린은 사회주의 국가의 주권을 보호하기 위해 사회주의 국가 간에 국제적 연대를 통해 소요사태를 진정시키고 사회주의 국가체제를 유지하기 위해 군사적 도움을 의무화한다는 것이었다.[59]

---

57) Mahnke, Hans Heinrich: Die Deutschland-Frage im Lichte des polnisch-sowjetischen vom 8. April 1965, in: Europa-Archiv 1965, pp.591-595.
58) Borowsky, *Deutschland 1963-1969*, pp.351-360.
59) *Ibid.*, pp.351-353.

프라하 민주화운동이 소련의 무력진압으로 유혈사태로 종식되고, 브레즈네프 독트린을 선언한 후 서독정부와 여당에서는 의견이 양분화됐다. 기독교연합의 소수파는 특히 고령의 의원과 바이에른 출신은 대연정의 긴장완화정책은 처음부터 잘못된 것이며 실효성이 없는 것으로 간주하고, 대화보다는 무조건 강경노선을 유지할 것을 주장했다. 프라하 민주화운동으로 긴장완화정책이 전면 중단되자 사민당 주도의 긴장완화정책을 비판하기 시작했다. 기민당 대부분의 의원은 동유럽국가들과 어찌됐든 관계를 향상시켜야 하지만, 서독이 법적으로 손해를 보지 않는 범위 내에서 실현하고자 했다. 이들은 동독을 국가로 인정하지 않고, 서독이 독일을 대표하는 유일한 국가라고 주장했고, 오더-나이세 경계선을 폴란드 서부 국경선으로 인정하지 않았다. 기민당의 분위기는 브란트 장관의 진보적인 외교정책의 발목을 잡고 있었다. 프라하 유혈사태를 계기로 브란트 외무장관의 동방정책은 실패한 정책으로 평가하여 정부 내에서 이견만 더 심해지고 갈등이 노골화됐다. 기민당은 동방정책을 사민당의 진보적인 정책보다는 아데나워 시절의 동방정책으로 회귀할 것을 요구했다.

이와는 반대로 사민당은 프라하 민주화운동을 계기로 동유럽의 사회주의 국가들이 서서히 변하기 시작했으며, 특히 동독도 변화의 가능성이 있다고 보았다. 소련과 동독은 무조건 국가나 경계선 인정을 요구하는 것과는 달리 조건 없는 대화를 고려중이었고, 잠시 방어적인 자세로 심사숙고하고 있어 서방세계는 공격적인 동방정책이 필요했다.[60] 1969년에는 소련이 긴장완화정책에 적극 참여하고 있다는 것을 여기저기에서 감지할 수 있었다.

---

60) *Ibid.*, pp.354-358.

서베를린에서 서독의 대통령을 선출하기 위해 연방의회 의원들이 서베를린을 방문해 체류하고 있었다. 소련과 동독은 이를 저지하지 않고 묵과하고 있었다. 같은 달 헝가리 수도 부다페스트에서 열리는 바르샤바조약국 회담에서 지금까지 집요하게 요구하던 '유럽의 안보체제'(Europäische Sicherheitssystem) 대신 '유럽안보회의'(Europäische Sicherheitskonferenz) 개최를 요구했다. 그리고 동독을 국가로 인정하는 것과 폴란드 서부 국경선 인정문제, 서독의 핵무장 포기는 종전과 똑같은 원칙을 고수하고 있었으나 유럽의 안보회의 개최에 높은 비중을 두고 있었다. 그리고 독일 땅에 두 개의 국가가 존재하는 것을 인정할 것을 요구했는데, 실제적인 국가의 인정을 바랄 뿐 합법적인 국가로 인정하는 것은 강력하게 주장하지 않았다. 이는 브란트 장관이 뉘른베르크 사민당 전당대회에서 오더-나이세 경계선을 존중할 것을 제안한 데 대해 현실적 접근의 가능성을 열어 놓은 것이다. 이는 평화를 위해 폴란드와 동독, 서베를린 문제에 대해 유럽의 긴장완화 차원에서 독일과 더 이상 외교적 갈등을 조장하지 않겠다는 의도였다.

소련의 그로미코 외무장관은 1969년 7월 10일 베를린문제를 새로이 규정하기 위해 4개국 회담에 적극 참여할 의사가 있음을 밝혔다. 이는 독일문제가 평화적으로 해결될 수 있다는 가능성을 시사하고 있음을 보여주는 것이다.

제5장 브란트 시대

1. 정권교체와 외교노선의 기본방향

1966년 12월 사민당은 기민당과 함께 대연정에 참여해 정권의 한 축을 담당했다. 사민당의 대연정 참여는 보수적 색채가 강한 기민당의 일방적인 정치에 제동을 걸게 됐다. 기민당 출신의 뤼프케(H. Lübkes) 대통령은 인기가 빠른 속도로 추락하면서 명성도 떨어지게 됐다. 뤼프케는 대통령직에 있었지만 정치적으로 고독감을 떨쳐 버릴 수 없었다. 그는 이런 자신의 처지를 극복하기 위해 사민당과 대연정이 시작된 후 차기 대통령에 누가 출마할 것인가 하는 새로운 문제를 제기했다. 그의 발언은 정치권에서 두 가지 문제를 야기했다. 하나는 연방대통령의 조기퇴임을 예상하는 것이었고, 또 하나는 1964년 대통령선거에서 다져진 기독교연합의 확고한 기반이 흔들리게 된다는 것이었다.[1]

뤼프케의 조기 퇴임은 뇌에 생긴 종양으로 대통령직 수행이 그에게

---

1) Baring, *Machtwechsel*, pp.36-38.

힘들었을 뿐만 아니라 그의 부인은 9살 연상으로 그를 간병하기에는 고령이었기 때문이다. 그 외에도 뤼프케는 건축가로 나치시대 발터 슐렘프 그룹이 주도하는 프로젝트에 참여하여 동독으로부터 나치의 잔재라는 비판을 받아 대통령의 명예와 권위를 유지하는 데 적지 않은 부담이 됐다. 슐렘프 사단은 1940년대 초 막데부르크 근처에 있는 미사일기지를 건설했다. 이 기지의 건설은 전쟁포로와 죄수들의 희생으로 이루어졌다. 슐렘프는 죄수들을 효과적으로 노동에 활용하기 위해 주변에 집단수용소를 만들어 많은 유태인과 전쟁포로들의 노동력을 이용했고, 나중에는 군사기밀이나 정보가 누출될까 두려워 이들을 모두 처형했다.2)

동독은 뤼프케가 집단수용소 희생자에 대해 책임을 져야 하고 나치의 잔재이기 때문에 척결의 대상이라고 했다. 서독 언론도 동독의 주장을 수용해 뤼프케를 공격했다. 대연정은 국내정치의 위기 때문에 뤼프케 문제를 안고 갈 정치적 여력이 없었다. 1968년 긴급조치법 제정은 학생들의 강력한 반대에 직면했고, 좌익 성향의 학생운동은 전국적으로 확산됐다. 국내정치가 혼란스런 가운데 국가원수로서 뤼프케는 사태를 안정시키는 데 어떠한 역할도 하지 못한 채 침묵으로 일관했다. 그의 과거 활동은 비난의 대상으로 좌익 주도의 학생운동 하에서 도덕적·정치적 위력을 발휘하지 못했다. 브란트 사민당 총재는 차기 대통령은 "정략적으로 후보를 추천하지 않고 국가정책에 의해 각 당에서 독자적인 후보를 낼 수 있다고 선언했다." 이는 상황에 따라 연정의 파트너가 바뀌게 될 수도 있다는 것을 시사하는 것이었다.3)

1969년 하이네만은 자민당의 지지 덕택에 헌정사상 처음으로 사민

---

2) *Ibid.*, p.37.

3) *Ibid.*, pp.36-42.

브란트와 쉘 내각이 취임식 후 기념촬영하는 장면.

당 출신이 연방 대통령에 당선됐다. 이는 바로 정권교체를 암시하고 있었으며 1968년 일어난 좌익 중심 학생운동의 영향이라고 할 수 있다. 유권자들은 기존 보수파 성향의 기민당 정권에게 등을 돌리고 있다는 증거였다. 자민당은 대연정 시절 군소정당으로 야당의 역할을 제대로 수행하지 못하고 초라한 신세로 4년의 세월을 보내야 했다. 야당 신세에서 벗어나기 위해 쉘 자민당 총재는 사민당과 연립정부를 구성하는 데 적극적이었다.[4]

1969년 가을 총선에서 기민/기사당은 46.1%를 얻어 최다 의석을 차지하게 됐고, 사민당은 이전보다 3.4%를 더 얻어 42.7%를 기록했다. 제3정당인 자민당은 지난 선거에 비해 절반 정도의 표밖에 얻지 못했지만 5.8%의 득표를 기록해 간신히 5%의 경계선을 넘었는데, 지난 4년의 야당생활을 청산하기 위해 시대적 조류에 따라 보수적인 기민/기사당보다는 진보적인 사민당과 손잡고 연립정부를 구성했다. 1969년 10월

---

4) Görtemaker, *Kleine Geschichte der Bundesrepublik Deutschland*, pp.216-219.

27일 브란트는 수상에 취임했는데, 이는 베를린 시장과 외무장관 시절 개발했던 동방정책을 실현할 수 있는 절호의 기회였다.

2. 국제정세의 변화

미국과 소련 중심의 냉전적 국제질서는 동서의 소모적인 경쟁관계를 조장했다. 두 나라는 이런 상황을 인식하고 있음에도 불구하고 상호 견제심리와 불신 때문에 해결의 실마리를 찾지 못하고 있었다. 그러나 닉슨(R. Nixon) 대통령의 취임은 미국 외교사에서 새로운 시대를 예고했다. 그는 어느 전임 대통령보다 동·북아시아 정책의 중요성을 인식하고 중국을 국제무대로 끌어들여 소련을 압박하기 위한 수단으로 활용했다. 미국과 중국의 관계개선을 위한 실무는 키신저(H. Kissinger) 안보담당 고문이 전담했다. 미국은 중국을 유인하기 위해 무역과 여행금지 조치를 해제했다.[5] 그리고 1971년 10월 유엔 총회에서 대만 대신 중국이 유엔 안전보장이사회 회원국이 됐고, 상하이조약에서 대만을 중국의 일부분으로 인정했다. 이로써 미국과 대만의 외교관계도 즉각 폐지됐으며 대만에 주둔하고 있는 전략무기와 지상군도 모두 철수했다. 미국과 중국의 관계가 정상화됨에 따라 미국의 외교는 과거의 이데올로기 부담에서 어느 정도 해방됐다.

중국이 국제무대에 등장함에 따라 소련은 사회주의 종주국으로서 심리적 부담을 안게 됐다. 게다가 소련은 1968년 8월 프라하 민주화운

---

5) Hacke, Christian: *Die Ära Nixon-Kissinger 1969-1974*, Stuttgart 1983, pp.49-51.

동을 무력으로 진압함으로써 국제사회에서 위상이 실추되자 이를 만회하기 위해 대화의 돌파구를 찾고 있었다. 국제관계가 변하자 소련도 여러 이유에서 새로운 변화를 추구했다. 또한 1969년 초 우수리강 근처에서 일어난 중국과의 충돌사건은[6] 중소관계를 긴장으로 몰고 갔고 언제 다시 긴장이 고조될지 모르는 상황이었다.

소련은 1969년 3월 헝가리 수도 부다페스트에서 열린 바르샤바조약국 정치지도자 회의에서 국제관계에서 대립과 충돌을 피하고 대화가 필요하다는 것을 강력하게 시사했다. 이 회의에서 서유럽국가들에게 유럽의 평화와 안보를 보장하기 위해 모든 유럽국가가 참가하는 유럽 평화·안보회의를 개최할 것을 제의했다. 이 제안에서 동독을 합법적인 국가로 인정하고, 오더-나이세 경계선을 폴란드 서부 국경선으로 인정하며, 독일이 핵무장을 포기할 것을 요구했다.

소련은 1960년대 초반 쿠바사태 이후 지속적으로 미국과 군비확장 경쟁을 추구했다. 과다한 국방예산 지출은 소련 경제를 심각한 위기상황으로 몰고 갔고, 지도자들도 비생산적인 군비경쟁의 피해를 실감하기 시작했다. 이러한 문제의 해결책으로 소련은 유럽안보 공동회의를 구성하여 유럽에서 평화질서를 정착시키고 유럽에 주둔하고 있는 외국군대는 모두 철수하고 군비감축을 감행하고자 했다. 소련이 기대하는 것은 유럽의 모든 국가가 이데올로기나 체제에 의존하지 않고 상호관계를 개선시켜 긴장완화 분위기를 조성함으로써 경제교류가 활발히 이루어지는 것이었다.[7]

소련은 정치·군사적 원인 외에도 침체된 경제를 극복하기 위해 서

---

[6] 1969년 초 소련과 중국의 국경선에 있는 우수리강 근처 소련군 막사에 중국군이 습격하여 소련군 2개 중대가 희생됐다.

[7] Rauch, pp.555-556.

독의 기업과 기술제휴는 물론 경제적 협력이 필요했다. 소련은 1960년 초 쿠바위기 동안 미국에 당한 군사적 수모를 극복하기 위해 1960년대 말까지는 군사적으로 미국을 능가하는 것이 목적이었다. 하지만 소련 경제는 1952년부터 적자가 계속됐고 최소한 1965년까지 국민총생산은 감소했다. 이 문제를 해결하기 위해 경제정책 입안자들은 기술을 개발하여 경제위기를 극복하고자 했다. 이를 위해 서방세계와 관계를 정상화하고 선진기술을 도입하여 침체된 경제를 활성화하기로 했다. 서방세계에서도 기술과 경제력이 앞선 독일을 정치적인 이유에서 먼저 생각할 수밖에 없었다. 소련은 군비부담을 덜어 버리고 경제위기를 탈피하기 위해 1960년대 후반부터 무력포기 협정에 관심을 가지고 있었다. 그러나 정부여당의 기민당 출신 수상들은 소련이 무력포기에 관심을 가지고 있음에도 불구하고 긴장을 완화할 수 있는 기회로 적절하게 이용하지 못하고 있었다.[8]

1969년은 서독이 소련과 외교관계를 호전시킬 절호의 기회였다. 소련의 프라하 민주화운동 무력진압은 외교적으로 적지 않은 부담이었고, 1969년 봄 중국과의 무력충돌 이후 동부 국경선에서의 긴장관계 대신 서부 접경지대인 독일에서는 평화관계를 희망하고 있었다. 소련은 서독정부의 성의만 기다리지 않고 적극성을 보이기 시작했다. 그 결과 1969년 7월 야당인 자민당 총재 쉘과 겐셔, 미슈닉 의원을 초청해 코시긴 국무회의 의장이 직접 경제위기를 설명하고 서독과의 관계개선 불가피성을 주장했다.[9] 뒤이어 소련은 사민당 의원들을 모스크바

---

8) Morsey, p.98.
9) Wettig, Gerhard: *Frieden und Sicherheit, Probleme bei der Konferenz für Sicherheit und Zusammenarbeit in Europa(KSZE) und bei der wechselseitigen Truppenreduzierung in Europa(MBFR)*, Stuttgart 1975, pp.23-29.

로 초청해 서독과의 관계정상화가 절실히 필요하다는 것을 설명했다. 이런 소련의 외교적 행동은 지금까지의 강압외교에서 탈피해 실리외교로 전환하겠다는 강한 의지의 표현이었다.

 소련이 동서관계를 평화적인 관계로 전환하고자 할 때 서독도 냉전의 구도에서 벗어나기 위해 소련과 긴밀한 관계가 필요했다. 이런 국제적 탈냉전 분위기를 브란트(W. Brandt) 수상과 쉘(W. Scheel) 외무장관은 적극 활용했다. 1960년대 말 냉전적 국제관계가 탈냉전체제로 전환하고 있다는 것은 국토가 분단된 독일에게 냉전의 희생에서 벗어날 수 있는 유리한 상황이 전개되고 있다는 것을 의미했다. 1968년 프라하 민주화운동 때 이웃나라인 체코슬로바키아에서 수많은 젊은이들이 희생돼 가고 있음에도 불구하고 서독은 이를 지켜보고 있을 수밖에 없었다. 이때 언론에서는 동방정책의 한계를 지적하고 행정부나 정치권은 구시대의 외교정책 노선을 버리고 이제는 새로운 방법을 모색해야 한다고 강요했다.10)

3. 소련과의 대화 시작

 브란트 수상은 베를린 시장 시절 냉전의 현실을 직접 경험했다. 그는 베를린과 독일이 냉전의 피해에서 벗어나기 위해 소련을 비롯한 동유럽국가들과의 관계개선에 적극적이었다. 1969년 10월 새로 탄생한 서독의 사민당과 자민당의 연립내각은 소련이 서유럽국가들에게

---

10) Görtemaker, Kleine Geschichte der Bundesrepublik Deutschland, pp.236-239.

제시한 긴장완화정책을 환영하고 소련을 중심으로 동유럽국가들과 관계를 개선했다.[11]

소련은 유럽의 평화정착에 관심을 표하고 무력포기 협정을 제안했으며, 유럽에 존재하고 있는 냉전체제를 인정하고 동서 간의 경계선을 침범하지 말 것을 요구했다. 소련은 서독의 긴장완화정책을 환영하고 이를 구체적으로 논의할 실무회담을 위해 서독 대표를 초청했다.

브란트 수상은 동방정책을 성공적으로 이끌기 위해 가장 먼저 공산주의 종주국인 소련과의 관계를 개선하고자 했는데, 그는 소련이 주장하고 있는 오더-나이세 경계선을 폴란드 서부 국경선으로 인정하고 세계평화를 위해 핵무장을 포기할 각오가 돼 있다고 유연성을 보였다. 첫 예비접촉은 1969년 12월 8일 모스크바에서 소련 외무장관 그로미코와 소련 주재 서독 대사 알라트(H. Allrad) 간에 이루어졌다. 이때는 차후 양국 간에 전개될 실무자회담에서 다루게 될 내용에 관해 양국의 관심사항을 교환했다. 서독은 무력포기에 대해 관심을 가졌으나 소련은 유럽에 존재하고 있는 동서 경계선을 인정받아 동유럽국가에서 헤게모니를 장악하려고 했다. 서독 대사 알라트는 서독은 유럽에 존재하는 동서 간의 경계선을 국경선으로 인정하지는 못하지만, 이 경계선을 침범하지 않을 것이라고 밝힘으로써 소련의 요구사항을 수용할 가능성이 있음을 시사했다.[12]

브란트 수상은 1970년 1월 소련과의 예비접촉이 어느 정도 가닥이 잡혀 가자 회담에 적극적으로 임하기 위해 접촉을 대사급에서 특사급으로 지위를 격상시켰다. 베를린시장 시절부터 그를 보조해 왔던 바(E.

---

11) Baring, *Machtwechsel*, pp. 229-236.
12) 서독이 동독을 합법적인 국가로 인정하지는 않았지만, 브란트 수상은 동독을 대화의 장으로 끌어들이기 위해 실제적인 국가로 인정했다.

Bahr)에게 협상의 전권을 위임했다. 또 브란트 수상은 동방정책에 대한 서방연합국의 오해를 없애고 지지를 받기 위해 바 비서실장을 미국에 특사로 보내 사민당정부의 강력한 의지를 자세히 설명했으나 미국은 서독이 친서방정책에서 탈피해 친소련정책을 선택할까 봐 주저했다. 미국은 동방정책이 친서방정책을 전제로 오다-나이세 경계선 문제, 동독과의 관계개선, 베를린문제를 가지고 협상하는 것을 보고 안심하게 됐다.13)

서독은 서방세계와 공조체제를 유지하고 지지를 받기 위해 소련과의 회담진행 결과를 서방국가들에게 외교채널을 통해 알렸다. 미국, 영국, 프랑스는 서독의 긴장완화정책은 소련과의 대화와 협상을 통해 유럽에서 긴장을 완화하고 평화질서를 구축하기 위한 정책이라고 높이 평가했다.14)

동방정책의 성공은 소련과의 관계개선에 달려 있었는데, 회담이 성공적으로 진행돼 1970년 8월 12일 모스크바조약이 체결됐다. 이 조약을 위해 1970년 1월 30일부터 5월 22일까지 3번의 협상과 14번에 걸친 회담 대표의 만남, 40여 시간의 회담이 소요됐다. 회담 기록은 비공개 원칙이었으나 세 번째 회담 기록이 함부르크에서 발행되는 <빌트>지 1970년 6월 12일자에 모스크바 협상내용의 10개 조항 가운데 4번째 조항까지 공개됐다. 바와 그로미코는 4번째 조항까지를 조약의 내용으로 채택했고, 나머지 6개 조항은 협정이 의도하는 부연설명 조항으로 채택했다. 그로미코와 바 간에 이루어진 조약문 내용을 언론에서는 소위 바의 문서(Bahr-Papier)라고 칭했다.15)

---

13) Baring, pp.260-263.
14) Archiv der Gegenwart, 1969, pp.15103-15104.
15) Mehnert, Klaus: Der Moskauer Vertrag, in: Osteuropa 1970, pp.816-818.

<빌트>의 바 문서 공개는 야당인 기민당과 기사당의 강한 비난을 야기했다. 비밀누설로 야당의 심한 비판 때문에 여당의 입지와 활동범위가 위축돼 동방정책은 탄생 전부터 야당의 견제를 받았다. 기민당과 기사당은 모스크바조약에서 동독을 사실상의 국가(de-facto-Anerkennung)로, 오더-나이세 경계를 폴란드 서부 국경선으로 인정한다는 것은 과거 독일의 영토였던 오더-나이세강 동부지역인 슐레지엔을 독일 영토라고 주장할 수 있는 국제법상의 효력을 영원히 상실하는 것이라고 비난했다. 기민당과 기사당은 모스크바조약에 대한 항의로 야당 대표가 브란트 수상과 쉘 외무장관이 참가하는 조약 서명을 위한 모스크바 방문에 동행하지 않았다.

1970년 6월 7일 서독은 소련과 무력포기조약 체결을 위한 협상에 임하는 서독의 6개 조항 내용을 발표했다. 그 내용은 서독과 소련은 무력의 위협과 강압을 제거하는 데 노력하고, 이런 맥락에서 유럽에 존재하고 있는 경계선을 어떤 이유로든 침범하지 않을 것이며, 4개국은 서베를린이 서독에 소속된다는 것을 인정해야 한다는 것이었다. 상기한 조약의 효력과 합의사항은 어떤 국제조약도 침범해서는 안 되며, 독일의 헌법(기본법) 전문에서 보장한 독일에 대한 자치권은 어떤 조약도 침해할 수 없으며 협상의 대상이 될 수 없다고 밝혔다. 서독은 소련을 중심으로 한 바르샤바조약 국가, 그리고 동독과의 관계개선을 통해 유럽 평화의 보장과 유럽인들의 평화로운 삶에 기여하고자 했는데, 이와 같은 정책의 실현을 위해서는 서방 3개국과 다른 서방국가의 동의와 지지가 필요했다.[16]

---

16) Link, Wener: Außen- und Deutschlandpolitik in der Ära Brandt 1969-1974, in: *Geschichte der Bundesrepublik Deutschland*, Vol. 5/1, (ed) Karl Dietrich Bracher, Wolfgang Jäger, Werner Link, Stuttgart 1986, p.188.

4. 모스크바조약

서독과 소련이 체결하게 될 모스크바조약은 1970년 8월 7일 협상이 최종 종료되어 공식적인 조약문서로 작성됐다. 이 조약문서의 1조부터 4조까지는 바의 문서내용이 그대로 채택됐고, 5조부터 10조까지는 이 조약이 의도하는 부연설명으로 구성됐다. 외무장관 쉘은 그로미코에게 공식적인 외교문서를 통해 서독정부는 만족할 만한 베를린협정을 체결할 때까지는 이 조약 비준을 위해 국회에 제출하지 않을 것이라고 설명함으로써 소련이 미국, 영국, 프랑스와 함께 베를린협정에 적극 참가하도록 유도했다.

브란트 수상은 1970년 8월 11일 아침 국무회의에서 모스크바조약을 승인하고 즉시 외무장관 쉘과 수행원을 동반하고 약 100명의 기자단과 함께 모스크바로 출발했다. 1970년 8월 12일 오전 브란트 수상은 공식행사로 무명용사 전사탑에 헌화하고 소련 국무회의 의장 코시긴(A. Kossygin)과 회담했다. 모스크바 시간으로 오후 3시 크렘린궁에서 소련의 당서기장 브레즈네프와 10명의 당서기국 간부와 임원이 지켜보는 가운데 서독 수상 브란트와 소련의 국무회의 의장 코시긴, 독일과 소련의 외무장관 쉘과 그로미코가 모스크바조약에 서명했다.[17] 이 조약의 제1조에서 무력포기는 평화와 긴장완화 유지를 확립하는 것이라고 했는데, 이는 특별히 서독정부의 희망에 의해 조약문 1조로 채택됐다.

---

17) Moskau Bonn, Vol. II, p.787.

제2조에서는 유엔헌장 제2조의 정신에 입각해 유럽과 세계의 안보를 위해 무력을 사용하거나 무력행위로 위협하는 행위는 절대 금지한다고 규정했다. 제3조에서는 유럽의 현 상태를 그대로 인정하고, 양국은 현재와 미래에도 유럽에 존재하는 국경선을 존중하며 이 내용의 연장선에서 오더-나이세 경계선을 폴란드 서부 국경선으로 인정하며, 동·서독 사이에 있는 경계선도 인정한다고 설명했다. 이 내용은 소련의 요구에 의해 채택됐다. 제4조에서는 이미 양국 간에 체결된 조약과 기타 여러 나라가 동시에 체결한 조약을 침해하지 않는다고 규정했다.[18] 두 나라는 유럽평화·안보회의에 참가하게 되며, 서독은 동유럽의 여러 나라(폴란드, 체코슬로바키아, 동독)와도 이와 유사한 조약을 체결할 것이라고 설명했다.

서독과 소련의 TV방송은 물론 세계 각국의 방송이 이 역사적인 순간을 생중계했다. 모스크바조약 서명 후 브란트 수상은 브레즈네프 당 서기장과 4시간 동안 회담을 가졌다. 브레즈네프는 모스크바조약이 조속한 시일 내에 서독 연방의회에서 승인되고 또 유럽 각국이 참가하는 유럽평화·안보회의에 서독이 참가하기를 희망한다고 소련의 입장을 밝혔다. 브란트 수상도 소련이 동·서독의 긴장완화와 베를린협정에 적극 참여해 독일 땅에서 긴장완화와 만족할 만한 베를린협정이 이루어진다면 브레즈네프가 요구한 이 두 가지 문제는 쉽게 해결될 수 있다고 밝혀 소련이 긴장완화와 베를린협정에 적극 참가하도록 했다. 그리고 쉘 외무장관은 그로미코 소련 외무부 장관에게 통일에 관한 외교문서를 전달했다. 1970년 8월 12일 밤 크렘린궁에서 열린 만찬회에서 브란트 수상은 소련의 당 간부들과 양국 간 관심사에 대해

---

18) Münch, Ingo v.: *Ostverträge I, Deutsch-Sowjetische Verträge*, Berlin/New York 1971, pp.138-141.

의견을 교환했다.19) 브란트 수상은 모스크바조약 서명 후 가진 기자회견에서 이 조약은 제2차 세계대전 후 외교사에서 괄목할 만한 성과이며, 이 조약을 토대로 소련은 물론 동유럽 여러 나라들과 관계를 개선하게 될 것이라며 앞으로 서독외교의 기본노선을 밝혔다. 러시아와 독일은 역사적으로 정치, 경제, 문화의 동반자였다고 회고하면서, 냉전시대 잠시 양국의 관계가 소원해졌지만 앞으로는 이러한 역사적 기반 위에서 세계 평화질서를 위해 우호관계를 유지하기를 희망한다고 밝혔다.20)

모스크바조약은 동서 긴장완화를 위한 기초가 됐으며, 동유럽국가와 조약을 체결하는 서곡이었다. 또 1975년 핀란드 수도 헬싱키에서 열리는 유럽평화·안보회의를 개최하는 돌파구 역할도 했다. 소련은 냉전체제 하에서 유럽의 동·서 분단을 서독으로부터 인정받아 국제적으로 사회주의 국가의 종주국이라는 것을 인정받았다.21) 서독은 모스크바조약을 체결했기 때문에 동유럽국가나 동독과의 관계를 정상화시킬 수 있는 유리한 위치를 점하게 됐다. 아울러 이 조약에서 무력포기를 강조함으로써 유럽의 안보를 더욱 강화시켰고, 독일 영토에서 어떤 경우에도 전쟁은 없을 것이라는 확신을 갖게 됐다. 조약 체결 후 서독은 동유럽국가 및 동독과의 관계를 개선하기 위해 지속적으로 노력했다.22) 모스크바협상 과정에서 소련은 서독의 입장을 고려해 동독을 합법적 국가(de-jure-Anerkennung)로 인정하는 것을 포기했다.

---

19) Mehnert, Der Moskauer Vertrag, pp.819-820.
20) Brandt, Willy: *Der Wille zum Frieden, Perspektiven der Politik*, pp.252-260.
21) Pfeiler, Wolfgang: *Deutschlandpolitische Optionen der Sowjetunion*, Melle 1987, pp.53-57.
22) Osteuropa-Archiv 1970, pp.857-858.

모스크바조약은 서독의 국제적 지위를 향상시켰지만, 서독과 소련과의 협상 및 다른 동유럽국가과의 회담은 동독을 심리적으로 불안하게 만들었다. 동독은 동유럽국가에서 고립되는가, 아니면 서독과 대화할 것인가 하는 기로에 서게 됐다. 서독과 소련이 과거의 냉전관계에서 우호적인 파트너 관계로 변해 가는 과정에서 동독은 자신의 외교적 기본입장을 변경시킬 수밖에 없었다. 동독은 서독 측에서 합법적인 국가로 인정받는 것을 포기하고 서독인의 여행 편리 향상과 서베를린 시민이 동독의 영토를 자유롭게 여행할 수 있도록 조치를 취했다. 그리고 동독이 지금까지 서독에 취했던 흑색선전, 즉 신나치(Neonazi) 또는 군국주의라는 구호 등을 금지했다.

모스크바조약 체결 후 브란트 수상은 경제인 대표 간담회에서 가능한 한 동유럽국가들과 무역을 확대할 것을 요청했다. 쉴러 경제장관은 무역협상을 위해 모스크바를 방문해 국무회의 의장 코시긴과 경제협력에 관해 폭 넓은 의견을 교환했다. 소련과의 무역협상은 1971년 3월 체결됐고 그 외에도 학문, 기술에서도 많은 전문가들의 교류가 이루어졌다. 양국 간에 냉전의 대립관계가 해소되어 상호 방문 및 교류의 기회가 확대되자 1971년 11월 11일 양국은 항공협정을 체결했다.[23]

1971년 9월 3일 베를린협정이 성공적으로 마무리된 후 브란트 수상은 1971년 9월 또다시 소련을 방문해 당서기장 브레즈네프와 양국 간의 지속적인 관계발전에 관해 의견을 교환했다. 양국의 정상은 1970년 8월 12일 체결한 모스크바조약은 두 나라 사이의 외교적 관계를 향상시키는 데 절대적으로 기여했다고 평가했다.

1971년 9월 3일 서독이 요구했던 베를린협정이 만족할 만한 선에서

---

23) Moskau Bonn Vol. II, pp.790-791.

이루어졌기 때문에 브란트의 약속대로 서독 연방의회에서 모스크바 조약은 승인돼야 했다. 그러나 야당의 강력한 반발 때문에 이 조약이 국회에서 승인되기까지는 어려움이 있었다. 브란트의 소련 방문 정상회담에서 두 정상은 유럽평화·안보회의 개최를 위해 미국과 캐나다가 참가해야 한다는 데 동감하고 현재 유럽에 주둔하고 있는 병력과 전략무기의 축소와 동서독이 상호 자주적이고 독립적인 국가로 존중하며 서로 비방하지 않고 동등한 권한 위에서 관계를 정상화하는 데 서로 노력하기로 의견을 모았다.

브레즈네프도 양독이 유럽의 평화와 안보 정착을 위해 노력하고 있다고 인정하고, 회담 마지막 부분에서 서독과 소련은 여러 분야에서 공동 협력할 수 있도록 가능한 최선의 노력을 하자고 약속했다.24) 브란트 수상과 안보보좌관 바는 크림반도의 오레안다 정상회담에서 동서 양측 간에 전략무기와 병력감축 협상을 통해 중앙유럽에서 비무장지대를 구축하기 위해 시도했지만 실패했다.

동·서 양측의 균형적인 전략무기와 병력감축 협상은 1972년 5월 닉슨 대통령과 브레즈네프의 정상회담 때 성공적으로 이루어졌다. 바의 회고록은 독·소 정상회담 때 유럽의 평화질서에 대한 구체적인 내용이 모두 논의됐고, 유럽평화·안보회의 개최와 병력감축 문제 등은 닉슨과 브레즈네프 회담 때 이루어졌다고 전한다.25)

소련과 서독의 외교관계는 1973년 5월 브레즈네프가 서독을 방문했을 때 절정에 달했다. 브레즈네프는 소련공산당 서기장으로서는 처음으로 서독을 방문했다. 브레즈네프의 본 방문은 서독의 동방정책의 결과로 양국 간 대립의 시대가 끝나고 새로운 협력의 시대가 왔음을 의

---

24) Europa-Archiv 1971, pp. 471-473.
25) Rauch, p.568.

미한다. 이 방문은 양국 간 외교관계 개선에 공헌했을 뿐 아니라 평화적인 공동협력과 긴장완화 분위기를 조성하기도 했다. 브레즈네프는 본에 체재하는 동안 유럽평화・안보회의와 빈에서 개최되는 군축협상 및 중동의 평화 등에 대해서 의견을 교환했다. 하지만 무엇보다 베를린 문제와 경제협력이 대화의 초점이었다. 소련은 특히 서독에게 경제협력의 확대를 요구했다. 서독과 소련의 무역교류협정이 체결된 후, 1972년 7월에 소련은 시베리아에 매장되어있는 천연자원을 서독의 기술에 의해서 개발할 것을 제의했다.[26)]

본에 체재하는 동안 브레즈네프는 경제협력 확대에 많은 관심을 기울였으며, 브란트는 베를린문제에 관해 많은 의견을 교환했다. 1973년 5월 19일 서독과 소련은 경제, 산업, 기술분야의 공동협력에 관해 협정을 체결했다. 이 협정이 체결됨으로써 양국 간 교류와 공동협력은 더욱 확대됐고 서독 기업이 소련에서 천연자원과 에너지를 개발하기 위해 참여하게 됐다. 이로써 시베리아에 매장된 천연가스의 서독 송출길이 열리게 됐다. 그 대신 소련은 서독의 기술, 정보, 경제보조, 차관을 지원받을 수 있어 소련이 희망하던 서독 기술과 자본의 유입이 현실화됐다.[27)]

같은 날 양국은 문화교류 협정을 체결했다. 이 협정이 체결됨으로써 두 나라는 학술 및 교육까지 교류가 가능하게 됐다. 과학자 교류와 산업분야의 공동협력은 민간 차원의 외교관계를 더 원만하게 했으며, 또 교과서와 연구자료, 강의자료 등의 교환은 냉전기간에 폐쇄돼 있던 상대방 국가를 이해하는 데 도움이 됐다. 소련에서 독일어 강의, 서독에서 러시아어 강의도 더 확대됐으며 전시회와 연주회를 위한 예술가

---

26) Link, pp.227-237.

27) Europa-Archiv 1973, pp.329-330

의 방문도 가능해졌다.28)

1973년 5월 브란트는 소련의 관영지 이즈베스티아(Izvestija)와 가진 인터뷰에서 서독이 계속해서 체코슬로바키아, 헝가리, 불가리아와 무력포기를 전제조건으로 외교관계 정상화를 원한다고 했다. 그는 또 유럽에서 전쟁을 방지하고 평화적 기반 위에서 공동협력을 더 확대하기 위해 유럽평화·안보회의 준비와 군축협상에 적극 동참할 것이라고 밝혔다. 브란트는 동방정책은 유럽에서 대립과 충돌의 시대를 종식하고 평화의 시대를 맞이하게 했고, 유럽평화·안보회의 개최를 위한 기반을 조성했다고 평가했다.29)

소련은 1954년 이래 중부유럽의 평화질서 정립에 관심을 가져 왔는데, 소련의 외무장관 그로미코는 1966년 4월 유럽 비핵지대 조성을 위해 평화회담을 개최하자고 제안했다. 그는 평화회의에서 군사기지 철폐와 독일문제를 평화적으로 해결하기 위해 의견을 수립하는 것이 선행돼야 한다고 밝혔다. 소련은 미국과 캐나다를 유럽평화·안보회담에서 제외하기로 했으나, 브란트는 두 번째 수상 취임연설에서 미국과 캐나다는 유럽과 세계안보에 많은 관심을 가지고 있는 국가이기 때문에 여러 나라가 참가하는 유럽평화·안보회의에 동참해야 한다고 했다. 브란트는 크림반도의 오레안다 회담 때 브레즈네프에게 미국과 캐나다가 이 회담에 참가할 필요성을 설명했다. 브란트는 여러 외교채널을 통해 미국과 캐나다는 비록 유럽은 아니지만 유럽의 안보질서에

---

28) Bulletin des Presse- und Informationsamtes der Bundesregierung, Bonn 22. Mai 1973, Nr.59, pp.567-569.

29) Haftendorn, Helga: *Abrüstungs- und Entspannungspolitik zwischen Sicherheitsbefriedi- gung und Friedenssicherung, zur Außenpolitik der BRD 1955-1973*, Düsseldorf 1974, pp.228-230.

많은 관심을 가지고 있으므로 미국과 캐나다가 유럽평화·안보회의에 동참하는 것을 강조했다. 마침내 소련은 이 제의를 받아들였다.[30] 브레즈네프는 서방국가 원수들과 개별적으로 가진 협상에서 유럽평화·안보회담에서 가능한 한 정치적인 문제를 언급하는 것을 삼가고 특히 군사적인 문제에 관해 의견을 언급하지 말 것을 제의했다. 그 예로 그는 나토회의에서 제안했던 쌍방 간 균형적인 군비축소 회담 개최를 거절했다. 그러나 서독은 서방세계와 마찬가지로 유럽평화·안보회의 준비회담과 동시에 군축회담을 개최할 것을 요구했다.[31]

1972년 11월 초 소련과 서방국가는 유럽평화·안보회의와 군축회담을 동시에 하기로 의견의 일치를 보았다. 헬싱키에서 유럽평화·안보회의 예비회담이 시작된 후 곧이어 군비축소 회담에 관한 기본입장을 발표하고 회담을 시작하기로 합의했다. 소련과 바르샤바조약국들이 이 문제에 관해 많은 시간을 가지고 심사숙고한 후 1973년 1월 31일 해당국 대표들은 오스트리아의 수도 빈에서 비공식적인 모임을 가졌다. 군축회담에 관한 공식적인 첫 회담은 1973년 5월 15일 개최됐다. 이 회담에서 시간적인 제한 때문에 전략무기 감축과 회담의 기본노선에 대해 자세한 언급 등 별다른 진전이 없었다.[32]

유럽평화·안보회의 개최를 위한 전제조건, 즉 만족할 만한 베를린 협정이 1971년 9월 3일에, 그리고 쌍방 간 군비축소에 대한 회담 준비

---

30) Meissner, Boris: Das Entspannungskonzept der Hegemonialmacht: Entspannungsbegriff in Ost und West, (ed) Hans Peter Schwarz, Boris Meissner, Köln, Berlin, Bonn, München 1979, pp.11-15.

31) Brandt, *Erinnerungen*, pp.210-215.

32) Die Konsultation von Helsinki zur Vorbereitung der Konferenz über Sicherheit und Zusammenarbeit in Europa, in: Europa-Archiv 1973, p.D.342-345.

등이 실현됨으로써 1972년 11월 헬싱키에서 예비회담을 개회할 수 있었다. 이 회담은 1973년 6월 3일부터 8일까지 유럽의 35개국 외무장관이 참석한 가운데 개최됐으며, 1973년 9월 회담 장소를 스위스의 제네바로 옮겨 실무자급 회의가 계속됐다. 이 회담은 또 1975년 7월 30일부터 8월 1일까지 회원국의 국가원수 또는 정부수반들이 참석한 가운데 헬싱키에서 개최됐다.[33]

5. 독·소 경제 공동협력

서독은 동유럽국가들과 정상적인 외교관계를 수립하기 위해 외교 발전에 방해가 되는 걸림돌을 제거함으로써 새로운 공동협력의 시대를 맞이하게 됐다. 소련 및 동유럽과 관계를 정상화 한 후 서독 기업은 동유럽 시장 확보에 주력했다. 서독 기업은 서유럽국가들과의 교류에서는 서로 경쟁관계에 있었지만 동유럽 시장은 아직 모든 분야에서 수준 이하라 무한한 잠재적 가능성만 보고 접근했다. 서독과 소련의 우호적인 외교관계는 경제협력의 시대를 가능하게 했고, 소련은 서유럽과의 경제교류 확대를 통해 경제위기에서 탈피하려고 노력했으며, 특히 서방 첨단기술 도입을 통해 수출산업 경쟁력 확보에 주력했다.

소련은 서방의 차관을 소비재산업 분야에 투자했다. 특히 화학, 자동차, 조선, 목재와 섬유, 경공업 설비투자가 시급했다. 또 서방 기술의 도움으로 합성수지산업 진흥에 전력을 다했다. 천연가스 생산을 촉진

---

33) Borowsky, Peter: *Deutschland 1970-1976*, Hannover 1980, pp.142-147.

하기 위해 파이프라인을 수입했으며, 천연가스 송출을 위한 파이프라인 자체생산을 위해 서독의 자본과 기술이 절실히 요청됐는데 공동개발 차원에서 가능성이 열리게 됐다. 서독의 기술지원으로 천연가스 개발이 가능했다. 1974년 서독의 소련 수출의 대부분은 기계, 건설, 수송기계 등이었다. 이외에도 첨단산업 기술을 소련에 양도해 소련 산업발전에 중요한 역할을 했다. 소련은 기술이전에도 깊은 관심을 가졌는데, 대표적인 것이 서독 기술로 설립한 오스콜(Oskol)과 쿠르스크(Kursk) 지방의 제련소였다.

경제장관 프리더리히스(H. Friderichs)는 기업 대표단과 동행해 1973년 2월 모스크바를 방문해 소련과 경제협력·산업협력위원회를 구성했다. 이 위원회가 창설됨으로써 1971년 9월 브란트가 크림반도 오레안다 방문 시 제안한 경제, 기술 및 학술분야의 공동협력이 실현됐다. 양국의 경제·산업협력위원회는 1972년 4월 첫 모임을 가졌다. 서독은 경제장관이, 소련은 국무회의 부의장인 노비코프(W. Nowikow)가 대표로 선임됐다. 첫 번째 모임은 본에서 가졌다. 두 번째 회의는 1973년 2월 프리더리히스 장관이 소련을 방문했을 때 이루어졌는데, 이 회담에는 서독의 경제계 주요 인사가 참석했다. 소련은 대외무역부와 경제·기술위원회 대표가 참가했다. 모스크바회담에서는 경제, 학문, 기술 공동협력에 관해 충분한 의견을 교환했고, 빠른 시일 내에 공동협력을 실현하기로 약속했다. 두 나라는 경제, 학술, 기술분야 공동협력을 위한 프로젝트를 제시하고 실현하기 위해 노력했고, 이 회의에서 경제·기술 공동협력을 위한 협정을 빠른 시일 내에 체결하기로 했다. 이 회담이 개최되고 있는 기간에 서독의 리프헤르(Liebherr)는 소련의 자동차회사에 약 400만 마르크의 자동차부속품 수출계약을 체결했다. 그리고 잘즈기터(Salzgitter)는 호르프 제련소와 공동으로 남부러시아에 제련소를 설립할 계획을 세웠다. 많은 기업이 소련과 공동협력을 추진했는데, 1970년에 만네스만(Mannesmann)은 소련과 천연가스 송출협정을 체결했다. 화학에서는 획스트(Hoechst), 베아에스에프(BASF)와 헨켈(Henkel)이 그리고 전자전기·통신분야에서는 지멘스(Siemens)와 아에게(AEG)가 소련에 진출했다. 두 나라는 경제·산업·기술 공동협력에 관한 장기협정을 체결했고,. 이 협정을 통해 두 나라는 산업발전에 필요한 천연자원, 에너지, 기술을 서로 교환하게 됐다. 소련과 서독의 경제교류는 중소기업 분야까지 확대되어 서독의 수출은 1973년부터 1976년까지 108억 마르크에서 174억 마르크로 증가해 3년 동안 61%의 성장을 기록했다. 활발한 교류는 정치·외교발전에도 기여했다.[34] 두 나라 모두 경제협력에 많은 관심이 있었지만 양국 간 경제구조의 차이 때문에 한계가 있었다.

6. 폴란드, 화해를 통한 동반자

폴란드는 제2차 세계대전 때 독일의 침략으로 가장 큰 피해를 입었던 나라로서[35] 역사적으로 해결할 문제가 있었다. 서독은 1970년까지

---

34) Graml, Hermann: Außenpolitik, in: *Die Geschichte der Bundesrepublik Deutschland*, (ed) Wolfgang Benz, Frankfurt/M. 1989, pp.264-265.

35) 제2차 세계대전 때 폴란드가 입은 인명피해는 600만 명이었다. 이 숫자는 국민 100명당 22명이 희생되었다는 것을 의미한다. 그 중에서 64만 명은 전쟁터에서, 350만 명은 처형소에서, 120만 명은 교도소와 수용소에서 질병과 전염병 및 기아, 쇠약함으로 사망했고, 52만 명은 수용소 외의 장소에서 쇠약함과 타살, 강제노동으로 목숨을 잃었다. 사망자의 직업분포를 보면 7,500

이 문제를 해결하지 못해 외교적 부담이 됐다. 브란트 수상 취임 후 외무부는 폴란드와 관계개선을 위한 실무작업에 착수했다. 서독의 기본입장은 1969년 11월 25일 외교사절을 통해 폴란드 외무장관 서리에게 전달됐다. 1969년 12월 23일 쉘 외무장관은 방송 간담회에서 외교정책의 기본입장에 대해 설명하면서 유럽평화·안보회의는 긴장완화에 기여하고, 동방정책은 소련과 긴장완화를 전제한 대화체제를 구축하며, 폴란드와는 국경선 인정, 동독과는 동·서독 평화공존을 보장하기 위한 방향으로 진행돼야 한다고 밝혔다. 서독은 폴란드와 모든 분야에서 관계개선을 희망하고 국경선문제와 폴란드가 독일에 가지고 있는 공포와 불신감 제거를 위해 협상할 용의가 있다고 시사했다.[36]

브란트 수상은 1969년 12월 미국 로저 국무장관이 서독을 방문했을 때 폴란드와의 접촉에 관해 자세히 설명했다. 프랑스에게는 1969년 12월 15일 외교채널을 통해 폴란드와의 관계를 설명했다. 미국과 프랑스는 독일이 과거의 죄를 사죄하고 평화정착을 위해 노력하는 것을 보고 적극적으로 지지의사를 밝혔다. 폴란드는 서독정부가 외교각서를 통해 제안한 협상제의에 환영하고 양국 관계개선을 위한 회담에 참가한다고 밝혔다.

브란트 수상은 조속한 시일 내에 폴란드와의 관계를 정상화하기 위

명의 의사, 3,963명의 교사, 2,647명의 성직자, 700명의 교수가 처형되었다. 제2차 세계대전 기간 폴란드는 국가재산의 38% 손실을 감수해야 했다(프랑스 1.5%, 영국 0.8%). 산업피해는 30% 정도의 손실을 초래했고, 농업분야에서는 35%의 손실, 교통 등 수송체계에서는 50% 정도, 우편과 통신은 62%, 학교시설은 60%가 파괴되었다.

36) Dokumentation zur Deutschlandfrage in Verbindung mit der Ostpolitik, Vol. VI, pp.291-292.

해 1970년 1월 중순 둑비츠(G. F. Duckwitz) 외무부 국장에게 폴란드와 협상에 관한 전권을 위임했다. 1970년 2월부터 10월까지 두 나라 대표는 6번의 협상을 양국의 수도 본과 바르샤바에서 가졌다. 제1차 회담은 1970년 2월 5일 바르샤바에서 개최됐는데, 관계개선에 대한 양국의 기본입장을 교환했다. 서독은 국경선문제를 무력포기 협정과 연계시켜 동시에 해결하자고 제안했으나, 폴란드는 서독의 제안을 거절하고 국경선문제를 먼저 해결할 것을 강력히 주장했다.37) 1차 회담에 상정된 안건은 세 가지로, 첫째, 오더-나이세 경계선을 폴란드 서부 국경선으로 인정하는 것, 둘째, 폴란드 영토에 거주하고 있는 독일인을 서독으로 이주시키는 문제, 셋째, 양국 간에 경제적으로 공동 협력하는 것 등이었다.

제2차 회담은 1970년 3월 9일부터 11일까지 바르샤바에서 열렸는데, 오더-나이세 경계선을 폴란드 서부 국경선으로 인정하는 문제가 회담의 중요한 주제로 대두됐다. 그러나 이 회담에서 서독은 오더-나이세 경계선을 폴란드의 희망대로 양보하지 않았다. 둑비츠는 2차 회담이 끝난 후 쉘 외무장관에게 회담결과를 보고하는 자리에서 서독이 계속해서 국경선문제와 무력포기 협정을 연계해서 해결할 것을 주장한다면 회담이 성공하기 어렵다며 수정할 것을 요구했다.38) 회담 대표인 둑비츠 국장은 오더-나이세 경계선문제를 정부 측과 협의한 후 3차 회담기간인 1970년 4월 22일 오더-나이세 경계선을 폴란드 서부 국경선으로 전제조건 없이 인정했다. 독일과 갈등요소로 작용하던 국경선문제가 원만하게 해결되자 폴란드는 서독의 결정에 적극 환영했다. 서독은 해결이 불가능한 문제를 가지고 국력을 소비하기보다는 차라리 현

---

37) Link, Außen- und Deutschlandpolitik in der Ära Brandt 1969-1974, pp.215-219.
38) Die Zeit, 1970. September 25, p.6.

실적으로 실현 가능한 모스크바협상과 동독과의 대화를 더욱 진전시키고자 했다. 폴란드가 간절히 바라던 국경선문제가 해결되자 협상은 빠른 속도로 진행되어 1970년 6월 4일 둑비츠는 폴란드 외무장관 서리 빈니예프와 바르샤바조약에 관해 공식적인 의견을 마무리했다.

폴란드와의 회담기간 중 체결된 모스크바조약은 서독과 폴란드의 관계를 급진전시키는 데 기여했다. 특히 모스크바조약은 현재 유럽에 존재하고 있는 동서 경계선을 현재와 미래에도 침범하지 않을 것을 양국이 확인했는데, 이는 오더-나이세 경계선을 폴란드의 서부 국경선으로 인정한다는 것을 의미했다.39)

바르샤바조약에 관한 공식적인 협상은 1970년 11월 3일부터 13일까지 바르샤바에서 서독의 외무장관 쉘이 마지막 종결을 지었다. 쉘은 마지막 협상에서 또 다시 오더-나이세 경계선을 폴란드 서부 국경선으로 인정하고 폴란드에 거주하고 있는 독일인을 서독으로 이주할 수 있도록 폴란드 정부가 적극 노력해 줄 것을 요청했다. 그리고 마지막 회담에서 서독과 폴란드 국가원수가 바르샤바에서 곧 서명하게 될 조약을 문서화했다. 1970년 12월 6일부터 8일까지 브란트는 공식적으로 폴란드를 방문했는데, 그의 방문에는 쉘 외무장관, 바 수상 비서관, 서독 측 협상대표 둑비츠(F. Duckwitz) 외무부 국장, 그리고 정치·경제·문화분야의 많은 인사들이 동행했다.40)

브란트는 바르샤바조약에 서명하기 전 공식적인 외교행사로 바르샤바 근교에 있는 무명용사 전사자탑에 헌화하고, 뒤이어 유태인 학살

---

39) Europa-Archiv 1971, pp.10-15.
40) Die Entwicklung der Beziehungen zwischen der Bundesrepublik Deutschland und der Deutschen Demokratischen Republik 1969-1976, Berichte und Dokumentation, (ed) Bundesministerium für innerdeutsche Beziehungen, Melsungen 1977, pp.8-15.

브란트 수상이 1970년 12월 바르샤바 조약을 체결하기 위해 바르샤바를 방문하여 2차 세계대전 동안 희생된 유태인 무명용사 탑에 헌화한 후 무릎을 꿇고 진심으로 사죄하고 있다.

묘비탑에도 헌화했다. 이 탑 앞에서 무릎을 꿇고 눈물을 흘리면서 제2차 세계대전 히틀러 독재시대에 비참하게 죽어간 영혼들을 위로했다. 브란트 수상이 유태인 묘비 앞에서 무릎을 꿇고 흐느끼는 광경은 폴란드와 독일은 물론 매스컴을 타고 전 세계에 보도됐다. 이 모습은 정치적·도덕적으로 독일의 정치지도자가 진실하게 폴란드에게 화해하고 있다는 것을 의미했다.[41]

1) 바르샤바조약

1970년 12월 7일 바르샤바에서 브란트 수상과 쉘 외무장관, 시란키에비츠(J. Cyrankiewicz) 국무장관과 에드리코프스키(S. Jedrychowski) 외무

---

41) Link, Außen- und Deutschlandpolitik in der Ära Brandt 1969-1974, pp.218-219.

장관이 바르샤바조약에 서명했다. 브란트는 조약 체결 후 독일과 폴란드는 희생과 불행으로 얼룩진 양국관계를 종식하고 새로운 시대를 희망하며, 폴란드에 거주하고 있는 독일인은 단계적으로 희망에 따라 서독 영토로 이주할 수 있도록 폴란드정부가 적극 협조해 줄 것을 요청했다. 그리고 그는 유럽에서 평화질서를 수립하기 위해 폴란드와 긴장관계를 제거하고 무력포기 협정에 관한 규칙을 준수하며 두 나라의 관계개선을 위해 정치, 경제, 문화에서 공동협력이 절실히 요구되며, 유럽에서 평화질서 정착을 위해 모든 유럽국가가 참여하는 유럽평화·안보회의가 필요하다고 강조했다.42)

브란트는 외교적인 공식행사로 고믈카(B. Gomulka) 폴란드 노동당 서기장과 회담했고, 그의 수행원들도 각각 자기 분야의 폴란드 대표와 두 나라 간의 공동협력에 관해 의견을 교환했다. 그리고 두 나라 사이의 관계를 해치는 요소를 제거하고, 인적 교류는 물론 경제, 학술, 기술, 문화분야에서 협력할 것을 확인하고, 유럽의 긴장완화와 평화정착에 기여하기 위해 유럽평화·안보회의 개최를 위한 준비작업에 적극 참여할 것을 확인했다.43)

바르샤바조약 전문에서 폴란드가 제2차 세계대전의 가장 큰 희생국이라고 규정하고 두 나라는 평화적인 시대를 위해 관계 정상화와 지속적인 외교관계 발전, 유럽 평화·안보를 위해 노력하고, 서독은 유럽에 존재하는 국경선을 침범하지 않고 모든 유럽국가의 주권을 존중한다고 밝혔다. 조약 제1조에서는 폴란드의 희망에 따라 오더-나이세 경계선을 폴란드 서부 국경선으로 인정했고, 이 국경선은 현재와 미래에도 침범해서는 안 된다고 규정했다. 제2조에서는 서독의 희망

---

42) Quist, Rolf: *Ostpolitik Völkerrecht und Grundgesetz*, Sternberg 1972, pp.89-72.
43) Lauen, Harald: *Polen nach dem Sturz Gomulkas*, Stuttgart 1972, pp.224-230.

에 따라 무력포기 협정에 관해 설명했다. 제3조에서는 조약의 기초 위에서 두 나라 사이의 관계가 단계적으로 발전하기를 원하며 관계 정상화를 위해 여러 분야, 즉 경제·산업·학문·기술·문화분야에서 공동 협력할 것을 확인했다. 제4조에서는 이 조약이 양국 간에 이미 체결된 쌍방조약이나 또는 여러 국가가 체결한 다자간 조약을 침해하지 않는다고 규정했다. 바르샤바조약의 기본정신은 폴란드에서 정치지도자가 바뀌어도 존중돼 양국관계 발전의 초석이 됐다.44)

바르샤바조약이 체결되고 나서 양국 정치가들의 빈번한 교류가 이루어졌다. 폴란드가 서독에 기대한 것은 국경선 문제 못지않게 경제교류였다. 폴란드는 서독의 기술과 자본이 절실히 필요한 상황이라 경제협력과 교류를 확대할 것을 제의했다. 바르샤바조약이 체결되고 1년이 지날 무렵 폴란드는 서독과의 경제협력이 만족할 만한 수준에 이르지 못하자 특히 산업에서 교류가 미흡하다고 지적했다.

사민당의 원내총무 베너는 폴란드를 방문해 여러 인사들과 접촉한 결과 두 나라는 서로 양보하지 않고 자기 의견만 고집하는 바람에 1972년까지 경제관계에 별 진척을 이루지 못했다고 밝히고 관계발전의 필요성을 제기했다.45) 쉘 외무장관은 폴란드를 방문해 양국 간의 관계발전을 위해 여러 분야에서 공동협력을 강화하고 인도주의적 차원에서 이산가족 상봉과 독일민족의 독일 이주에 대해 의견을 교환하고, 서독이 폴란드에 유리한 조건으로 차관을 제공할 의사가 있음을

---

44) Münch, Ingo V.: *Ostverträge II, Deutsch-polnische Verträg*. Berlin/New Yok 1971, pp.100-103.
45) Dokumentation zur Deutschlandfrage in Verbindung mit der Ostpolitik, Vol. VII, pp.431-432, Dokument Nr.2615; Bender, Peter: Heikle Mission in Warschau, eine neue Etappe auf dem Weg zur Normalisierung, in: Die Zeit, 1973, Oktober 19, p.9.

밝혔다.

2) 독·폴 경제협력

폴란드는 서독과 관계를 정상화하면 경제협력뿐만 아니라 서독의 기술을 이용할 수 있는 잇점이 있었다. 그 외에도 폴란드는 제2차 세계대전 최대 피해국으로 전쟁보상금과 강제노역자 보상비 등 많은 부분에서 취할 수 있는 잇점이 있었다. 폴란드는 경제위기 극복을 위해 서독에 유리한 조건으로 차관 제공을 요청했다. 이 제안에 대해 쉘 장관은 10억 마르크를 4~5% 이자로 10년에 걸쳐 다섯 번 분할 지불하는 방식을 제의했다. 그러나 폴란드는 보다 유리한 조건으로 30억 마르크의 차관을 요청했다. 이 외에 장기 상환조건으로 70억 마르크에 해당하는 수입차관을 희망했다. 또 폴란드는 제2차 세계대전 기간에 독일에서 강제 노동한 폴란드 근로자 연금으로 15억 마르크를 요구했다. 폴란드 외무장관 올조브스키(S. Olszowski)는 제2차 세계대전 기간에 강제 노역한 폴란드 노동자의 보상금문제와 두 나라 간의 경제협력, 그리고 서독의 차관제공이 폴란드 정부가 만족할 만한 액수가 제공돼야 한다고 폴란드의 입장을 밝혔다.46)

차관 제공을 위해 두 나라 실무 전문가들은 1974년 1월 22일 본에서 공식회담을 가졌는데, 폴란드는 독일에서 강제 노역한 폴란드인의 연금문제에 대해 의견과 입장을 서독정부에 전달했다. 양국의 실무 전문가들은 상대방 국가의 제안을 검토한 후 서로 의견을 접근시킨 결과

---

46) Bender, Peter: Schritt nach Vorn, Bonn und Warschau einigten sich: Milliarden für Menschen, in: Die Zeit, 1973, Dezember 14, p.4.

제2차 세계대전 때 강제 노역했던 폴란드인이 현재 폴란드에 생존해 있을 경우 공식적으로 연금지불 신청을 해 오면 서독정부는 은행구좌를 통해 지불하기로 합의했다.47)

서독은 에너지 공동프로젝트를 통해 폴란드와의 유대관계를 정부 뿐만 아니라 경제적인 차원에서도 지속적으로 강화하고자 했다. 브란트 수상은 폴란드에 석탄압력가스 발전소를 건설해 여기서 생산된 에너지를 서독과 서베를린에 공급하기로 합의했으나 동독의 항의로 실현하지 못했다. 에너지 프로젝트는 서독과 폴란드가 체결했지만 전기 공급을 위해서는 반드시 동독의 영토를 통과해야 하므로 동독의 승인 없이는 불가능한 사업이었다. 동독이 반대한 이유는 서독과 폴란드의 관계가 깊어지게 되면 양국 사이에 있는 동독이 압박을 받기 때문이었다. 같은 사회주의 국가인 폴란드도 동독의 항의가 외교적 부담이 되어 끝까지 프로젝트를 주장할 수는 없는 형편이었다.48)

1976년 6월 폴란드 공산당 서기장 기이렉이 본을 방문했는데, 이는 냉전체제 하에서 양국 간의 불편한 관계를 해소하고 새로운 동반자로서 평화의 시대가 올 것임을 예고하는 것이었다. 기이렉의 본 방문기간 바르샤바에 있는 폴리멕 체코프(Polimex-Cekop)사와 서독의 에센에 있는 쿠룹 코퍼스(Krupp Koppers)사가 기술 협력하여 폴란드 카토비즈(Kattowitz)지역에 석탄을 이용한 가스공장을 설립하기로 계약을 체결했다. 그 밖에도 폴란드 대외무역본부의 도움으로 씨엑크(Cieck)사와 에센에 있는 쿠룹 코퍼스, 함부르크에 있는 훼미페트론 석유화학회사가 공동으로 폴란드와 서독 합작기업인 폴훼미(Polchemie)사를 설립하기로

---

47) Dokumentation zur Deutschlandfrage in der Verbindung mit der Ostpolitik, Vol. X, Dokument Nr.29998, pp.38-39.
48) *Ibid.*, pp.56-57.

했다. 회사설립 자본금 26억 마르크는 서독의 드레스너 은행(Dresdener Bank) 주도 하에 은행조합이 지원하기로 합의했다. 특히 화학공업에서 많은 협력이 이루어졌는데, 베아에스에프(BASF), 바이어(Bayer), 획스트 (Hoechst)사가 폴란드 대외무역본부에 제품을 공급하기로 계약을 체결했다.49)

양국은 이주민 문제와는 별개로 민간 차원에서 상호 접촉을 통해 적대적인 관계를 해소하기 위해 여행의 기회를 더 확대했다. 바르샤바조약 체결 후 양국의 여행자 교류가 확대되어 1972년까지 폴란드 여행 비자를 신청한 독일인은 1970년보다 두 배로 증가했다. 1970년에 31,000명의 독일인이 폴란드를 여행했고 1972년에는 74,000명이 여행했다. 폴란드에 살고 있는 독일인의 이주는 서독의 차관 제공과 밀접하게 연결돼 있었는데, 차관 제공이 이루어지기 전까지는 많은 사람이 혜택을 누리지 못했다.50)

서독의 정치가, 특히 베너와 쉘 외무장관은 폴란드를 방문할 때마다 폴란드에 거주하고 있는 독일인 이주문제에 깊은 관심을 표명했으나 폴란드는 독일인 이주를 서독의 경제적 지원과 연결시켜 해결하려고 했다. 폴란드 외무장관 올조브스키는 1974년 약 5만 명의 독일인을 서독으로 이주시킬 수 있다고 했지만, 원한 만큼 크게 진척되지는 않았다. 서독으로 이주하기 위해 폴란드 정부에 서류를 제출한 독일인은 1970년 5,624명, 1971년 25,241명, 1972년 13,476명, 1973년 8,906명, 1975

---

49) Gutowsky, Anton: Gegenwärtiger Stand der wirtschaftlichen Beziehungen der Bundesrepublik Deutschland zu Polen, in: *Osthandel in der Krise*, Stefen Graf Bethlen, München/Wien 1976, pp.93-94.
50) 헬싱키에서 슈미트 수상이 차관 제공을 약속하기 전까지 독일인 이주 현황은 1971년 2,000명, 1972년 1,000명, 1973년 약 3,000명이었다.

년에는 7,040명이었다.[51] 그러나 국가적인 차원에서는 헬무트 슈미트 수상이 차관제공을 약속한 1975년 8월 이후부터 이주문제가 급격히 진전되어 1982년까지 완전히 해결됐다.

폴란드 국내정치가 점차 민주화되어 감에 따라 양국의 관계는 더욱 발전했다. 폴란드 항구도시 단치히(Danzig)에서 시작된 노동운동과 1980년 8월 폴란드 자유노동조합의 창설로 전국적으로 확산된 민주화 운동은 같은 해 9월에 기이렉 공산당 서기장을 퇴임시켰다. 계속되는 폴란드의 경제위기는 국제사회에서 폴란드 정치지도자의 명예를 실추시켰다. 반면 자유노조운동과 가톨릭교회는 폴란드의 국내정치를 더욱더 민주화시키고 개방하는 데 절대적인 역할을 했다. 1981년 12월 3일의 비상사태 선포로 바르샤바조약군의 무력진압을 피할 수는 있었다. 그러나 이로 인해 자유화운동은 잠시 중단됐으며, 동시에 유럽에는 다시 긴장감이 감돌기 시작했고 동서 경제교류도 잠시 침체상태에 빠지게 됐다.

7. 양독 정상회담

소련과의 관계가 해빙 분위기로 접어들자 동독과의 관계도 변하기 시작했다. 동방정책의 최종 목표는 동독과 관계를 정상화시켜 독일 영토에서 분단을 최소화하는 것이었다. 브란트는 수상 취임연설에서

---

51) Bulletin des Presse- und Informationsamts der Bundesregierung, Bonn, 23. Oktober 1973, p.1330; Marion Gräfin Dönhoff, Abbau der Illusion, Nach Scheels Besuch in Warschau, in: Die Zeit, 1973. Oktober 26, p.1.

동·서독문제에 관해 많은 부분을 할애했는데, 이는 분단극복을 위한 의지를 반영하는 것이었다. 그는 동독과 동등한 권리와 비방 금지를 전제로 대화를 가질 용의가 있으나, 동독을 합법적인 국가로 인정하지는 않는다고 밝혔다.

브란트는 취임 직후 스토프(W. Stopf) 동독 국무회의 의장에게 보낸 서한에서 빠른 시일 내에 정상회담을 개최하여 무력포기에 관한 의견을 교환하고, 상호비방 금지와 양국 간 미해결된 문제에 대해 구체적인 의견을 교환하자고 제의했다.[52] 스토프는 답신에서 동·서독은 상호 동등한 자격을 가진 주권국가로 인정하고 존중할 것을 요구했다. 브란트는 회신에서 이런 문제를 논의하기 위해 동·서독 최고책임자가 아무 전제조건 없이 만나 허심탄회하게 분단극복에 관해 의견을 교환하자고 했다. 브란트 수상이 동독과 비밀채널로 의견을 교환한 결과 1970년 3월 19일 에어푸르트(Erfurt)에서 스토프를 만나 정상회담을 가졌다.[53]

1970년 3월 19일 오전 10시 동서독 분단 이후 처음으로 정상회담이 이루어졌다.[54] 회담에서 브란트는 독일 땅에서 인간을 위해 반드시

---

52) Texte zur Deutschlandpolitik, Vol. IV, 28. Oktober 1969 - 23. März 1970, (ed) Bundesministerium für Gesamtdeutsche Fragen, Bonn-Bad Godesberg 1970. p.277.
53) Brandt: *Begegnungen und Einsichten*, pp.488-489.
54) 브란트는 에어푸르트 정상회담을 다음과 같이 회고했다. 1970년 3월 19일 역사적인 동·서독 정상회담을 위해 일행과 함께 오전 9시 30분 동독의 에어푸르트역에 도착해 역 청사 앞에 있는 에어푸르트 호프라는 호텔에서 여장을 풀고 휴식을 취하고 있었다. 호텔 앞 광장에 모인 수많은 동독 시민은 점점 긴박한 함성으로 "빌리! 빌리! 창문 가까이로"(Willy! Willy! Am Fenster)라고 외치고 있었다. 브란트는 이 소리를 들었지만 동독의 국무회의 의장이 빌리 스토프(Willi Stopf)이기 때문에 그를 부르는 줄 알고 있었는데, 수행원

1970년 3월 에어푸르트 동서독 정상회담 장면.

평화를 정착시켜야 하고, 양국이 서로 비방이나 흑색선전은 하지 않는 다는 전제조건 하에서 동등한 자격으로 관계를 지속적으로 발전시키며, 두 나라 간에는 특별히 긴밀한 관계를 계속 유지하기 위해 어떤 경우에도 대화를 중단하지 말 것을 제의했다.[55] 브란트는 또 양독은 유럽의 평화정착과 긴장완화를 위해 각자의 임무를 다해야 하며 독일

이 수상이 머무는 방을 찾아와서 빌리 브란트(Willy Brandt)를 부르고 있다고 창가로 가 보라고 알려주었다. 브란트는 창가로 가서 군중들의 환호에 손을 흔들어 답하는 순간 여기에서 독일 통일의 희망이 싹트고 있음을 느끼면서 이 희망이 당장 실현될 수 없음을 깨닫고 슬픔에 잠겼다. 브란트는 동독 시민들의 환호에 대해 침착해 주길 부탁했다. 회담장소로 가야 할 시간이 됐는데 수행원들이 나타나지 않아 수행원들을 데리러 객실로 들어갔을 때 수행원들 모두가 흐느끼며 울고 있었고, 브란트 자신도 잠시 흐르는 눈물을 어쩔 수 없었다. 그 이유는 동독 국민이 저토록 간절히 자유를 갈망하고 있는데 독일의 최고 정치책임자로서 당장 이들에게 자유를 누릴 수 있도록 할 수 없는 상황이고, 자신은 회담이 끝나면 자유의 땅 서독으로 돌아갈 수 있지만 환호하는 군중은 이토록 자유를 갈망하고 있는데 자유가 없는 땅 동독에 이대로 살다가 죽어야 한다는 것이 그의 마음을 아프게 했다.

55) Brandt: *Begegnungen und Einsichten*, pp.491-494.

문제는 유럽의 평화와 안보정책의 범위 내에서 해결돼야 한다고 했다. 동·서독은 무력적 위협과 폭력을 수단으로 자기의 목적을 관철시키려고 해서는 안 되며, 그 누구도 민주적이고 평화적이며 화해적 분위기인 독일을 국제전쟁이나 또는 민족전쟁을 통해 파괴해서는 안 된다고 강조했다. 그는 양독은 상호 신뢰의 기반 위에서 서로 의견을 교환할 것을 주장하고 스토프를 초청했다.[56]

에어푸르트 정상회담은 양국에게 만족할 만한 성과를 주지는 못했지만, 회담의 의미는 역사상 처음으로 동·서독 정상이 동등한 자격으로 서로의 의견을 주고받았다는 데 있었다. 그리고 동·서독 대화의 시대를 개막했다는 데 가치가 있었다. 회담에서 동독은 서독정부로부터 실질적인 국가(de-facto-Anerkennung)로 인정받았기 때문에 큰 성공이었고, 앞으로 동·서독이 동등한 자격의 국가로 대화할 수 있는 계기가 됐다.[57]

양독 정상의 두 번째 만남은 1970년 5월 21일 서독의 도시 카셀(Kassel)에서 이루어졌다. 브란트 수상은 상호 신뢰를 기반으로 평화적인 분위기 속에서 동·서독이 공존·공영하기 위해 20개 조항의 선언문을 발표했다. 이 내용은 1972년 12월 21일 체결된 동·서독 기본조약의 주요내용으로 채택됐다. 카셀 회담에서 브란트는 동·서독 관계발전을 위해 양국은 정치·경제적으로 공동 협력할 것을 제시했다.[58]

브란트 수상이 발표한 20개 조항의 선언문은 무력포기에 관한 설명, 동·서독 간 영토에 대한 불가침성, 1957년부터 서독 외교정책의 기본

---

56) Bulletin des Presse- und Informationsamtes der Bundesregierung, Bonn, 20. März 1970, Nr. 39, pp.377-378.
57) Borowsky, *Deutschland, 1970-1976*, pp.26-30.
58) Bulletin des Presse- und Informationsamtes der Bundesregierung, pp.681-683.

노선으로 취했던 할슈타인 독트린의 폐지, 4대국의 독일 평화와 안보에 대한 지속적인 책임보장, 서베를린이 계속해서 서독과 밀접한 관계를 유지하며, 동·서독 간 여행의 확대와 자유왕래, 경계선 지역 주민의 자유왕래 보장, 이산가족 상봉, 동서 문화교류 확대, 특별 조세관계의 기반 위에서 동·서독 경제교류 확대, 동·서독 동시 유엔가입, 양국의 수도에 정식 대사급이 아닌 연락대표부 교환 등을 기본내용으로 하고 있었다.[59] 브란트의 20개 조항 내용은 동독과의 관계개선을 위한 기본정책이 함축돼 있었다. 이 내용은 나중에 동·서독 기본조약에 그대로 채택되었다.

스토프의 카셀 방문 시 다원화된 서독사회에서는 좌·우 군중의 동요가 있었다. 우익 시위군중은 회담 전 회담장 앞에 게양된 동독기를 내려 불태워 버렸다. 일부는 친공산주의 시위대와 격렬하게 충돌했다. 극우파와 극좌파의 격렬한 충돌과 시위로 브란트와 스토프가 공동으로 행사하기로 한 나치시대 희생자 탑 헌화는 취소됐다. 스토프는 동독 귀향 후 카셀에서 일어난 군중 소요사태를 강도 높게 비판했다. 그는 서독은 정상회담에서 민족문제 해결은 소홀히 한 채 서독의 입장만 고수했다고 비난했다.[60]

카셀 정상회담 후 동서독 대화는 잠시 휴식상태에 들어갔고 동독의 스토프는 서독은 동독을 합법적인 국가로 인정할 용의가 없다고 비판했다. 그 사이 서독정부는 공산주의 종주국인 소련과의 협상에 총력을 기울였다. 그리고 소련과 모스크바조약이 체결됨으로써 동독은 서독

---

59) Griffith, William E.: *Die Ostpolitik der Bundesrepublik Deutschland*, Stuttgart 1981, pp.253-254.
60) Dokumentation zur Deutschlandfrage in Verbindung mit der Ostpolitik, Vol. VI, (ed) Archiv der Gegenwart, Bonn, Wien, Zürich 1970-1977, pp.291-292.

1970년 8월 12일 소련과 체결한 모스크바조약을 브란트 수상과 코시긴 수상, 그리고 양국 외무부장관이 서명하고 있는 모습.

과 대화에 응할 수밖에 없는 현실이 됐다.61)

서독이 모스크바조약 체결 후 폴란드와 외교관계 개선을 위해 노력하고 있을 때 동서관계의 분위기는 탈냉전으로 전환하고 있었다. 스토프는 대화 분위기 속에서 동독이 고립되지 않기 위해 오랜 대화 중단을 깨고 1970년 10월 29일 우선 동독을 합법적인 국가로 인정하는 것을 언급하지 않고, 동·서독 간의 관심사에 관해 의견을 교환할 것을 제안했다. 동·서독 관계정상화를 위한 실무회담은 서독 대표 바와 동독 대표 콜(M. Kohl) 사이에 이루어졌다. 실무회담이 성공적으로 진행되어 1972년 5월 26일에는 교통조약이 체결됐다.62)

교통조약은 동·서독 간에 동등한 자격으로 맺어진 최초의 조약으로 서독 시민이 동독을 여행할 때 절차를 간소화했다. 서독시민의 동독 여행은 가족이나 친지 방문은 물론 상업적·문화적 목적, 스포츠

---

61) Werner Link, Außen- und Deutschlandpolitik in der Ära Brandt 1969-1974, p.215: Europa-Archiv, Dokumente, Bonn 1971, p.10.

62) Löwenthal, Von Kalten Krieg zur Ostpolitik, p.689.

교류, 종교적 목적에서 이루어졌다. 그리고 동독 경계선 지역에 사는 서독 주민도 동독을 여행할 때 절차를 간소화했다. 동독 시민도 긴급을 요구하는 경우 서독에 있는 가족을 방문할 수 있었다.63)

교통조약은 연방의회에서 1972년 9월 22일에 표결에 붙였으나 9명이 기권한 가운데 한 표의 반대도 없이 의회를 통과해 1972년 10월 17일부터 효력을 발생시킴으로써 서독국민은 어려움 없이 동독을 방문하게 됐다. 이는 독일에서는 긴장을 완화시켰을 뿐만 아니라 동·서독 관계의 우호증진에도 크게 기여했다.64)

8. 동·서독 기본조약

동서관계가 대화 분위기로 접어들자 교통조약이 체결되고 동서독에서 상호방문이 가능하게 됐다. 교통조약 체결 후 동·서독 기본조약 체결을 위한 공식적인 첫 회담이 이루어졌다. 양측의 대표는 교통조약 협상 때 참가한 사람이었다. 두 사람은 지난 교통조약을 체결할 때 회담을 성공적으로 이끈 경험이 있어 상대방에 대해 잘 알고 있었으므로 의사소통하는 데 어려움이 없었다. 회담은 성공적으로 진행되어 1972년 12월 21일 동베를린에서 서독 대표 바와 동독 대표 콜이 서명했다. 그 결과 동·서독 간 대립의 시대가 끝나고 상호 협조체제인 평화공존의 시대를 맞이하게 됐다.

---

63) Baring, *Machtwechsel*, p.461.
64) Die Entwicklung der Beziehungen zwischen der Bundesrepublik Deutschland und der Deutschen Demokratischen Republik 1969-1976, pp.9-10.

1972년 11월 8일 서독 수도 본에서 그해 12월 21일 체결할 동·서독 기본조약을 서독 대표 바와 동독 대표 콜이 문서화한 후 서명하고 있다.

조약에서 동·서독은 서로 국제적으로 동등한 국가로 인정하고 동시에 서로 경계선을 침범하지 않으며, 무력행위를 금지하고 우호적인 관계를 위해 노력하게 됐다. 이 조약이 체결됨으로써 동독은 국제사회에서 위상이 상승했다. 특히 동·서독 각자의 통치권을 각각의 영토 범위로 제한했고, 국내정치와 국제정치에서 자립권과 자주권을 서로 존중하기로 했다.

두 나라는 특별한 관계 때문에 정식 대사급 대신 연락대표부를 파견하기로 합의하고 1974년 6월 20일 동독주재 서독대표부는 가우스(G. Gaus)를, 서독주재 동독대표부는 콜을 임명했다. 상주대표부는 양국 관계발전에 관한 모든 업무를 전담하게 되며, 특히 정치·경제·문화에서 교류확대에 전념했다. 가우스는 동독과의 실질적인 관계개선을 위해 호네커(E. Honecker)를 비롯해 동독의 책임 있는 정치가들과 많은 회담을 가졌다. 그 예로 서독에서 서베를린으로 통하는 교통망의 안전보장과 확대, 통과요금에 대한 협의, 문화교류 협정, 인적 교류 확대 및 가족상봉 등을 협의했다.65)

동·서독 기본조약은 분단된 독일에서 상호 협조체제(Modus Vivendi)를 구축했으며 유럽 평화 정착에 공헌할 수 있는 토대를 마련했다. 정치적 의미로는 유럽에서 긴장완화와 군축협상의 시대에 돌입할 수 있는 전기를 마련했다. 동·서독 기본조약을 체결함으로써 서독 측으로서는 사민당과 자민당 연립정부가 추진하는 동방정책의 가장 중요한 핵심인 독일문제를 해결했다. 동독은 서독으로부터 국제법상 합법적인 국가로 인정을 받지는 못했지만 서독이 국제사회에서 독일을 대표하는 유일한 단독국가라고 주장하던 것을 포기함으로써 서독과 함께 국제사회에서 동등한 자격의 국가로 인정받게 됐다.66)

교통조약과 동·서독 기본조약 체결 후 양국은 실질적인 관계개선을 이룩했다. 동·서독 관계개선을 위한 협상에서 서독은 국가적인 요구사항을 관철시키려 하지 않았다. 단지 양국 국민의 실질적인 생활의 편리함을 실현하기 위해 노력했다. 동·서독은 정치·경제·언론·문화 및 인적교류(이산가족상봉), 보건·환경 등 세분화된 협정을 체결하면서 실질적인 관계를 개선했다. 동·서독 기본조약이 양국 의회에서 승인된 후 실무조약을 체결하기 위한 대화는 계속됐다. 양국의 실무협상은 문화협정, 학술 및 기술분야의 공동협정, 우편·전신·전화협정, 보건협정, 환경보호 협정과 법률교류 협정 등으로 이루어졌다.

보건협정만이 브란트 수상 재임기간인 1974년 4월 15일에 체결되고 다른 협정은 슈미트 재임 기간에 체결됐다. 보건협정은 1976년 1월 1

---

65) *Ibid.*, p.12.
66) Weber, Hermann: *Die DDR 1945-1986*, pp.84-85.

일부터 효력을 발생해 여행자가 상대방 국가를 여행할 때 병을 앓게 될 경우 무료로 앰뷸런스를 이용할 수 있고 의료혜택도 받을 수 있게 됐다.

사민당과 자민당은 제1차 연립내각 시기 소련과 모스크바조약, 폴란드와 바르샤바조약, 동독과 동·서독 기본조약을 체결하여 외교에서 중요한 업적을 이룩했다. 브란트 수상은 동방정책을 통해 동유럽국가들과 국교관계를 정상화했을 뿐 아니라 이념을 초월해 경제분야도 공동 협력할 수 있는 기반을 조성하고 유럽의 긴장완화에도 크게 기여했다.

동방정책은 소련과 관계정상화를 통해 대화분위기를 조성했고 폴란드와 오더 나이세 경계선을 폴란드 서부 국경선으로 인정하여 화해의 시대를 개막했다. 동독과는 동·서독 기본조약을 체결하여 독일문제 해결을 위한 계기를 마련했고 베를린에 관한 4개국 협정을 통해 서베를린을 정치·경제적으로 서독에 존속하게 했다.

동방정책은 독일 국민들의 절대적인 지지를 받아 1972년 11월 19일에 실시된 총선거에서 사민당이 대승을 거두었다. 사민당은 역사상 가장 높은 지지율인 45%를 받아 의회에서 가장 강력한 원내 의원단을 구성했다. 선거에서 기민당(CDU)은 35.2%, 기사당(CSU)은 9.7%, 자민당(FDP)은 8.4%의 지지를 받았다.[67]

유권자들의 적극적인 지지 덕분에 사민당과 자민당은 1969년에 이어 1973년 두 번째 연립내각을 구성하여 앞으로 4년간 정부를 이끌어 갈 책임을 부여 받았다. 두 번째 임기에서도 동방정책에 대한 의지는 변함이 없었다. 브란트는 수상 취임 연설에서 유럽의 평화정착에 대한

---

67) Baring, pp.498-499.

의지를 강력히 표현했다. 동방정책을 통해서 유럽 평화정착에 기여하고, 독일민족은 세계평화와 긴장완화를 위해 노력해야 한다고 강조했다. 동유럽국가 및 동독과 우호관계를 계속 유지하기 위해서 동방정책을 계속 추진하고 무력포기 협정의 기반 위에서 체코슬로바키아, 헝가리, 불가리아와 외교관계를 수립할 계획을 밝혔다. 그는 정치적 관계 이외에도 동유럽국가들과는 경제・학술・기술・문화 분야 등에서 상호협력하고 인도주의적인 면에서도 만족할 만한 성과를 이룩할 수 있도록 최선의 노력을 다할 것을 밝혔다. 그는 인도주의적인 면에서 동유럽국가에 살고 있는 독일인을 자유의사에 따라 서독으로 이주시키거나 또는 이산가족 상봉을 위해 가능한 한 인적교류 확대를 계속 추진할 것을 밝혔다. 동방정책은 인간의 기본문제를 해결하는 데 이용되어야 하며 이와 같은 맥락에서 이산가족의 상봉과 옛날 친구의 조우는 반드시 이루어져야 한다고 밝혔다. 브란트는 독일인은 동・서독 각각 다른 체제하에서 살고 있지만 하나의 민족으로 머물러 있어야 한다고 전제하고 서독은 유럽평화・안보회의(KSZE)준비를 위해 책임과 의무를 다하고 유럽에서 대립과 충돌의 시대를 종식시키기 위해서 노력하며 유럽에서 상호 균형적인 군비축소를 위해서 최선을 다할 것을 밝혔다.68)

교통조약과 동・서독 기본조약 체결 후 양독일은 실질적으로 관계

---

68) Bulletin des Presse- und Informationsamtes der Bundesregierung, Bonn 19. Januar 1973, Nr.6, pp.45-47: Protokoll des außerordentlichen Parteitages der Sozialdemokratischen Partei Deutschlands, Dokument, 12., bis 13. Oktober 1972 (ed) Vorstand der SPD, pp.68-74; Parteitag Hannover 1973, Beschlüsse, außer Bodenreform, Vermögensbildung und Orientierungsrahmen, 85, (ed) Vorstand der SPD, Bonn 1973, pp.5-9.

개선을 이룩했다. 동·서독 관계개선을 위한 협상에서 서독은 동독시민의 실질적인 삶의 편리함을 실천하기 위해 노력했다. 동·서독 기본조약이 양국의 국회에서 승인된 후 서독 대표 바와 동독 대표 콜은 실무협상 대표단과 1973년 6월 20일부터 11월 초순까지 실무조약을 실천하기 위해서 세부적인 의견을 교환했다. 1973년 11월부터 대동독 대화창구의 서독 대표는 수상청 가우스 국장이 전담했다. 동독은 니르(K. Nirr) 외무부 차관이 대서독 협상 대표로 선임됐다.69)

동·서독 기본조약 체결 후 두 나라는 양국의 경계선에 흐르는 하천의 확장과 수리 그리고 수해방지에 관해서 30차례 회의를 동·서독 경계선지역에서 가졌다. 국경선 접경 지방자치단체는 재난발생시 국가를 초월하여 서로 정보를 교환하고 사고방지와 재난방지를 위해 공동 대처하기로 합의했다. 동·서독 국경선 지역에서 화재·수해·혹한·태풍·산림의 병충해로 인한 피해, 질병 그리고 동물의 전염병·농지피해·곡물피해·약초피해·기름으로 인한 피해 그리고 공기의 청정에 관한 사건이 발생할 경우 서로 교대로 상주하고 있는 연락대표부 사무소에 연락하고 공동으로 예방대책을 세우기로 합의했다.70)

내륙에서 국경을 초월하여 협조체제가 구축되자 해상에서도 갈등의 소지를 없애고 국가를 떠나 해안경계선 주변지역 어민의 어업권

---

69) 귄터 가우스는 함부르크에서 발행되는 주간지 슈피겔(Der Spiegel)의 편집국장으로 재직하는 동안에 동독문제에 관해서 많은 글을 게재했다. 그는 함부르크에서 발행되는 주간신문 차이트(Die Zeit)지의 편집인 테오 좀머, 마리온 그레핀 된호프 등과 함께 언론을 대표하는 외교전문가이며 특히 동독문제 전문가이다. 그래서 그는 동독주재 서독대표부에 임명되었다.

70) Entwicklung der Beziehungen zwischen der Bundesrepublik Deutschland und der Deutschen Demokratischen Republik 1969-1976, pp.44, 197-201, Dokumente Nr.70, 71.

제한을 해소하는 데 노력했다. 동·서독은 1974년 6월에 뤼벡만의 어업 활동에 관해서 어업협정을 체결했다. 그 결과 서독 어민은 뤼벡만의 동독 해상에서 조업활동을 할 수 있게 됐고 또한 동독 주민도 경계선을 넘어 서독 해안에서 어업행위가 가능하게 됐다. 이로써 조업 중 어선이 경계선을 침범해서 생기는 갈등이 해소됐다.[71]

동·서독 기본조약 체결과 함께 두 나라는 평화적인 공존의 시대에 돌입하게 됐고 동등한 자격의 기반 위에서 양독이 국가간 관계를 발전시킬 수 있는 계기를 만들었다. 이로 인해 동·서독은 대결과 충돌의 시대를 마감하고 평화적인 시대가 도래하여 유럽의 긴장완화에 크게 기여했다. 동·서독 기본조약 체결을 통해서 동독은 국제적으로 주권 국가와 국경선도 인정받게 됐다. 이러한 결과 동독은 외교적 목표를 달성했고, 국제무대에서 지위도 갑자기 격상됐다.

동·서독 기본조약이 양국의 대표기관에서 승인된 후 동독은 고립의 길보다는 개방의 길을 선택하게 됐다. 동독은 이제까지 사회주의 국가와 외교관계를 벗어나 자유민주주의 국가들과도 외교관계를 수립하여 정식 대사급을 교환했다.

예로 1972년 12월 한 달 동안 동독은 20개 국가와 외교관계를 수립했으며(스웨덴, 이란, 스위스, 오스트리아 등등) 그리고 1973년 1월에는 13개 국가와 외교관계를 수립했다 (이탈리아, 네델란드, 핀란드 등등). 1972년에 동독은 유네스코 회원국이 됐고 1973년 9월에 동·서독이 동시에 유엔에 가입했으며 아울러 유엔 산하 국제기구의 정식 회원 국가가 됐다. 1974년 9월에는 동독은 미국과 외교관계를 수립했다.[72]

---

71) Entwicklung der Beziehungen zwischen der Bundesrepublik Deutschland und der Deutschen Demokratischen Republik 1969-1976, pp.12-19.

72) Weber, *Die DDR 1945-1986*, pp.84-85.

동·서독은 냉전체제를 인정하면서 군사적 무력충돌의 시대에 정치·경제적으로 협력할 수 있는 새로운 전환을 모색했다. 1973년 7월 3일 열린 유럽평화·안보회의 준비회담에서 모든 참가국은 동독을 국제법상 정식 국가로 인정했다.[73] 외교에서 동독의 위상은 향상됐지만 사회주의 정치노선을 추구하던 동독은 서독과 개방정책을 계속하게 될 경우 체제위협에 부딪치게 됐다. 동독은 서독과의 빈번한 교류와 접촉을 통해 서독 민주국가의 자유와 자본주의 국가의 경제적 풍요로움과 복지정책의 선진성에 대한 동경 때문에 체제수호에 위협을 느끼게 됐다. 서독을 여행한 동독 시민은 서독의 경제적 부와 정치적 민주화, 안전한 사회제도 등을 동독과 비교함으로써 동독을 부정적인 시각으로 보기 시작했다. 동독은 당 간부와 지방행정 단체장의 서독 방문과 교류를 금지했다. 시민이 동독정부를 부정적으로 보는 시각이 확대됨에 따라 정부는 당 간부에게 비난하는 행위를 반박할 수 있도록 특별훈련과 교육을 시켰다.[74]

1) 경제교류와 제도정비

양독의 경제교류는 냉전기간 정치상황 변화에 따라 영향을 받았다. 정치적인 이유에서 동서독의 경제교류는 1951~53년, 1960~64년,

---

[73] Hacker, Jens: Verzicht auf Eigenständigkeit: Die Entspannungspolitik der DDR, in: *Entspannungspolitik in Ost und West*, (ed) Hans-Peter Schwarz, Boris Meissner, Köln Berlin, Bonn, München 1979, pp.43-44.

[74] Rexin, Manfred: "Koexistenz auf deutsch", Aspekte der deutschen Beziehungen 1970-1987, in: *Die DDR in der Ära Honecker, Politik-Kultur-Gesellschaft*, (ed) Gert-Joachim Glaessner, Opladen 1988, pp.45-47.

1967~68년은 성장추세가 감소했다. 정치적으로 밀접하게 연관된 동·서독의 교류였지만 서로의 필요에 따라 교류의 범위를 확대하고 상호무역을 증가시켰다. 경제교류는 1969년 이래 계속 성장세에 있었으며, 1970년도 서독과 소련이 모스크바조약을 체결함으로써 서독이 동유럽 국가와의 관계를 해빙과 대화의 국면으로 변화시켰을 때 동·서독 경제교류도 서서히 활기를 띠기 시작했다. 동독 국가위원회 위원장 호네커는 양독의 경제교류는 평화적 관계를 유지하기 위해 물질적 토대를 구축하는 것이며, 서방세계와의 경제교류는 동독의 경제발전에 기여할 수 있어야 한다고 기본입장을 밝혔다.75) 동·서독 기본조약 체결 후 양국은 활발하게 교류할 수 있는 제도적 장치를 보완해 경제교류와 협력은 증가했다.

조약 체결 후 동독과 서독은 교류와 관련된 규칙을 재정립할 필요성을 느꼈다.76) 서독에서는 동독과 교류하려면 우선 정부로부터 허가를 받아야 했다. 서독은 동독을 합법적인 국가로 인정하지 않기 때문에 서독 측에서 보면 동독은 외국이 아니고 특수한 관계의 국가였기 때문이다. 따라서 서독은 동독과의 거래를 국제무역으로 간주하지 않고 동·서독 경제교류에 관한 특별법에 의해 취급했다. 서독은 동독과의 경제교류 및 경제협력을 위해 1949년 서독경제인연합회(Deutscher Industrie- und Handelstag)에서 신탁청(Treuhandstellle für den Interzonenhandel)을 설립했다.77) 신탁청은 분단기간 대독 경제협력 창구역할을 했다. 신탁

---

75) Nitz, Jürgen: Wirtschaftsbeziehungen DDR-BRD Bestimmungsfaktoren, Tendenzen, Probleme und Perspektiven, in: Aus Politik und Zeitgeschichte, B 10/89, 3. März 1989, p.4.

76) Lambrecht, Horst: Innerdeutscher Handel, in: *DDR und Osteuropa*, Wirtschaftssystem, Wirtschaftspolitik und Lebensstandard, Opladen 1981, p.161.

청은 1951년 9월 20일 동독의 대외무역부[78]와 물품교환과 기간산업이용, 지불방법에 관해 계약을 체결했다. 이 계약은 1960년 8월 16일과 1968년 12월 6일에 수정·보완됐다.[79] 신탁법에 의하면 서로 교환하는 제품은 반드시 동독 또는 서독에서 생산된 제품이어야 하고 서로 합의된 물품 목록만 상대방의 국가로 양도할 수 있었다. 그러나 외국에서 만든 제품은 상대방 국가에 양도하게 될 경우 특별허가를 받아야 했다. 서독 기업이 동독에 제품을 판매했을 경우 동독 국립은행에서 서독의 환율과 똑같이 1 : 1 비율로 환불을 받았다. 서독은 동독과의 거래를 국제무역으로 간주하지 않고 특별관세로 취급해 세금을 정산했다. 동독으로 판매되는 서독 공산품은 최고 6% 범위 내에서 세금을 납부하게 했지만, 농산물에 대해서는 세금이 면제됐다.[80] 동독과 거래하는 서독 기업은 부가가치세 삭감을 요구해 부가가치세는 공산품의 경우는 11%, 농산물은 2.5%만 부담했다.

동·서독 기본조약 제7조의 내용에 따라 양독에 살고 있는 국민의 생활편의와 생활수준 향상을 위해 경제, 학문, 기술, 교통, 법률 정보교환, 우편과 통신, 보건, 문화, 스포츠, 환경분야에서 교류를 확대하고 촉진하기로 합의했다. 이 내용의 정신에 따라 양국은 경제교류와 협력

---

77) Thalheim, Karl C.: Die Bedeutung der neuen Ostpolitik für die Wirtschaftsbeziehungen zwischen der Bundesrepublik Deutschland und der DDR, in: *Osthandel in der Krise*, (ed) Stefan Graf Bethlen, München 1976, p.29.

78) 본래 동독의 대외무역부 명칭은 대외무역과 국내무역을 위한 부처였으나 1967년 이후 대외무역부로 명칭을 바꾸었음.

79) Die Entwicklung zwischen der Bundesrepublik Deutschland und der Deutschen Demokratischen Republik, Bericht und Dokumentation, (ed) Bundesministerium für innerdeutsche Beziehungen, Melsungen 1973, p.17.

80) *Ibid.*, p.18.

을 활발히 진전시키기 위해 그때까지 존재하고 있던 무역구조를 개선하기로 합의했다. 1973년 9월 19일부터 서독의 대동독 경제교류 창구인 신탁청(TSI)과 동독의 대외무역부는 협상을 시작해 그 첫 번째 결과로 제강, 제철, 철강석과 기계분야에서 협력을 위한 합의가 이루어졌다.

동독은 사회주의 국가 중에서 소련에 이어 두 번째로 큰 서독의 무역 상대국이었다. 서독은 1973년에 29억 마르크, 1974년에는 36억 마르크의 제품을 동독으로 수출했다. 동독은 1973년에 26억 마르크, 1974년에 32억 마르크를 서독으로 수출했다. 서독에서 동독으로 수출하는 제품은 대부분이 전자·기계·철강제품이었다. 동독에서 서독으로 수출하는 제품은 농수산물·시설투자부분·산업소비재 제품이었다. 1970년대 초 오일쇼크 등 세계적 경제위기 속에서도 동독과 서독의 교류는 감소하지 않고 꾸준히 증가했다. 기본조약 체결 후 교류는 더 발전하고 확대되어 양국은 교류를 통해 긴장을 완화시켰고 이질감을 제거하는데 약간의 도움이 됐다. 직접적인 물품교류를 통해 동독 시민은 서독 자본에 대한 그리움과 환상을 가지게 됐다. 동독 시민은 생필품의 어려움을 겪고 있었기 때문에 자본주의 국가인 서독에 대한 환상과 그리움은 계속 깊어 갔다. 직접적인 물품거래 외에도 서독정부는 매년 3억 2천만 마르크를 직접 또는 간접적으로 동독에 지급했다. 이 돈은 서베를린 시민이 동독을 방문할 때 동독의 교통수단을 이용하는 사용료, 비자 발급에 대한 수수료, 동독의 기간산업시설, 즉 우편, 철도의 확장을 위한 투자 등이 그 명목이었다.

동·서독 상호서신왕래가 가능했기 때문에 서독은 1948년부터 1966년까지 사용한 동독우편 시설물 수수료 명목으로 총 2억 5천만 마르크를 지불했다. 또 1969년부터 1972년까지 동독 정치범 양도와 이산가족 상봉 명목으로 총 2억 7천만 마르크를 지불했다. 그리고 서독은 신탁거래 형식으로 동독에게 매년 이자 없이 6억 2천만 마르크를 빌려주었다.[81]

서독이 끈질기게 노력한 결과 1972년 9월에 동독은 관세규정을 완화했다. 동독은 담배 250g, 커피 500g, 쵸코렛 1,000g, 음료수 1L, 와인과 샴페인 2L까지만 세관을 통관하기로 했다. 이외에도 지금까지 전혀 반입을 허가하지 않았던 향수제품에 대해서 반입을 허가했다. 선물상자의 무게도 1970년 7월까지는 7Kg만 허용하던 것을 1972년 9월부터는 20Kg까지 허용했다.[82] 개인이 선물을 주고받는 과정에서 소비품과 사용품은 반드시 우편을 통해서만 전달되고, 선물상자에는 어떤 종류의 편지와 상업적 목적이 있는 물품을 송부해서는 안 된다고 규정했다.

동독은 서독에서 오는 책과 잡지 및 여러 종류의 인쇄물, 사진과 그림, 카세트는 반드시 세관의 허가를 받아야 수취인에게 전달됐다.[83] 동독은 사상적인 면에서 서독의 자유주의 세계를 감당하지 못했기 때문에 어떤 방법으로든 서독의 다원화된 문화가 동독에 유입되는 것을 차단하고자 했다. 동독의 우체국은 의도적으로 서독에서 오는 책과 잡지를 배달하지 않아 종종 배달사고가 발생했다.

동독은 서독에게 주로 원자재와 천연자원, 부속품 등을 판매했다. 동독은 서독과의 협력을 통해 사회간접자본을 확충하고 노동시장을

---

81) 이 차관은 본래 2억 마르크까지 공급 할 수 있게 됐으나 1968년 12월 6일 협정에 의해 전년도 비율의 20%을 초과하지 못하도록 했다. 그래서 1972년은 5억 8천마르크, 1973년은 6억 2천만 마르크를 동독에 대여했다.

82) Die Entwicklung zwischen der Bundesrepublik Deutschland und der Deutschen Demokratischen Republik. p.192.

83) Ibid., pp.226-227.

개척해 사회적 문제가 되고 있는 실업자를 줄이려고 했다. 동독은 주변의 서방국가들이 모두 산업이 발달한 국가였기 때문에 하청수주를 통해 경제적 이익을 도모했다. 또 서독의 학문과 기술을 끌어들여 공동협력을 통해 수출을 활성화하고자 했으나 체제의 차이점에서 발생하는 문제를 해소하는 데 어려움이 수반됐고, 사회주의 체제가 갖는 한계 때문에 지속적인 경제성장은 불가능했다.

2) 동·서독 연락대표부 교환

동·서독 기본조약에서 합의한 대로 긴밀한 관계를 위해 1975년 6월 20일 양국은 연락대표부를 교환했다. 동독 상주 서독연락대표부는 가우스가, 서독 상주 동독연락대표부는 콜이 임명됐다. 가우스는 1981년까지 재임했는데, 슈피겔 편집인으로 언론에서 외교 전문가로 동·서독 관계발전에 대해 많은 정책을 제시했다. 진보적 성향의 그는 1960년대 말 보수당 지배 시대 독일문제 해결방안으로 동독을 국가로 인정할 것을 주장해 진보적인 자민당 외교정책에 크게 기여했다.

동독의 본 주재 연락대표 콜은 동·서독 기본조약 회담을 성공시킨 당사자로 서독에 잘 알려진 인사였다. 그는 서독 수상과 직접 대화채널을 가동하면서 동독의 관심사항을 협의했다. 동·서독 기본조약 제8조에서 합의한 대로 연락대표부는 정식 대사급은 아니지만 양국의 관계를 고려해 특별한 관계로 대우하기로 했다. 동독 상주 서독연락대표부는 1971년 베를린조약 이후 서독이 서베를린을 대표한다고 합의했기 때문에 서베를린과 관계되는 업무도 취급했다.

그때까지 뒤셀도르프(Düsseldorf)에 상주하고 있던 동독 무역대표부는 본에 상주하게 될 연락대표부에 예속되었다. 연락대표부에 근무할 상주직원의 수는 양국이 합의 하에 조정하기로 했다. 연락대표부가 소유한 건물은 고유업무 외에 다른 용도, 특히 상업적 용도로 사용하지 못하고, 단지 상주직원만 사용하도록 했다. 상주대표부는 모든 세금을 면제받았다.

동독에 상주하고 있던 서독연락대표부는 동독의 국내정치와 외교정책, 경제사항 등을 예의 주시하고 분석했다. 가우스 대표는 양국 간에 인적 교류의 편리함과 여행기회 확대를 위해 특별한 관심을 가지고 있었다. 그리고 경제협력, 교통시설 이용, 우편 및 통신의 확대, 농업·문화·학문·스포츠·청소년과 노동조합의 교류를 위해 노력했다.

그는 여러 분야에서 동·서 교류 발전에 기여했는데, 정치·경제 외에도 민간단체 교류가 활발히 이루어져 분단의 골을 완화시켰다. 서독의 학자들이 동독의 사료보관청이나 학문시설 등을 쉽게 이용할 수 있도록 합의했다. 양국은 문화교류의 일환으로 비정치분야인 스포츠와 노동조합 간부, 청소년단체 간부 등이 상호 방문할 기회를 확대했다. 동독의 박물관과 합의하여 동독이 소유하고 있는 독일의 문화유산과 예술작품을 서독에서 방문·전시하도록 했다. 동독을 여행하고 있는 서독 국민이 갑자기 병이 생겼거나 신체장애자가 위급한 상황이 발생했을 때 응급처치나 귀환조치를 위해 동독 해당 당국의 협조를 약속했다. 서독의 국민과 서베를린 시민이 동독을 여행하면서 체포됐거나 서독의 기자가 취재 시 체포됐을 경우에 보호하기 위해 동독과의 협상을 전담했다.[84]

---

84) Zehn Jahre Deutschlandpolitik, pp.24-25.

연락대표부는 양국이 체결하게 될 여러 조약과 정치·경제·문화에서 현안문제를 다루었다. 경제적인 문제는 신탁청의 고유 영역이지만 신탁청 업무에 해당되지 않는 부분을 다루었다.[85] 가우스는 동독과 실질적으로 관계를 개선하기 위해 호네커를 비롯해 동독의 책임 있는 정치가들과 많은 회담을 가졌다. 그 예로 서독에서 서베를린으로 통하는 교통망 확대, 통과 요금에 대한 협의, 문화교류 협정, 인적 교류 확대 및 가족상봉 등이 다루어졌다. 동·서독 경제교류의 원칙은 양국의 동등한 관계 위에서 서로에게 이익을 가져다주어야 한다는 원칙에 입각하고 있었다.

3) 교통시설 확장 및 이산가족 상봉

서독에서 베를린으로 통하는 교통시설은 철도, 도로, 운하와 수로, 항공노선이 있었다. 1948년 베를린봉쇄령 당시 서독과 연결되던 모든 교통수단은 차단됐다. 서방연합군은 공군수송기를 통해 1948년 7월부터 1949년 5월까지 약 10개월 동안 생활필수품을 공중에서 낙하 배급하여 베를린을 위기에서 구출했다. 1957년부터 1966년까지 베를린 시장을 역임한 브란트는 냉전이 심화될 때마다 1948년 베를린봉쇄령 당시 고립상태를 또다시 되풀이하지 않기 위해 서독과의 교통망 안전보장에 노력했다. 1971년 9월 3일 미·소·영·불 4개국의 베를린협정이 체결되기 전까지는 베를린 자유왕래에 관한 법적·제도적 장치가 없었다.

동독은 가능한 한 동·서베를린 및 동·서독 자유왕래를 제한하려

---

85) *Ibid*, pp.12-13.

고 했다. 동독은 버스로 동독을 여행하는 것은 허가하지만 일반시민이 승용차로 방문하는 것은 허가하지 않았다. 그러나 상업적 목적에서 승용차를 가지고 라이프치히(Leipzig)산업박람회에 참가하는 서독 기업인과 관계 회사 직원에게는 예외를 인정했다.

    서독 시민은 동독으로 가는 경계선의 검문소에서 심한 통제를 받았다. 물건을 싣고 동독으로 가는 화물차는 경계선을 통과할 때 조사가 까다로워 오랫동안 기다려야 하는 불편함이 있었다. 1968년부터 동독은 서독 시민에게 여권과 비자를 요구하고 화물차에 대해서는 통행료를 요구했다. 서독은 동·서독을 왕래하는 데 여러 가지 제한을 철폐하기 위해 노력했다. 그 결과 동·서독은 1972년 5월 26일 교통조약을 체결해 상호방문 또는 물품양도시 교통체제를 원활히 했다. 교통조약을 통해 도로, 철도, 운하 및 해상수송에 관한 규칙을 체계화했다.[86]

    1961년 8월 13일 베를린장벽이 설치됨으로써 동독 시민들은 더 이상 서베를린이나 서독을 방문할 수 없었다. 1964년 11월의 동·서베를린 자유왕래 협정에 의해 동독에 사는 65세 이상의 남자와 60세 이상의 여자는 1년에 4주 동안 서독 체류가 가능해졌다. 1972년 5월의 교통조약 이후 동독 여행자도 서독에 30일 동안 체류할 수 있게 됐다. 특별한 경우 60세가 넘지 않더라도 서독에 살고 있는 직계가족의 출생, 결혼식, 은혼식, 금혼식, 그리고 60세, 65세, 70세 생일잔치에 참석하는 데는 증명서류만 제시하면 방문이 가능했다.[87]

    1970년 100만 명의 동독 정년퇴직자가 서독과 서베를린을 방문했고, 1972년까지는 거의 같은 숫자가 서독과 서베를린을 방문했다. 동·서독 기본조약 체결 후인 1973년에는 약 125만 명의 동독 정년퇴직자가

---

86) *Ibid.*, p.37-42.
87) *Ibid.*, Dokument 1-.63, p.229.

서독과 서베를린을 방문했고, 1974년에는 130만 명으로 증가했다. 정년퇴직자가 아닌 일반인은 1972년 11,421명의 동독 시민이 가족을 상봉하기 위해 서독을 방문했다. 그 숫자는 1973년 41,498명, 1974년에는 38,298명이 됐다.

브란트의 동독정책은 인도주의적인 면에서 이산가족 상봉을 위해 상호방문을 실현하고자 했다. 교통조약과 동·서독 기본조약 체결 후 양독은 여행자의 편리를 위해 노력한 결과 서독 국민은 동독에 살고 있는 친인척이나 친구가 초청하면 1년에 30일간 체류할 수 있었다.

양국의 원활한 왕래를 위해 1973년 6월 21일 동·서독 경계선을 통과하는 4개 도로가 개통됐다. 서독 시민은 승용차를 타고 동독을 여행할 수 있게 됐다. 새로 개통된 4개의 통로는 경계선 지역과 근처 주민뿐 아니라 동독을 여행하는 서독 시민도 편리하게 이용할 수 있었다. 그 결과 1973년 서베를린에서만 약 100만 대의 승용차와 약 250만 명의 시민이 동독을 방문했으며, 1974년에는 75만 대의 승용차와 약 190만의 서베를린 시민이 동독을 방문했다.

1973년에 서독에서는 43만 8천 대의 승용차와 110만의 여행자가 동독을 방문했고, 1974년에는 44만 6천 대의 승용차와 110만의 여행자가 동독을 방문했다. 1973년에는 227만의 서독 시민과 서베를린 시민이 장기간 동독을 방문했으며, 1973년 6월 4개의 도로를 개방한 이래 같은 해 7월부터 19만 2천의 동서 경계선 지역 주민도 동독을 방문했다. 1974년에는 190만의 서독 시민이 동독을 장기간 방문했는데, 이 중에서 33만 명은 동·서독 경계선 지역의 주민들이었다. 1972년에는 약 200만의 서독인이 하루 일정으로 동베를린을 방문했으며, 1973년은 약 380만 명, 1974년은 약 250만 명이 하루 일정으로 동베를린과 동독을 방문했다.[88]

서독정부는 동독의 정치범을 인도적인 면에서 도우려고 노력했다. 그 결과 동독 교도소에 수감돼 있는 정치범을 동독의 허가 아래 서독으로 이주시켰다. 1970년 이후 9천 명 이상의 정치범이 동독에서 서독으로 이주했다. 이 중 약 2천 명은 형집행이 끝나지 않아 국가위원회의 사면을 통해 출감 만기 전에 특사로 사면되어 서독으로 이주했다. 서독은 정치범을 서독으로 이주시키면서 동독에 많은 액수의 경제적 보상을 해 주었다. 정치범 대부분이 사회주의 정치체제에 반대하거나 거부한 사람이었다. 서독은 인도적 차원에서 이들의 구제활동에 적극적으로 임했다. 1980년대 중반 동독의 민주화운동이 다른 동유럽과 비교해 활발하게 진행되지 않자, 이들이 서독으로 이주해 와 동독에서 반체제세력이 약화됐기 때문인 것으로 보는 시각도 있었고 동방정책이 통일을 지연시켰다는 설도 있었다.

4) 우편 및 통신교류 확대

분단상황에서도 불편하지만 1970년까지 동·서독 사이에 34개의 전화회선이 있었으며 연간 통화량은 약 100만 건이었다. 전화 방식은 모두 수동식으로 한 번 통화하려면 4시간에서 15시간을 기다려야 했다. 동독이 1952년 전화회선을 일방적으로 폐기시켰기 때문에 동독에서 서베를린으로 직접통화는 불가능했다. 동독에서 서베를린으로 통화하려면 서독의 중개를 받아야 했다. 1970년까지 직접 통화를 하거나 전보를 보내려면 충분한 회선이 없어 어려움이 많았다. 원활한 통화를 위해서는 전화회선을 증설하고 교환방식을 수동에서 자동으로 전환

---

88) *Ibid.*, pp.41-43.

해야 했다. 그리고 베를린 내에서 직접통화를 위한 회선 설비가 필요했다. 또 기술을 향상시켜 통화할 때 정확한 목소리를 들을 수 있도록 해야 했다.

이런 문제를 보완하기 위해 서독정부는 동독과 협상해야 했다. 이를 위해 이미 1968년에 동독 통신시설을 이용했다는 명목으로 1,700만 마르크를 동독에 지불했고, 1971년 9월에는 2,500만 마르크를 지불했다. 1977년부터 1982년까지 서독은 동독의 통신시설 사용비 명목으로 8,500만 마르크를 지불했다. 이를 지불하면서 동독이 통신시설 이용을 위해 협조해 줄 것을 당부했다. 그 결과 1970년 후반 회선은 74개로 증가했다. 1971년 134개, 1973년 182개, 1974년에는 278개로 회선이 증가했고, 1978년 초까지는 702개의 회선이 설치됐다.89) 1978년에는 동·서독이 약 1,700만 통화를 했다. 이는 하루에 동·서독 간 약 4만 5천 통화를 했다는 것이다.

베를린에 관한 4개국협정이 효력을 발생한 1972년 7월 25일에 서베를린에서 동독의 32개 지역과 직접통화가 가능했다. 서베를린에서 동독으로 통화할 수 있는 회선은 1971년에 150개로 확장됐고, 서베를린에서 동독의 전 지역으로 직접 전화를 할 수 있게 됐으며 회선도 점점 증가했다. 서베를린과 동독이 통화가 가능해짐에 따라 서베를린 시민이 동독에 사는 친인척과 자주 통화할 수 있게 됐다.90)

서독에서 서베를린으로 전해지는 모든 우편물은 헬름슈테드를 통해 전해지게 됐으나, 동서관계가 변하면서 우편물 수송에서도 변화가 시작됐다. 이제는 헬름슈테트 외에 다른 노선의 철도나 육상 교통로를

---

89) Entwicklung zwischen der BRD und der DDR 1969-1976, pp.32-36, 153-154. Dokument Nr.47.
90) *Ibid.*, p.29.

이용하게 됐다. 우편물 수송의 편리를 위해 서독이나 서베를린으로 보내지는 우편물은 D로 표시했고 동독으로 가는 우편물은 DDR로 표시했다. 양국 간의 우편물은 국제우편물로 간주하지 않고 특별한 관계로 취급했다. 우편물 배달 기간도 5일을 초과하지 않았다.

1972년부터 서독에서 동독으로 가는 우편물이 감소했는데, 이는 여행이 대폭 간소화되고 편리해져 승용차로 동독을 여행하는 사람들이 직접 선물을 가지고 갔기 때문이다. 서독에서 동독으로 보내지는 소포는 1978년의 경우 약 2,500만 개, 동독에서 서독으로 오는 것은 약 1,000만 개였다.

5) 동방정책의 반대세력

정부·여당과 야당인 기독교연합의 외교정책에는 많은 차이가 있었다. 야당의 외교정책은 할슈타인 독트린을 고수해 동독을 국가로 인정하지 않고 고립시키는 것이었다. 하지만 동유럽의 사회주의 국가들과는 문화·경제교류를 확대해 관계를 개선한다는 것이었다. 이 원칙에 따라 기민당 정부는 1960년대 초 동유럽국가에 무역대표부를 설치해 경제교류를 확대했다. 기민당과 사민당의 동유럽정책과 동독정책에는 현저한 차이가 있다. 기민당 정부에서는 동유럽 사회주의 국가들과 관계를 개선하려고 했지만 사회주의 종주국인 소련 및 동독과는 관계를 개선하려 하지 않았다. 기민당이 추진한 동방정책은 소련 및 동독과 관계를 개선하지 않고서는 동유럽국가와 관계개선이 이루어질 수 없는 한계가 있었다.[91]

---

91) Griffith, pp.167-168; Bender, *Neue Ostpolitik*, pp.100-101.

국제정치의 변화에 따라 1960년대 기민당의 외교·안보정책도 서서히 변하기 시작했다. 기민당은 1966년 3월 25일 평화선언문(Friedensnote)을 발표해 군비의 축소와 통제, 유럽의 안보정착을 위해 동유럽국가들과 의견을 교환할 용의가 있다고 밝혔다. 이는 기민당 내에서 핵무장을 주장하는 강경파 세력이 약화되고[92] 외교정책이 유연해졌다는 것을 의미한다. 하지만 오더-나이세 경계선을 폴란드 서부 국경선으로 인정하는 것에 대해서는 뚜렷한 입장을 밝히지 않았고, 동독을 국가로 인정하는 것은 단호하게 거절했다.[93]

1949년부터 1969년까지 여당으로서 국정을 수행했던 기민당은 1969년 사민당과 자민당이 연립정부를 구성한 결과 야당으로 전락했다. 정부여당인 사민당과 자민당은 외교정책에서 의견차이 없이 공조체제를 유지했다. 그 내용을 보면 더 이상 서독이 독일을 대표하는 유일한 국가임을 주장하지 않고 할슈타인 독트린을 폐지하며, 오더-나이세 경계선을 폴란드 서부 국경선으로 인정해 유럽에서 평화를 정착시키고 긴장완화를 위해 소련을 최고의 파트너로 인정하며, 동독을 더 이상 고립시키지 않고 서독과 똑같은 자격의 파트너로 인정하는 것이었다. 브란트 수상의 외교정책 기본이념은 동독을 긴장완화를 위한 대화의 장으로 끌어들여 서독은 물론 서방세계와 교류를 통해 동독 사회의

---

92) 1963~1964년 기민당 내에서도 핵무장을 주장하는 강경론자와 이에 반대하는 세력 간에 이견이 팽팽했다. 핵무장 옹호론자들은 아데나워, 브렌타노, 슈트라우스 등으로 프랑스와 공동으로 유럽 공동의 핵무장을 희망했다. 핵 반대론자는 키싱어와 슈뢰더 전외무장관이 대표적이다. 하지만 제2여당인 자민당과 야당인 사민당은 핵무장에 반대했다.

93) Texte zur Deutschlandpolitik, (ed) Bundesministerium für Gesamtdeutsche Fragen, Bonn/Berlin 1968, pp.45-46.

변화를 점진적으로 유도한다는 것이었다. 이는 지금까지 기민당정부가 취했던 외교정책보다 더 실용적이고 구체적이었다.[94] 이런 원칙에 의해 1970년 1월 말 협상을 시작해 같은 해 8월 12일 소련과 관계를 정상화했다.

협상 내용문은 공개하지 않는다는 것이 양국의 원칙이었다. 그러나 조약내용이 사전에 공개되는 바람에 양국의 외무장관은 조약내용을 수정·변경하는 것이 불가피했다. 조약내용 공개는 야당의 반발을 불러일으켰다. 야당이 강력하게 반발한 내용을 보면 동독을 실제적인 국가로 인정했다는 것이고, 유럽에 있는 경계선을 인정함으로써 오더-나이세 경계선을 폴란드 국경선으로 인정해 독일은 미래에 독일제국의 영토였던 오더-나이세 동부지역 영토 반환을 영원히 주장할 수 없게 됐다는 것이었다. 야당은 모스크바조약에 반대한다는 항의 표시로 조약을 체결할 때 야당 총재가 불참했다. <빌트>지의 발표는 결국 정부의 외교활동 영역을 좁히는 결과를 초래했다.[95]

모스크바조약 체결 후 야당은 당 차원에서 공식적인 입장을 표명했다. 야당의 반박내용은 5개 조항으로 구성됐는데, 그 내용은 첫째, 독일민족의 자결권을 위태롭게 하고 있고, 둘째, 동서 경계선에 대한 최종 결정은 독일이 참가하게 되는 평화조약 때까지 유보했어야 했으며, 셋째, 양독관계를 발전시키고 향상시킬 수 있는 구체적인 내용, 즉 인적 교류나 지식정보 교류를 위한 제도적 장치가 결여됐고, 넷째, 베를린 자유왕래 보장과 미래 위상에 관해 언급하지 않았으며, 다섯째, 모

---

94) Griffith, pp.234-236.
95) Moskau Bonn, Die Beziehungen zwischen der Sowjetunion und der Bundesrepublik Deutschland, 1955-1973, Dokumentation, (ed) Boris Meissner, Vol. II, Köln 1975, p.783.

스크바조약으로 인해 서방세계와의 우호적 관계가 위협받지 않을까 염려된다는 것이었다.96)

야당의 의견을 정부가 수용하지 않자, 야당 원내총무 바르젤(R. Barzel)은 바르샤바조약 체결 후 베를린협정에서는 정부여당과 공조체제를 요구해 야당의 의견도 수용하자고 제의했다. 정부에게 베를린 자유왕래를 보장하고 서베를린 시민의 생활수준을 향상시키며 서베를린의 경제발전을 서방세계와 합의 아래 극대화할 것을 요구했다. 기민당 총재 키싱거는 베를린문제를 원만하게 해결하지 않을 경우 모스크바조약과 바르샤바조약을 국회에서 승인하기가 어렵다고 밝혔다. 야당은 만족할 만한 베를린협정을 체결해 특히 독일에서 자유왕래를 최대화하고 외교에서 서독정부가 서베를린을 대표하며 서베를린 시민은 어떤 경우에도 불이익을 당해서는 안 된다고 밝혔다.97)

모스크바조약과 바르샤바조약을 국회에서 승인받기 위해 연방의회에 상정했을 때 격렬한 대정부질의가 시작됐다. 바르젤 원내총무는 소련이 유럽공동체를 긍정적으로 평가하고 민족자결권을 인정하며 동·서독 자유왕래를 단계적으로 실천한다고 약속하면 조약을 승인할 용의가 있다면서 모스크바조약 재협상을 요구했다. 그러나 브란트 수상은 야당의 반박은 납득할 수가 없다고 설명하고 현재로서는 민족자결권을 주장할 시기가 아니며 조약내용 변경도 사실상 불가능하다고 했다. 조약을 국회에서 빨리 승인해야 동방정책의 핵심인 동독은 물론 다른 동유럽국가와 관계개선을 위한 협상을 시작할 수 있다고 밝혔다.

1969년부터 1972년까지 사민당과 자민당 연립정부나 동방정책에 반

---

96) Europa-Archiv 1970, pp.4-5.
97) Moskau Bonn, Vol. II, pp.1346-1347.

대해 10명의 여당의원이 탈당해[98] 기민당으로 당적을 옮겨 정부여당을 더욱더 어렵게 만들었다. 하지만 야당 내에서도 의견이 통일되지 않았으며, 바이체커(R. Weizsäcker)를 중심으로 젊은 의원들은 동방정책을 지지했다. 동방정책을 국회에서 통과시키기 위해 브란트 수상은 야당의원을 개별적으로 만나 지지를 부탁했다. 정부여당은 온건 합리적 성격을 소유한 야당의 원내부총무 바이체커 의원을 대야 창구로 활용했다.[99]

야당의 원내총무 바르젤은 1969년 사민당이 자민당과 연립정부 구성 이후 지방의회선거에서 계속 패배하고 여당의원이 탈당해 야당에 합류하자, 분위기에 편승해 브란트 수상을 퇴임시키기 위해 불신임투표를 신청했다. 투표에서 야당이 승리할 경우 사민당과 자민당 연립정부는 해체되고 바르젤 자신이 수상에 오를 수 있는 절호의 기회였다.[100] 1971년 4월 27일 불신임투표 결과 야당은 패했고 브란트 수상은 계속 수상직을 수행하게 됐다. 이 여세를 몰아 정부여당은 5월 17일 동방조약 국회 승인을 위한 투표에서 총 496명의 의원 중 모스크바조약은 248명이 찬성하고 10명이 반대했으며 238명이 기권해 의회 승인을 받게 됐다. 바르샤바조약은 248명의 찬성에 17명의 반대, 231명이 기권해 의회를 통과했다.[101] 이 조약이 승인을 받게 됨으로써 동독과

---

98) 탈당한 의원은 사민당이 4명, 자민당이 6명이었다.
99) 바이체커 의원은 기독교 인사로 동방정책을 대국적 관점에서 객관적이고 중립적인 입장에서 이해했다. 그는 1960년대 초반부터 독일문제 해결을 위해 야당의원 중에서도 뛰어난 정책을 개발했다. 그는 독일통일은 유럽에서 정치적인 대변혁이 일어나면 가능하다고 주장했는데, 이는 동유럽 사회주의 국가가 변해야 통일이 가능하다는 것이었다.
100) Baring, pp.396-403.
101) *Ibid.*, p.427

의 관계개선에 적극성을 띠게 됐으며, 연합국은 베를린조약을 체결하고 체코슬로바키아, 헝가리, 불가리아와도 관계를 개선하게 됐다.

동방정책에 반대하던 단체는 야당 외에도 실향민단체가 있었다. 실향민은 대부분 구독일제국의 동부 영토에서 피난 온 사람들이었다. 1970년도에 서독에는 약 1,100만 명의 실향민이 살고 있었다. 실향민단체는 실향민의 관심사항을 대표하는 단체로 사민당정부의 실향민정책에 반대입장을 취하고 있었는데, 이는 사민당정부가 제2차 세계대전 이후 탄생한 유럽의 경계선과 구독일제국의 영토를 타협의 대상으로 간주했기 때문이다.

실향민단체 부회장이고 슐레지엔 실향민단체 회장인 후프카(H. Hupka) 사민당 의원은 모스크바조약과 바르샤바조약에 반대하기 위해 정부여당인 사민당을 탈당했다. 그는 중진의원으로 조약을 반대하는 입장이라 탈당했다. 후프카 의원이 탈당함으로써 여당의석은 250명, 야당의석은 246석이 됐다. 여당은 혹시나 추가탈당이 일어나지 않을까 하는 염려와 조약의 국회 통과를 위해 한 의석이라도 더 필요한 상황에서 큰 부담이 됐다.102)

실향민단체는 야당의 정책에 동조하고 있었으나, 야당이 모스크바조약과 바르샤바조약의 국회 통과를 저지하지 못하자 더 이상 야당인 기민당의 정책을 지지하지 않았다. 실향민단체의 정부정책 반대와 여당과의 결별은 정부의 실향민 지원금을 감소시키는 결과를 초래했다.103) 모스크바조약과 바르샤바조약에서 유럽에 있는 경계선을 국경선으로 인정하자 실향민은 고향에 관한 고유 권한을 상실하게 됐다.

---

102) *Ibid.*, pp.398-399.

103) Reichel, Peter: Die Vertriebenenverbände als außenpolitische Pressure group, in: *Handbuch der deutschen Außenpolitik*, (ed) Hans-Peter Schwarz 1975, p.238.

실향민단체 의장 샤야(H. Czaja)는 동방정책에 반대입장을 표명하고 모스크바조약에서 유럽에 존재하는 경계선을 인정한 것은 서방세계의 민주주의 국가체제를 위협하고 자유를 위협하는 것이라고 밝혔다. 이 밖에도 동유럽 사회주의 국가들과의 기술교류와 경제협력은 서방의 발달한 기술을 소련에 양도함으로써 소련의 군수산업 발달에 기여하게 될지도 모른다고 염려했다. 샤야는 바르샤바조약도 반대했는데, 이는 오더-나이세 경계선을 폴란드 서부 국경선으로 인정했기 때문이다. 그 결과 오더-나이세강 동부지역의 영토를 영원히 포기해야 한다며 아쉬워했고, 조약에서 현재 폴란드에 살고 있는 독일인의 인권에 대한 언급이 없으며, 이산가족 상봉과 자유왕래에 대한 구체적 규칙이 없다고 지적했다.

실향민단체는 서독이 독일을 대표하는 유일한 합법적인 국가라는 것, 오더-나이세 경계선 문제, 동·서독 경계선 문제에 관한 사항은 야당인 기민당과 대체로 의견이 일치했다. 이 단체는 소련을 적대국으로 간주했고 서독은 사회주의 팽창을 저지하기 위해 서유럽국가와 나토조약 국가와의 유대관계를 더욱더 돈독히 해야 한다고 밝혔다.[104]

9. 체코슬로바키아와의 관계

브란트 수상은 1차 임기 기간(1969~1972)에 소련을 중심으로 폴란드, 동독과 관계를 정상화하는 데 성공했다. 2차 임기 기간에는 체코슬로

---

104) Jahresbericht 1970, des Bundes der Vertriebenen, Vereinigte Landmannschaften und Landesverbände, pp.3-4.

바키아, 헝가리, 불가리아와 외교관계를 정상화했다. 체코슬로바키아와는 1938년 히틀러 시대에 맺어진 뮌헨조약 때문에 1973년 12월까지 외교관계를 정상화하지 못했다. 체코슬로바키아는 관계정상화의 전제조건으로 뮌헨조약은 나치 기간 무력의 위협 아래서 외부의 압력에 의해 강제로 체결됐기 때문에 처음부터 무효라고 선언할 것을 요구했다.105)

   브란트 수상은 1차 임기 때에는 체코슬로바키아와의 외교관계를 정상화하지 못했지만, 1970년 5월 25일 체코슬로바키아의 수도 프라하에서 양국 간 경제교류를 위해 무역협정과 경제, 학문, 기술 협력에 관한 협정을 체결했다. 두 나라 모두 외교관계 정상화에 관심이 많았음에도 불구하고 뮌헨조약 때문에 회담의 진전을 보지 못했다.

   1973년 12월 서독과 체코슬로바키아가 프라하조약에 서명함으로써 양국 간 관계에서 가장 걸림돌이 되는 뮌헨협정은 무효화됐으며, 두 나라는 앞으로 여러 분야에서 교류와 협력을 확대할 수 있는 계기를 마련했다. 외교관계는 정상화됐으나 두 나라는 앞으로 해결할 문제와 관심사가 달랐다. 서독은 체코슬로바키아에 살고 있는 독일인 이주문제에 관심이 있었고, 체코슬로바키아는 경제교류에 많은 관심이 있었다. 체코슬로바키아는 서독의 차관을 끌어들여 침체된 경제를 활성화하고자 했다. 서독이 차관문제에 대해 미온적인 자세로 임하자 체코슬로바키아는 양국 무역이 확대되고 있는 상황에서 서독이 체코슬로바키아에게 유리한 조건으로 차관을 제공해 줄 것을 희망했다. 그러나 체코슬로바키아 외에도 동유럽 여러 나라가 서독의 차관을 희망하고

---

   105) Hendrichs, Irena: Westdeutsche Ostkpolitik: Die Beziehungen zu Bulgarien, der CSSR, Polen, Rumänien, Ungarn und Jugoslawien, in: *Handbuch der deutschen Außenpolitik*, (ed) Hans-Peter Schwarz, München 1975, pp.301-302.

있어 서독은 동유럽국가들의 희망대로 차관을 제공하게 될 경우 1974년부터 1978년까지 매년 19억 마르크를 동유럽국가에 양도해야 하는 경제적 부담을 안고 있었다. 폴란드에 제공했던 것과 달리 서독은 1977년 체코슬로바키아에 7억 4천만 마르크를 제공했다.

1970년대 초반 서독의 동유럽 수출규모는 연간 80억 마르크로 서독 기업은 동유럽과 관계가 정상화되자 막대한 무역흑자를 기록했다. 이런 이유로 체코슬로바키아는 서독이 폴란드에게 제공했던 똑같은 조건의 차관을 요청했다.106)

체코슬로바키아는 프라하 민주화운동이 끝나고 1970년대에 국민들에게 미래에 대한 확신을 심어 주기 위해 확실한 경제개혁 의지를 보여주어야 했다. 체코슬로바키아는 경제를 개혁하려면 서방의 기술과 자본이 필요했기 때문에 1975년 1월 22일 서독과 경제협력에 관한 협정을 체결했다.

협정에서 양국은 특허품 교환과 신개발품 교류에 대해 관계를 설정하고, 지하자원과 에너지, 첨단기술, 조립기술, 소비재품에 대해서도 협력하기로 했다. 경제교류 협정 후 30개의 서독 기업이 체코슬로바키아에 진출했다. 주로 화학, 기계, 자동차부품, 전자산업에서 활발한 교류가 이루어졌다. 경제협정이 체결됨으로써 두 나라는 공동으로 산업의 현대화와 산업시설의 확장을 위해 투자할 수 있게 됐다. 그리고 천연자원과 에너지자원을 이용하게 됐으며 산업정보와 기술을 교환하게 됐다. 두 나라는 경제협력에서 농업, 식품공업, 건설, 교통산업, 통신정보에서 협력하기로 했으며, 공동협력을 계속 확대 발전시키기 위해 정기적으로 만나 의견을 교환했다.

---

106) Der Spiegel, 1973. Dezember 17, pp.18-19.

1974년의 서독과 체코슬로바키아 무역량은 28억 마르크로 1960년의 5억 마르크와 비교하여 빠른 속도의 증가 추세를 나타냈다. 서독이 체코슬로바키아에서 수입한 제품은 농수산부분에서 육류용 가축과 야채와 과일이 주를 이루었다. 공산품은 목재, 섬유제품, 화학제품, 압연제품, 기계제품이 대부분이었다. 서독은 상업 농산물인 식용유용 곡물과 수산물, 공업에서는 화학, 기계, 전자제품 등을 체코슬로바키아에 수출했다.

  양국 기업 간의 공동협력은 화학·기계·자동차·전자에서 주로 이루어졌다. 중화학공업에서 무역이 활발하게 진행된 이유는 전통적으로 서독이 발달된 분야이기 때문이었다. 서독은 산업에서 기술 및 자본도 축적돼 있어 동구시장 개척이 필요했다. 합작기업은 유고슬로바키아, 헝가리, 루마니아와는 순조롭게 진행됐으나 체코슬로바키아와는 진전이 없었다. 다른 사회주의 국가는 정치·경제적인 면에서 소련의 일방적인 체제에서 벗어나려고 했다. 유고슬로비아는 정치적으로, 헝가리는 경제적으로 자체의 길을 가고 있어 서방세계와 관계개선에 적극적이었으나 체코슬로바키아는 프라하사태 이후 소련의 심한 통제를 받고 있어 자체 목소리를 내기 힘든 상황이었다.

  1976년부터 1980년까지 체코슬로바키아는 경제개발 5개년계획에서 노동생산성이 높은 화학공업 발전에 전념했다. 이를 위해 여러 가지 법적 조치를 취했다. 특히 화학공업이 발달한 서독의 기술을 도입하기 위해 서독 기업에게 유리한 조건으로 합작기업이나 공동협력을 제의했다. 그러나 경제협력은 제도적 차이 때문에 문제점이 나타나기 시작했다. 체코슬로바키아에서 활용할 수 있는 고급노동력은 풍부하지 않았고, 계획경제 체제 하에서 기업의 생산의욕은 높지 않아 모든 면에서 적극적이지 못했다.

이웃 나라인 서독과 외교관계가 개선된 후 체코슬로바키아는 서방 관광객 유치에 많은 관심을 기울였다. 체코슬로바키아는 유명한 온천이 많아 서방의 여행자들에게는 좋은 휴양지를 제공할 수 있었다. 그러나 냉전체제와 체코슬로바키아 공무원의 권위주의 때문에 여행자 비자발급이 까다로워짐에 따라 온천을 찾는 서방 여행자는 줄어들고 관광수입도 감소했다. 냉전체제 하에서 이 온천은 소련이나 동유럽국가 당지도자들의 휴양지로 이용됐다. 1968년 프라하 자유운동이 시작될 때까지만 해도 인접국가인 서독에서 매년 50만 명 이상이 체코슬로바키아를 여행했다. 그러나 1968년 이후 여행조건이 까다로워짐에 따라 그 수가 점차 줄어들어 1973년에는 34만 명, 그리고 1974년에는 20만 명까지 감소했다.

체코슬로바키아는 관광을 통해 벌어들이는 수입이 무역 못지않게 많은 수입원이었으므로 외국 관광객 유치를 위해 서독과 여행자의 편리를 위해 많은 의견을 교환했다. 그 후 양국은 여행조건을 점차 완화했으며 여행자 수도 계속 증가했다.

10. 헝가리와의 관계

헝가리는 제2차 세계대전이 시작되기 전까지 경제적으로 부강한 나라는 아니었으며 빈부격차가 심했기 때문에 일부 국민은 충분한 의식주 생활을 영위할 수 없었다. 1956년의 헝가리 민주화운동 이후 정부는 국민들의 생활수준을 향상시키겠다는 목표를 가지고 있었다. 헝가리는 경제적으로 부강한 국가를 만들기 위해 경제개발계획을 세워 중공업과 제철, 제강산업을 육성해 소련의 지배에서 벗어나고자 했다.

소련은 자원이 부족한 헝가리에 지원을 통해 헝가리 경제가 소련에 의존하게 했으나, 헝가리는 1956년의 부다페스트 민주화운동 이후 반소감정과 반공산주의 경향이 심화됐기 때문에 소련과 일방적인 경제교류보다는 서방의 기술과 자본을 끌어들여 경제를 활성화하려고 했다. 헝가리는 정치적인 이유보다는 경제적 관심에서 서독과의 관계정상화를 희망했다.107)

1970년 3월 18일 헝가리 각료로서는 처음으로 대외무역부장관 비로(Jozsef Biro)가 본을 방문해 서독 외무장관 쉘과 회담을 가졌다. 회담에서 헝가리와 서독은 외교관계를 정상화하여 정치, 경제, 사회, 문화에서 협력하고 교류를 더욱 확대하자는 의견을 교환했다. 회담에서 합의한 내용의 실천을 위해 1970년 4월 6일 서독의 수도 본에서 서독과 헝가리 대표 간에 경제협상이 시작됐다. 그 후 양국은 무역은 물론 경제, 학문, 기술, 문화에서 정보를 교환하고 교류를 확대했다.108)

헝가리는 가능한 한 경제발전을 서방의 도움으로 이룩하려고 했기 때문에 1972년 경제개혁 이후 서방국가들과 외교관계를 개선하는 데 적극적이었다. 헝가리는 서방국가 중에서도 자본과 기술이 발달한 국가와 관계를 개선하고자 했는데, 경제적으로 선진국이고 우수한 기술을 보유하고 있는 서독은 헝가리에게 외교적으로 관심이 많은 국가 중의 하나였다. 서독도 남유럽국가인 헝가리와는 다른 공산주의 국가, 즉 소련이나 폴란드, 체코슬로바키아처럼 역사적으로 부담이 되는 걸림돌이 없어 외교관계를 개선하는 데 어려움이 없었다.109) 헝가리는

---

107) Horlacher, pp.21-23.

108) Bulletin des Presse- und Informationsamtes der Bundesregierung, Bonn, 21. März 1970, Nr.40, p.385: Dokumentation zur Deutschlandfrage in Verbindung mit der Ostpolitik, Vol, VI, p.526, Dokument Nr.2332.

1960년대에 서독과 외교관계를 수립하려고 여러 차례 노력했으나, 바르샤바조약국이었기 때문에 소련과 동독과의 관계를 고려해 외교관계를 수립하지 못했다. 그러나 서독이 소련, 폴란드, 동독과 관계 정상화 후 헝가리와 외교관계를 수립할 수 있었다.110) 헝가리는 냉전기간에 동독과 파트너 국가로서 외교무대에서 동독의 외교노선을 지지했다. 헝가리는 서독이 독일을 대표하는 유일한 합법적인 국가이고, 서독정부가 국제사회에서 서베를린을 대표한다는 원칙에 동의하지 않았다.111) 하지만 헝가리는 긴장완화 분위기 조성을 위해 노력했다. 긴장완화 정치구도는 헝가리 국내정치는 물론 외교와 경제발전에도 긍정적으로 작용할 수 있었기 때문이다.112) 두 나라는 별 어려움 없이 1973년 12월 21일 외교관계를 수립했다. 초대 본 주재 헝가리 대사는 함부르거(L. Hamburger)가 임명됐다. 그는 쾰른에 상주하고 있는 서독주재 헝가리 무역대표부 최고책임자로 근무하고 있었다.

바르샤바조약국 중에서도 헝가리와 불가리아는 서독과의 관계에서 정치적인 면보다는 경제교류 확대에 더 많은 관심을 가졌다. 이들 나

---

109) Müller, Adolf: Übrige Mitglieder des Warschauer Pakts und Jugoslawien, in: *Außenpolitische Perspektiven des westdeutschen Staates*, Vol.III, Der Zwang zur Partnerschaft, München 1972, pp.125-130.

110) Kwasny, Kurt: Meinlenstein in der Normalisierung zwischen Bonn und Bundapest, in: Osteuropa 1974, pp.715-716.

111) Hefty, Georg P.: *Schwerpunkt der Außenpolitik Ungarns 1945-1973, Vorgeschichte, Infrastruktur, Orientierung und Interaktionsprozesse*, München 1980, pp.557-560.

112) Szürös, Matyas: Ungarn und die europäische Entspannung, in: *Zwanzig Jahre Ostpolitik, Bilanz und Perspektiven*, (ed) Horst Ehmke, Karlheinz Koppe, Herbert Wehner, Bonn 1986, p.240.

라는 경제적으로 자급자족이 불가능했기 때문에 이중으로 경제 종속국이 돼 있었는데, 지하자원과 에너지는 소련에 의존하고 기술과 차관은 서방국가에 의존하고 있었다.113)

서독은 1945년 이래 서방국가 중에서 헝가리의 가장 큰 무역상대국이었다. 1974년 상반기에 두 나라는 경제교류와 경제협력에 주력했다. 두 나라가 외교관계를 수립하고 난 후 비로(J. Biro) 헝가리 대외무역부 장관은 서독을 방문해 양 국가 간 경제협력에 관해 구체적인 의견을 교환하고 서독의 프리드리히 경제장관과 가진 회담에서 서독과 헝가리의 무역교류와 산업협력에 관해 의견을 교환했다. 두 나라 간의 무역량은 계속 증가추세에 있었는데 1972년에는 15억 마르크였으나 1973년에는 약 19억 마르크에 이르렀다. 1974년은 서독이 17억 마르크를 헝가리로 수출하고 9억 마르크를 수입했다. 같은 해 150개의 서독 기업이 헝가리와의 경제협력에 참가했다. 이는 동유럽국가 중에서 헝가리가 서독의 제1경제협력국가임을 증명하는 것이었다.114) 헝가리와 서독이 관계를 개선시키고 발전시키는 데는 헝가리가 제1차 세계대전과 제2차 세계대전 때도 독일의 동맹국이었기 때문에 전쟁배상금이나 외교적으로 해결해야 할 어려운 문제가 없었다. 그러나 이 기간 나치에 의해 약물실험으로 희생된 희생자 보상금으로 1971년에 600만 마르크를 헝가리에 지불했다. 1972년에서 1975년까지 3년에 걸쳐 나치시대

---

113) Brunner, Georg: Die Bedeutung der kleinen Staaten des Warschauer Pakts für das Ost-West-Verhältnis, in: *Perspektiven für Sicherheit und Zusammenarbeit in Europa*, (ed) Hanns-D. Jacobsen, Heinrich Machowsky, Dirk Sager, Bonn 1988, pp.134-135.

114) Dokumentation zur Deutschlandfrage in Verbindung mit der Ostpolitik, Vol. X, p.82, Dokument Nr.3030.

때 희생된 헝가리인의 보상금으로 1,000만 마르크를 지불했다.

헝가리는 독일의 배상금에 대해 만족을 표시하고, 무역교류 확대를 위해 헝가리에서 서독으로 수출하는 제품에 대해 여러 가지 규제를 철폐하고 관대하게 취급해 주길 희망했다. 전통적으로 농업 중심의 헝가리는 제2차 세계대전이 끝난 후에도 농업의존도가 높았다. 1952년에는 근로능력이 있는 국민의 52%가 농업분야에 종사하고 19%만이 산업분야에 종사했다. 그러나 1950년부터 1975년까지 산업에 집중 투자해 농업종사자를 25%로 격감시켰고, 산업종사자는 50%까지 증가시켰다. 경제구조 변화는 노동생산성을 향상시키고 생산라인을 근대화시켰으며 실업문제를 해결했다. 헝가리는 1970~1975년에 경제개발 5개년 기간 국민총생산 성장률을 5.5%에서 6% 수준까지 초과해 개발목표를 조기에 달성했다. 산업분야에서 헝가리는 기계분야와 전자분야에서도 성장세를 계속 유지해 목표를 설정한 대로 달성했다. 1974년도 한 해에 헝가리는 약 40만 대의 TV수상기를 생산했다. 이 외에도 약 41만 대의 냉장고를 생산해 그 중 일부는 서독으로 수출했다. 상업분야에서 알루미늄, 자동차, 전자, 섬유와 의류에서 괄목할 만한 성장을 이룩했다. 이들 산업은 헝가리 산업에서 중요한 부분을 차지했다.

산업에서 기계공업이 차지하는 비율은 27%로 높은 편이었다. 이 외에도 통신과 자동차공업이 차지하는 비중도 점차 증가했다. 화학공업의 성장은 주목할 만했다. 1974년의 화학공업 성장은 12.5%를 기록했다. 화학공업에서도 화학비료의 성장은 현저하게 증가했고, 석유화학과 제약도 빠른 속도로 성장하고 있었다. 화학공업에서 1974년도 생산량은 3억 달러였으며 이 중 약 75%는 외국으로 수출했다.[115]

---

115) Mikecz, Tamas v.: Gegenwärtiger Stand der wirtschaftlichen Beziehungen der Bundesrepublik Deutschland zu Ungarn, in: *Osthandel in der Krise*, (ed) Stefan

헝가리는 산업발전에 필요한 자원을 대부분 소련에서 공급받았으나 일방적인 소련 공급을 지양하고 여러 채널의 공급을 희망했다. 또 중동지역에서 원유를 공급받기 위해 체코슬로바키아와 공동으로 아드리아 해안에 있는 이탈리아의 항구도시 트리스트(Triest)까지 송유관을 설치했다. 서독의 자르란트주에 있는 자르베르크 탄광회사와 헝가리의 게오민코 코룹사와 합작으로 헝가리의 인력과 독일의 기술로 채광을 시작했다. 이처럼 자원확보를 위해 제3의 국가와도 공동협력을 추진했다.116) 그 밖에도 외국과의 합작기업 설립을 통해 뒤떨어진 기술을 극복하고 자본을 유치했다. 서독 기업과 합작기업을 설립했을 때 질적으로 향상된 노동력을 저렴한 가격으로 제공했다. 1974년까지 서독과 헝가리는 약 200개의 합작기업 계약을 체결했다. 합작기업 설립은 헝가리 국영기업에서 적극적으로 추진했다. 특히 기계공업에서 가장 활발하게 협력이 이루어졌다. 1975년 헝가리는 합작기업을 통해 벌어들이는 수입이 헝가리 서방 무역 전체의 5%를 차지했다. 1976년 서독과 헝가리는 약 400개의 합작기업 계약을 체결했다. 그 결과 헝가리 산업기술 수준은 현저하게 향상됐다. 헝가리는 지난 20년간 소련에 의존했을 때 기술수준과 잠시 몇 년 사이 서독과 합작에 의해 획득한 기술수준을 스스로 비교해 서독 기술의 우위를 인정했다. 헝가리는 서방세계와 기술협력 및 합작기업 설립을 위해 경제적으로 많은 특별조치를 취했다. 그러므로 서독과의 경제협력은 다른 동유럽국가보다 더 적극성을 띠게 됐다.

Graf Bethlen, München Wien 1976, pp.127-128.
116) *Ibid.*, pp.125-127.

제6장 슈미트 시대

1. 긴장완화정책

브란트는 동방정책을 성공적으로 이끌어 유럽의 긴장완화와 동서독 관계개선에 크게 기여했지만, 동독 간첩 기용사건의 책임을 지고 수상직을 사임했다. 정부와 여당은 간첩사건으로 위기에 처했으나 당 총재이며 수상인 브란트가 스스로 모든 책임을 지고 사직함으로써 당 내분은 수습됐다. 그의 후임자로 1974년 5월 16일 슈미트(H. Schmidt)가 수상에 취임했다. 그는 계속해서 브란트의 동방정책과 대동독정책을 계승하고 실천하여 재임 동안 세부적이고 실질적인 동·서독 협력관계가 이루어졌다. 그리고 동유럽국가와는 긴장완화정책을 추진하고 경제교류를 통해 우호 관계를 계속 유지하고 발전시켰다.[1]

브란트가 물러날 때 연방정부의 한 축이었던 쉘도 동방정책의 성공이라는 소임을 마치고 외무장관에서 물러나 연방 대통령에 선출됐다.

---

[1] Görtemaker, *Kleine Geschichte der Bundesrepublik Deutschland*, pp.268-271.

슈미트와 겐셔 내각 취임 후 기념 사진.

쉘의 후임자로 겐셔(H. D. Genscher)가 임명됐다. 사민당과 자민당 연립정부에서 브란트와 쉘 시대가 가고 슈미트와 겐셔 시대가 시작됐다.2)

슈미트 수상은 평화란 칸트가 주장했던 것처럼 "국가의 평화는 자연의 상태가 아니라 항상 획득하는 것"이라고 믿고 있었다. 그는 취임 연설에서 '연속성과 집중성'을 강조해 브란트 시대 평화·안보정책을 계속 발전시킨다는 의지를 보여주었다. 그는 동방정책이 외교적 범위를 넘어 경제와 군사까지 확대해 현실적으로 긴장완화를 실현하는 데 노력했다. 이를 구체적으로 실현하기 위해 소련과 동유럽이 참가하는 유럽평화·안보회의 개최에 적극적이었다.

슈미트 시대 외교영역은 확대돼 서유럽국가와 유대관계는 물론 동유럽국가와도 새로운 국면으로 전환했다. 이를 가능하게 한 것은 브란트 수상이 할슈타인 독트린을 폐지해 동방정책을 성공적으로 이끌었고, 서방세계와도 지속적인 협조체제를 유지했기 때문이다. 그 밖에도 서독의 경제성장은 외교적 입지강화에 크게 기여했는데, 서독 기업이

---

2) *Ibid.*, pp.307-309.

서독의 슈미트 수상과 동독의 호네커가 1975년 8월 헬싱키 유럽안보·공동회의에서 서명하고 있는 모습. 좌측 슈미트 수상, 우측 호네커.

동유럽에 진출해 동유럽 경제발전에 기여하면서 국가 이미지 쇄신에 많은 도움을 주었다.3)

 1974년부터 1979년까지 슈미트와 겐셔 내각의 외교정책은 긴장완화에 중점을 두고 국내와 국제정치에서 대화의 분위기를 조성했다. 이 시기 주요 상대 국가는 소련, 폴란드, 동독이었다. 슈미트 수상의 폴란드 방문과 브레즈네프의 본 방문은 동유럽국가와의 관계에서 큰 발전이었다. 동독과의 관계는 브란트가 주장한 '작은 행보의 정치'(Der Kleine Schritt)라는 기본 틀을 유지하면서 획기적인 변화, 특히 동독 시민들을 자극해 소요적 사태를 유발할 정치적 행동을 자제했다. 동독과의 관계에서 정치·경제, 인권문제가 가장 핵심적인 문제로 거론됐다. 이 기간 동방정책은 진전된 것 같으면서도 또한 답보상태에 머물기도 했으나, 먼 안목에서 보면 이것이 바로 통일을 위한 하나의 진행과정

---

 3) Erklärung von Bundeskanzler Schmidt vor dem Deutschen Bundestag am November 1974, in: Aussenpolitik der Bundesrepublik Deutschland, pp.406-408.

이었던 것이다.4)

그의 임기 초반은 적어도 1975년의 헬싱키 회담 전까지는 동방정책을 정열적으로 추진하지 않았으나 헬싱키에서 소련의 브레즈네프와 폴란드 대표 기이렉을 만나 차관문제를 수월하게 해결한 뒤 동유럽국가와의 관계는 급속도로 진전됐다. 슈미트 수상의 외교정책은 서유럽 우방국가와 동유럽 사회주의 국가 모두 원만한 관계를 유지했다. 동서관계는 힘의 균형을 통해 유지가 가능했고, 이러한 전제조건 아래서 지속적으로 긴장완화도 실현했다. 동서관계에서 상대방 모두에게 이익을 가져다줄 수 있는 정책을 제시해 가장 먼저 냉전체제를 인정하고 현상태를 인정했다. 이는 유럽에 존재하는 경계선을 국경선으로 인정하는 것이며, 이런 바탕 위에서 동유럽국가와의 대화가 가능하게 됐다. 유럽이 현상태를 유지할 수 있는 것은 반드시 동·서유럽이 군사적 균형을 유지해야 한다는 것이었다. 이런 전제조건 아래서 유럽평화·안보회의 개최가 가능하고 전략무기 감축을 위한 군축회담이 가능했던 것이다.5)

슈미트는 브란트 수상이 약속한 영토와 국경선문제를 완전히 매듭지어 동유럽국가들이 동방정책을 신뢰하고 긴장완화정책을 긍정적으로 검토하기 시작하게 됐다. 서독은 동유럽국가와 원만한 관계를 유지했지만 서유럽국가와도 좋은 관계를 유지했다. 슈미트는 유럽평화·안보회의에 미국과 캐나다를 반드시 포함시켜야 한다고 주장했다. 그는 유럽의 평화와 안보를 위해 나토의 이름으로 미국과 캐나다는 다

---

4) Hanrieder, *Deutschland, Europa, Amerika*, pp.215-216.
5) Schlußakte der Konferenz über Sicherheit und Zusammenarbeit in Europa vom 1. August 1975, in Helsinki, in: Aussenpolitik der Bundesrepublik Deutschland, pp.417-423.

국적군을 구성해 유럽에 주둔해야 한다는 입장이었다. 서독의 긴장완화정책은 독자적인 길을 가지 않고 서방세계의 안보를 먼저 고려하고 높은 비중을 두었다.6)

1970년대 긴장완화정책은 세력균형의 원칙하에 양쪽 모두에게 이익이 돼야 했다. 성공적인 긴장완화정책은 양극 간 세력균형을 유지해 외교·안보적 관심사항이 대두됐을 때 상대방 국가의 합의를 얻어내는 것이었다. 긴장완화정책은 양측의 합의를 필요로 하는 것이니 현상태를 인정해 상대방의 이익을 침해하는 일이 없었다. 최소한 1970년대 긴장완화정책은 동서 양측에서 모두 힘의 균형과 관심사항을 고려하는 단계에 도달하게 됐다.

2. 소련과의 관계

소련과의 관계가 적대관계에서 협력관계로 전환했을 때, 대량살상무기를 통해 상대방을 위협하고 압박하는 행위는 지양됐다. 아펠(H. Apel) 국방장관은 임기 동안에 서독의 주적은 없어졌다고 회고했다. 그 대신 소련을 중심으로 동유럽국가와 유럽안보를 위한 파트너 관계로 전환했다. 슈미트 시대에 이런 의미의 안보개념에 많은 진전이 있었다. 이는 동유럽과 관계가 정상적인 관계로 호전됐다는 것을 의미한다. 1950년대에는 서독의 안보가 오로지 친서방정책을 통해서만 보장받을 수 있었으나, 이제는 안보의 의미가 위협에서 대화와 협력의 시

---

6) Hanrieder, *Deutschland, Europa, Amerika*, pp.214-217.

대로 전환했으므로 과거의 무력에 의한 위협적 상황에서 해방된 것이다. 동서관계의 해빙 분위기 속에서 서독과 소련의 정치가와 정부 고위관료는 상호방문을 통해서 서로 간에 불신을 종식시키고 신뢰를 쌓아 갔다. 빈번한 방문외교는 이미 체결된 조약의 세부사항을 실천하고 상대방 국가를 깊이 이해하는 데 많은 도움이 됐다.[7]

소련의 군사정책은 미국과의 핵무기 경쟁에서 열세를 극복하는 데 초점이 맞추어져 있었다. 소련은 1970년대의 긴장완화정책을 강조하면서도 소련의 서부전선에 중거리미사일 SS-20을 배치했다. 소련이 배치한 SS-20미사일은 서유럽은 물론 서독에게도 위협이었다. 하지만 나토 회원국들은 소련의 SS-20미사일에 대한 대응책을 마련하지 않았다. 이런 상황에서 슈미트 수상은 두 가지 제안을 제시했다. 먼저 나토는 1983년까지 소련과 협상을 통해 SS-20미사일을 철수하도록 하고, 협상이 실패해 SS-20미사일이 철수되지 않는다면 나토도 최첨단 퍼싱-II 크루즈미사일을 설치해 소련과 군비경쟁을 강화해야 한다는 것이었다.[8]

1970년대 초반부터 진행한 미국과 소련의 군비축소 회담은 소련의 아프가니스탄 침공으로 일시 중단됐다. 1970년대 유럽에서 구축한 평화적 관계는 소련의 아프가니스탄 침공과 1980년의 폴란드 정치위기로 잠시 긴장상태에 접어들었다. 미·소관계는 냉각기류가 감지됐고 아울러 서독과 소련의 관계도 잠시 긴장관계가 조성됐지만, 아프가니

---

7) Apel, Hans: Sicherheit ohne Abschreckung, in: (ed) Hortst Ehmke, Karlheinz Koppe, Herbert Wehner, *Zwanzig Jahre Ostpolitik, Bilanz und Perspektiven*, Bonn 1986, pp.31-33.

8) Rede von Bundeskanzler Helmut Schmidt auf der zweiten VN-Sondergeneralversammlung für Abrüstung in New York am 14. Juni 1982, in: Aussenpolitik der Bundesrepublik Deutschland, pp.491-493.

스탄 사태 때문에 지금까지 조성된 소련과의 관계를 전혀 무시할 수는 없었다. 동서관계는 아프가니스탄 문제에서 벗어나 군비협상을 빨리 재개해 긴장이 완화되길 원했다. 소련의 아프카니스탄 침공에 대해 슈미트는 매우 신경질적인 반응이었다. 기회가 있을 때마다 긴장완화 정책을 강조하던 소련이 중립적인 입장을 취하고 있는 아프가니스탄을 침입할 줄 전혀 예상치 못했던 것이다.9)

미국의 카터(J. Carter) 대통령은 대소 무역금수조치를 취해 소련에 첨단기술을 수출하는 것을 금지했다. 그 밖에도 미국은 1980년 여름 소련에서 개최되는 모스크바올림픽 불참을 통보하고 자유 우방국들의 불참도 종용했다. 이런 와중에도 슈미트 수상은 동·서 중개자로서 항상 온건한 입장을 취했다. 미국에게 올림픽 보이콧을 철회할 것을 요구했으나 미국은 오히려 독일의 불참을 강요했다. 미·소관계의 위기는 당연히 독일에게도 악영향을 미치기 때문에 슈미트는 대화와 협상을 통해 문제를 해결하기를 기대했다. 슈미트는 1980년 6월 모스크바를 방문해 긴장완화를 위해 중재자로서 노력했다. 그는 미·소관계 대립이 종식돼야 동·서독 관계도 대화분위기가 조성되므로 미국과 소련이 빨리 군비축소회담을 재개할 것을 촉구했다. 미·소관계의 경직을 우려한 나머지 국제여론도 군비축소 회담을 종용해 1981년 11월 스위스 제네바에서 군비축소 회담이 다시 열리게 됐다. 1980년대 소련은 핵무기 경쟁에서 미국과 동등한 수준에 도달했다. 이것은 강대국간 핵전쟁 가능성이 배재됐다는 것을 의미한다. 그 결과 동서양에서 안보에 대한 인식의 변화가 감지됐다.10)

---

9) Jacobsen, Hans Adolf: *Vom Imperativ des Friedens, Beiträge zur Politik und Kriegsführung in 20. Jahrhundert*, Düsseldorf 1995, pp.276-280.
10) Hillgruber, pp.142-143.

브레즈네프는 1981년 11월 세 번째로 본을 방문했다. 슈미트와 가진 정상회담에서 중거리 핵미사일이 핵심문제였다. 슈미트는 미·소 양측이 중거리 핵미사일 감축협상을 재개하길 원했고, 이를 수용하지 않을 경우 서독은 미국의 핵무기를 독일 영토에 배치하는 것을 긍정적으로 검토할 것이라고 소련을 압박했다. 슈미트의 끈질긴 설득 끝에 브레즈네프는 유럽에 배치된 소련의 중거리 핵미사일을 감축한다고 선언했다. 소련의 안보정책은 평화를 보전하는 것이 기본목적으로 평화공존을 실현하기 위해 국제적으로는 군비경쟁을 종식시켜 평화체제를 구축하는 것이었다.

슈미트 수상이 처음 소련을 방문했을 때, 브레즈네프 서기장은 양국관계를 고려해 환대를 베풀고 소련의 관심사항인 경제적·군사적 문제를 관철시키고자 했다. 브레즈네프는 서독에게 경제적 공동협력을 제안하면서 단순한 차관 제공에서 벗어나 대규모 프로젝트를 진행해 서독의 자본과 기술이 유입되길 희망했다. 그러나 슈미트 수상은 모스크바조약에서 약속한 긴장완화를 단계적으로 실현해 양국이 체계적으로 신뢰를 회복할 필요성을 강조했다. 슈미트 수상은 소련을 군사 강대국으로 보고 서독은 중간 정도의 국가로 이해했다. 만약 소련이 동독과 함께 서독을 침략했을 경우 혼자서 방어할 능력이 부족하므로 외국의 도움을 받아야 안보를 보장받을 수 있다고 생각했다. 이런 경우 서독은 다른 강대국에 종속되거나 간섭을 받게 되므로 국가수호를 위해 소련 및 동유럽국가와 우호적인 관계를 유지함으로써 평화를 보장받고자 했던 것이다.[11]

슈미트는 양국관계에서 정치지도자의 감정에 의한 오판 때문에 전

---

11) Schmidt, Helmut: *Menschen und Mächte*, Berlin 1987, pp.52-53.

쟁이나 국지전 또는 어떠한 도발행위가 일어날 경우 엄청난 민간인 피해가 뒤따르고 국토와 산업시설이 파괴된다고 판단했다. 이런 경우 소련보다는 국토가 분단된 독일이 인명피해는 물론 물적 피해가 많을 것으로 판단했다. 슈미트 수상은 이런 피해를 염려해 소련과 동유럽국가 국민이 독일에 갖고 있는 보복주의에 대한 두려움을 종식시키기 위해 서독은 소련이나 동유럽국가에 보복적인 생각이 전혀 없다는 확신을 심어 주고자 했다. 이는 시대의 변화에 따라 두 나라가 과거 불행했던 역사의 속박에서 벗어나 새로운 시대로 전환하기 위해 새로운 관계설정이 필요하다는 것을 시사하는 것이었다.12)

소련과 새로운 관계를 맺기 위해서는 외교 못지않게 경제관계 또한 중요했다. 슈미트는 브레즈네프와 경제교류 협력에 동의하고 이를 체계적으로 실현할 용의가 있음을 강력히 시사했다. 두 나라가 경제적으로 서로 밀접하게 교류하고 협력하게 되면 상호 경제적 손실을 우려해 전쟁을 예방하고 평화적 관계 구축에 노력한다는 것이었다. 슈미트는 소련과 경제교류에 동감하고 있었지만 정치·경제의 차이에서 발생하는 어려움이 두 나라의 경제교류에 방해물로 작용하고 있다고 지적했다. 이런 문제를 베를린문제와 연결시켜 해결하기로 하고 베를린문제의 세부 실천사항을 조속히 해결하도록 소련이 협조해 줄 것을 기대했지만, 브레즈네프는 베를린문제에 대해 언급하는 것을 반가워하지 않았다. 그런 가운데 그로미코 외무장관은 본을 방문했을 때 베를린은 더 이상 국제정치의 핵심사항도 아니고 소련 외교의 중요한 지역으로 자리 잡고 있지 않다고 설명했다. 이는 서독이 어떤 형식으로든 베를린과 밀접한 관계를 유지하고 중요한 정치적 문제로 자리매

---

12) Rauch, p.571.

김하고 있는 것에 반대하지 않겠다는 외교적 발언이었고, 소련은 경제교류에 더 많은 관심을 가지고 있기 때문에 충분한 경제교류가 이루어졌을 때 베를린문제에 대해 양보할 수 있다는 것이었다.13)

슈미트는 오래전부터 진행해 왔던 학문과 기술교류에 관한 조약, 문화와 법률교류 및 공조체제 협상을 베를린의 법적 지위 향상과 삶의 안전장치와 함께 포함시켜 해결하려고 했다. 하지만 겐셔 외무장관은 슈미트 수상이 소련을 방문했을 때 모든 것을 한 번에 해결하지 말고 점진적으로 풀어 가야 한다고 제의했다. 슈미트 수상의 첫 번째 소련 방문은 당장의 성과보다는 서독의 입장을 전해 주는 선에서 만족했다. 이러한 외교적 수위조절로 소련이 희망하는 서독과의 경제교류 확대와 심화는 전적으로 소련의 의사에 달려 있게 됐다.

냉전적 사고에 머물러 있는 한 소련은 경제위기를 극복할 해법을 찾을 수 없었다. 소련의 지도자들이 이 문제를 모를 리 없었다. 서독의 경제지원이 필요한 상황에서 소련은 서독의 관심사항을 전혀 무시할 수 없는 형편이었다. 브레즈네프는 간결하고 힘찬 어조로 자세한 목록까지는 언급할 수 없지만 서베를린이 서독의 영토라는 것은 4개국 협정을 통해 확인해 줄 용의가 있다고 밝혔다. 이로써 서독의 관심사항이 해결되어 양국 간 외교적 마찰요인은 완전히 해결됐다. 그리고 베를린문제는 더 이상 국제사회에서 긴장된 모습으로 나타나지 않았다.14)

---

13) Thränhardt, pp.248-249.

14) Schmidt, pp.56-59.

3. 헬싱키 유럽평화·안보회의

　　독일과 소련의 관계가 대화관계로 전환한 후 유럽은 대결과 갈등의 시대를 마감하고 협력의 시대로 전환하기 시작했다. 협력의 시대 공동의 목표는 동서관계에서 긴장완화를 실현하고 영원한 대립관계를 극복하는 것이었다. 소련이 1957년 제안했던 다자간 유럽평화·안보회의는 그 동안 서방세계가 거절했지만 브란트 수상은 취임 직후 유럽평화를 위해 긍정적으로 검토하고 구체적인 세부 실천사항을 준비했다. 가장 주된 목표는 유럽에서 무력행위를 포기하고 서로의 양해 아래 평화적인 방법으로 국경선문제를 해결하는 것이었다. 그리고 동·서 간에 군비감축과 통제를 위해 협상을 정례화하고, 이와 같은 틀에서 동·서 간에 자유왕래를 실현하며, 활발한 정보교환을 통해 이질감을 극복하는 것이 기본목표였다.15)

　　독일문제가 평화적으로 해결되어 유럽에서 대화체제가 구축되자 유럽평화·안보회의 준비회담을 개최할 수 있었다. 유럽평화·안보회의 개최를 위한 실무자회담이 1972년 11월에 시작됐다. 실무자회담은 순조롭게 진행되어 다음해 6월 8일에는 유럽의 35개국 외무장관이 만나 회담의 세부내용에 합의했다. 실무회담은 각 분야 전문가가 스위스 제네바로 장소를 옮겨 작업을 진행했다. 소련은 유럽평화·안보회의에 미국과 캐나다는 유럽이 아니라는 이유로 참여를 배제하려고 했으

---

15) Hillgruber pp.137-139.

나 서독이 비록 유럽은 아니지만 나토의 회원국으로서 유럽문제에 중요한 국가인 만큼 참가해야 한다고 주장했다. 유럽평화·안보회의의 주제는 유럽안보 문제이고, 둘째로 경제·학문·기술·환경에서 공동 협력하고, 셋째로 휴머니즘을 실현하기 위해 공동 협력하는 것이었다.16)

이 회의에서 바르샤바조약국은 유럽의 현상태 인정과 회원국 간 경제교류와 무역에 깊은 관심을 가지고 있었다. 나토회원국은 무력포기와 동시에 동유럽의 인권문제에도 많은 관심을 가지고 있었다. 회담 참가국은 상대방 국가의 의견을 존중하기 위해 모든 국가 주권의 동등성, 개성, 독립성을 인정했다. 이 밖에도 무력을 포기하고 유럽에 존재하는 경계선을 인정하고 존중하기로 했다. 또 인간의 기본권과 인권을 침해하지 않고 최대한 존중하기로 하고 사상과 생각, 종교의 자유를 존중하기로 했다.17)

참가국들은 군비경쟁 지양을 위한 군비축소 회담을 개최하고, 상호 신뢰를 위해 군사훈련을 하게 될 경우에는 회원국들에 통보하고, 또 사절단을 초청하기로 했다. 경제 공동협력을 구체적으로 실현하기 위해 기업 간 정보교환과 합작기업 설립을 적극적으로 실행하기로 했다. 휴머니즘과 관련해서 정보교환을 강화해 문화교류를 활성화시키며, 언론인의 교류와 또 언론인이 상대방 국가에 파견될 때 근무조건을 완화시켜 주고, 이산가족 상봉을 실현하며 여행의 기회를 확대하기로 했다.18)

---

16) Borowsky, Peter: *Deutschland 1969-1982*, Hannover 1982. pp.167-168.
17) Auswärtiges Amt der Bundesrepublik Deutschland (ed): *20 Jahre KSZE 1973-1993*, Eine Dokumentation, Bonn 1993, pp.20-21.
18) *Ibid.*, pp.28-30.

1975년 8월 1일 핀란드 수도 헬싱키에서 미국과 캐나다를 포함해 유럽의 35개국 정상은 유럽평화·안보회의에서 이와 같은 내용을 실현하기 위해 서명했다. 회의가 개최되어 유럽의 모든 국가가 공동의 관심사항을 대화를 통해 평화적으로 해결할 수 있는 기틀을 마련했다. 유럽평화·안보회의는 두 가지 면에서 시사하는 바가 있다. 첫째는 회의에 참가한 모든 국가는 상대방 국가의 주권을 존중하고 국가 간 경계선을 존중해 남의 영토를 침입해서는 안 되며, 상대방 국가가 위기와 혼란에 직면했을 때 군사적 공격을 감행해서는 안 된다는 것이었다. 이와 같은 맥락에서 서독과 소련, 서독과 폴란드, 서독과 동독, 서독과 체코슬로바키아는 조약에서 확인된 국경선을 당사자 국가는 물론 유럽의 모든 국가들도 인정해야 한다는 것이었다. 둘째, 회의에 참가한 모든 국가는 국내에서 인권을 보호할 의무를 져야 한다는 것이었다.

유럽평화·안보회의는 위기의 시대를 종식하게 됐다는 점과 체제가 다른 유럽 국가들이 이데올로기를 떠나 공동의 안보를 위해 양보하고 협조할 수 있는 계기를 마련했다는데에 그 의미가 있었다. 유럽평화·안보회의 정상회담은 위와 같은 내용을 조약문으로 체결하지 않고, 희망사항과 실천사항을 구분하여 문서화했다. 회담에서 합의한 내용이 각국의 정치적 이해관계 때문에 실천되지 않을 경우 구속력은 없었다.

차기 유럽평화·안보회의는 1978년 3월 유고슬라비아의 수도 베오그라드에서 개최됐다. 이 회의의 핵심주제는 인권문제였다. 슈미트 수상은 행동의 자유와 정보사상의 자유, 행복추구권의 자유가 만족할 만큼 실현되지 않고 있다고 지적했다. 그러나 인권문제는 동유럽과 서유럽이 각각 해석하는 데 정도의 차이가 있기 때문에 상호 의견 조율이 불가능했다. 동유럽국가는 인권을 언급하는 것은 자본주의적 시각으로 동유럽국가의 내정에 간섭하려는 의도라고 비판했다.19) 미국의 카터 대통령은 도덕정치를 주장하면서 사회주의 국가 인권침해에 대해 강하게 언급했다. 그리고 동유럽국가에서 인권문제를 개선할 수 있는 방법을 찾고 있었는데, 슈미트 수상은 인권문제가 현실적으로 불가능하자 유럽에서 긴장관계를 해소하는 데 중점을 두었다.20) 서방국가는 동유럽국가의 인권에 대해 깊은 관심을 가지고 이를 실현하기 위해 동유럽국가가 인권을 존중해야 한다고 의무사항을 규정했다. 이런 내용의 최종합의서에 서명한다는 것은 이념의 대립과 긴장의 여운이 도사리고 있는 상태에서 쉬운 일은 아니었지만 새로운 시대를 위해 불가피한 선택이었다.

4. 폴란드와의 관계

1974년 11월 초 서독과 폴란드는 경제 공동협력에 관한 협정을 체결했으나, 서독의 차관 제공이 폴란드가 원하는 만큼 이루어지지 않자 두 나라 관계는 잠시 침체상태에 빠지게 됐다. 그 결과 브란트 수상 재임기간에는 독일인 이주문제가 별다른 진전을 보지 못했다. 그러나 1975년 7월 30일부터 8월 1일까지 핀란드 수도 헬싱키에서 열린 유럽평화·안보회의(KSZE) 정상회담에서 슈미트 수상이 폴란드 대표에게 차관 제공을 약속한 후 두 나라의 관계는 모든 분야에서 많은 진전이

---

19) *Ibid*, pp.82-83.
20) Borowsky, *Deutschland 1969-1982*, pp.168-169.

이루어졌다.

슈미트 수상은 폴란드 기이렉 국무의장을 헬싱키 정상회담에서 만나 양국 간 현안문제를 협의했다. 슈미트 수상은 폴란드에 대폭적인 차관을 제공할 용의가 있음을 밝히면서 연금조약과 상해보험조약을 체결해 제2차 세계대전 기간 독일에 징용으로 끌려간 폴란드인이 신체적 피해를 당했을 경우 연금을 지불하기로 했다.[21]

슈미트 수상의 약속에 따라 나치시대 독일에서 강제 노역한 폴란드 근로자들의 연금으로 13억 마르크를 지불하고, 차관으로 13억 마르크를 제공하기로 했다. 차관과 연금지불을 위한 실무자협상이 원활하게 진행돼 1975년 10월 9일 바르샤바에서 차관제공에 관한 최종서명이 양국 외무장관에 의해 이루어졌다. 서독은 1976년부터 1978년까지 3년 동안 10억 마르크를 분할 지불하기로 했다. 차관은 폴란드의 경제발전을 위해 2.5% 이자로 제공되고, 폴란드정부는 1980년부터 20년 동안 분할 상환하기로 했다. 서독은 차관제공을 위해 일반 시중은행에서 연금리 3~4%의 이자로 대출을 받아 폴란드에게는 2.5%의 차관을 제공하고 차액은 국고에서 지급했다. 폴란드는 차관제공이 원하는 만큼 이루어지자 독일인 이주에 대해 적극적으로 성의를 보이기 시작했다.

슈미트와 기이렉의 헬싱키회담이 끝난 후 독일인 이주민의 수는 급격히 증가했다. 서독이 폴란드에 제공한 금리 2.5%의 차관은 체코슬로바키아에 제공한 5% 차관에 비하면 매우 유리한 조건이었다. 이는 폴란드가 나치시대 가장 심한 피해국이었기 때문에 양국의 역사적 상황을 고려해서 결정한 것이었다. 이 밖에도 차관 양도조약을 체결해 10억 마르크를 폴란드에 양도하기로 했다. 폴란드 경제발전에 도움을 주

---

21) Rödder, Andreas: *Die Bundesrepublik Deutschland 1969-1990*, München 2004, pp.60-61

기 위해 폴란드와 경제·상업·기술분야에서 공동 프로젝트를 개발하기로 했다.[22]

이에 대한 답으로 폴란드는 1945년 이전 독일의 오더-나이세 동부 지역의 슐레지엔 지역에 살던 독일인을 독일로 이주시킬 수 있다고 밝혔다. 이주 대상 독일인은 약 12만에서 12만 5천 명 정도였다. 1979년까지 모두 서독으로 양도하기로 약속했으나 1982년까지 완전히 마무리됐다. 서독정부의 차관 약속은 폴란드와 관계를 회복하는 데 기여했다.[23]

독일과 폴란드의 관계가 불행의 역사였던 만큼 양국이 해결해야 할 것은 외교문제뿐만 아니라 문화 및 학술분야에도 산재해 있었다. 독일과 폴란드가 자주 국경선이 바뀌는 바람에 두 나라에서 사용하고 있는 역사와 지리 교과서에 양국의 주장이 서로 납득할 수 없는 부분이 많았다. 이 문제를 해결하기 위해 바르샤바조약 체결 후 1972년에 양국은 역사가, 지리학자, 교과서 편찬위원, 출판사 대표로 구성된 교과서위원회를 구성해 바르샤바와 독일의 브라운슈바이크에서 차례로 회담을 가졌다. 회담은 모든 부분에서 해결의 실마리를 빨리 찾았으나, 중세시대 독일의 영토와 제2차 세계대전 때 일어난 사건에 대해서는 난항이 계속됐다. 오랜 토론과 숙고 끝에 회담은 1974년에 합의점을 찾게 됐다. 교과서위원회는 제2차 세계대전 전까지 독일의 영토였던 오더-나이세 동부 영토가 패전 후 폴란드에 편입됨으로써 폴란드

---

22) Abkommen über Finanzkredit und Ausreise-Protokoll zwischen der Bundesrepublik Deutschland und der Volksrepublik Polen vom 9. Oktober 1975, in: Aussenpolitik der Bundesrepublik Deutschland, pp.423-425.

23) Hillgruber, Andreas: *Deutsche Geschichte 1945-1986, Die deutsche Frage in der Weltpolitik*, Stuttgart 1989, 7,Ex.,. pp.138-140.

는 이 지역에 사는 독일인을 추방했는데, 추방이라는 용어 대신 강제이주라는 표현을 쓰기로 합의했다. 이 표현에 대해 서독의 언론은 교과서위원회의 활동을 두고 가혹하게 비판했다. 교과서위원회는 추방 대신 강제이주라는 용어를 쓸 것을 권장했으나, 교과서 문제는 지방자치단체의 권한으로 주정부가 이 제안을 수용하지 않았다. 양국이 합의한 내용을 서독의 새 교과서에서 채택하지 않자 폴란드는 서독의 변화 없는 태도에 대해 완전히 기만행위라고 비난했다. 폴란드는 교과서를 국가가 관리하기 때문에 빨리 수정·변경이 가능했지만, 서독은 연방국가인 관계로 지방자치단체가 이를 수용하지 않아 양국 간 제도적 차이 때문에 오는 당연한 결과였다. 양국의 교과서위원회는 1976년 6월 11일 체결된 문화협정에서 교과서 문제는 청소년 교육의 중요한 부분을 차지하므로 지속적으로 서로 협력해야 할 문제로 규정했다. 역사, 지리, 문화에 관한 서술은 상대방 국가의 입장을 고려해 폭 넓은 인식과 이해를 요구하는 관계로 교과서위원회에서 제안한 내용을 최대한 고려해야 한다고 밝혔다. 이로써 교과서 문제는 일단락됐다.24)

5. 동·서독 관계

동독 간첩 기욤사건으로 동·서독 관계가 경직됐지만 슈미트 수상은 전임자의 정책을 계속 수행해 세부사항을 실천했다. 그 결과 양독 관계는 교류와 협력이 더욱 확대됐고 신뢰도 회복됐으며, 동유럽국가

---

24) Borowsky, *Deutschland 1970-1976*, pp.130-131.

와의 관계도 더욱 진전됐다. 유연해진 동서관계의 기반 위에서 슈미트 수상은 정치적 수완을 발휘할 수 있는 기회를 갖게 됐다. 그는 경제와 국방분야에서 해박한 지식을 갖고 있어 동방정책을 실현하면서 최대한 활용했다. 그는 긴장완화에 중점을 두고 동·서독 기본조약 세부 실천사항을 성실히 실행했다.25)

1979년 12월 소련의 아프가니스탄 침공과 1980년도의 폴란드 정치위기는 미·소관계를 극도로 냉각시켰다. 슈미트 수상은 양독관계가 경직되는 것을 염려해 '긴장완화'라는 기치를 내걸고 실현 가능한 구체적인 정책을 수립했다. 동·서독 기본조약에서 제시한 세부 실천사항은 소련의 아프가니스탄 침공과 관계없이 계속 진행됐다. 슈미트 수상과 호네커(E. Honecker)가 갖기로 한 정상회담은 아프가니스탄 문제로 잠시 연기됐으나, 두 사람 모두 긴장이 고조될 때 독일 땅에서 어떠한 경우에도 전쟁이 일어나서는 안 된다는 공통된 의견을 가지고 있었다. 양독 간에 협력적인 분위기는 조성되고 있었으나 국제적 상황을 전혀 의식하지 않을 수는 없었다. 소련의 아프가니스탄 침공 때문에 1980년 1월로 예정됐던 슈미트 수상의 동독 방문은 연기됐다. 정상회담이 연기되고 있는 사이 1980년 10월 6일 동독은 서독 시민이 동독을 방문할 때 최저 환전금액을 13마르크에서 25마르크로 인상했다.26) 동독이 최저 환전금액을 인상하게 된 이유는 경제적 이득을 챙기기보다는 서독에 경제적 부담을 주어 동독 방문을 줄일 수 있다는 계산이었다. 동독은 혹시 서독의 자유사상과 폴란드 자유노조운동의 물결 파장이 동독에까지 영향을 미치지 않을까 두려워한 나머지 이런 조치를 취했던 것이다.

폴란드 문제로 연기됐던 정상회담은 1981년 12월 슈미트 수상이 동

---

25) Thränhardt, p.240.
26) Hillgruber, pp.141-142.

독을 방문해 호네커와 정상회담이 이루어졌다. 그가 동독을 방문했을 때 동독정부는 1970년 3월 브란트 수상이 에어푸르트를 방문했을 때에 열광하던 악몽을 재현하지 않기 위해 주민들이 집에 머물러 있을 것을 명령했다. 반체제인사들은 슈미트 수상이 방문하기 전에 체포해 도시 밖으로 내보내고 성인은 예비군 훈련에 동원했다. 거리에는 슈타지 요원과 비밀경찰로 꽉 메워져 11년 전 에어푸르트의 모습은 볼 수 없었고 모든 시민은 경직돼 있었다.[27]

동독을 방문했을 때 슈미트 수상은 개인적으로 좋아하는 도시 귀스트로우를 찾았다. 이 도시는 나치시대 저항운동을 하다 사망한 조각가이자 그래픽화가, 시인인 발라크(E. Barlach)의 생가가 있는 곳으로 유명하다. 슈미트는 발라크를 평소 좋아했던 것이다.

슈미트가 동독을 방문하고 있는 날 폴란드에서는 계엄령이 선포됐다. 양독관계를 악화시킨 것은 소련의 아프가니스탄 침공과 폴란드의 계엄령 선포였지만 또 다른 원인은 1979년 이후 나토의 군비강화를 요구한 서유럽의 여론도 악영향을 미치게 됐다.

호네커는 동독의 위상을 높이기 위해 서독 헌법에서 합법적으로 동독 국민을 인정하고 양독 연락대표부를 정식적인 대사급으로 격상시킬 것을 요구했다. 슈미트 수상은 동독의 이런 요구는 결국 두 나라 관계 발전에 기여하지 못하고 양독 간 이질화만 더 심화시킨다며 거절했다.

---

27) Rödder, p.64.

6. 동·서독 교류확대

　동·서독 관계가 급진되면서 내독 경제교류가 활기를 띠게 되고 대동독 수출은 계속 증가했다. 대동독 수출품은 대부분 기계와 완제품, 석유화학제품 등이었다. 동독에서 서독 수출품은 농산물과 원자재, 섬유와 의류, 가구, 소비용 전기제품 등인데, 무역격차가 상대적으로 크게 나타났다. 동독은 무역 불균형 때문에 지불능력 한계에 도달했다. 동독경제가 위험수위에 도달하자 동독은 서독과 무역이 점점 확대되고 있는 점을 감안해 자국 경제의 독립성과 자금 지불능력 및 자금유동성을 확보하고자 했다.

　동·서독 무역량은 1970년부터 1985년까지 매년 3%씩 증가했다. 서독에서 동독으로 수출하는 물량은 서독 전체 수출량의 1.5%에 불과했다. 동독은 서독의 15번째 무역 상대국가로 스페인, 노르웨이, 유고슬라비아, 남아프리카와 같은 수준이었다. 하지만 서독은 동독에게 소련 다음으로 두 번째 무역상대 국가였다.[28]

　동·서독 무역은 양국 간 가격차이 때문에 종종 문제가 일어났다. 동독에서 생산되는 제품은 서독 시장에서 저렴한 가격으로 판매되어 서독 소비자들에게는 유리했으나 서독의 경쟁회사에게는 불이익을 주었다. 서독은 경쟁회사가 손해 보는 것을 방지하기 위해 가격심사를 강화했고 덤핑판매를 금지했다. 동독에서 생산되는 제품은 서독 제품

---

28) Görtemaker, *Kleine Geschichte der Bundesrepublik Deutschland*, p.320

보다 가격은 저렴하지만 질적인 면에서 서독 수준에 미치지 못해 일반 시민은 선호하지 않았다. 서독 기업은 동독 제품을 서독 시장에 직접 판매하는 것보다 제3국이나 서독보다 수준이 낮은 국가에 역수출해 많은 이익을 얻었다.[29]

금속과 화학공업은 서독이 세계적 수준의 기술을 보유하고 있어 동독은 서독 기업이 동독에 진출하는 것을 희망하고 있었다. 부나 II사는 약 12억 마르크의 화학공장을 1980년 동독에 건설했다. 화학제품 수송을 위해 특수차를 동독에 수출했고, 화학제품 액체 운반선 건조수주를 약 9억 마르크에 계약 체결했다. 부나 II사 외에도 헤닉스베르크 제철소는 1979년부터 1984년까지 동독에 공장을 건설했다.

폴크스바겐(Volkswagen)사는 동독에서 승용차를 판매하기 위해 대리점을 설립했다. 1977년 폴크스바겐은 1천대의 자동차를 동독에 수출했다. 서독의 다른 차종에 비해 폴크스바겐에서 생산하는 차가 소형이고 대체로 가격도 저렴해 동독 사람에게는 부담이 되지만 매력이 있는 자동차였다.

동독이 1981년 비자수수료와 화폐교환비로 벌어들인 수익금은 5천만 마르크였다. 1974년부터 동독의 금융시장도 어느 정도 개방돼 동독 주민도 외국환을 선물로 받을 수 있었다. 외국환을 보내는 사람은 서독에 살고 있는 친인척이 대부분이었는데, 이를 동독 국내시장에서 교환하는 데는 어려움이 없었다. 동·서독 주민의 선물 교환도 활발하게 이루어져 1980년에 2,600만 개의 소포가 서독에서 동독으로 배달됐고, 동독에서 서독으로는 약 9만 개 정도에 이르렀다.

---

29). Bundesministerium für innerdeutsche Beziehungen: Außenwirtschaft und innerdeutscher Handel, Sonderdruck aus Materialien zum Bericht zur Lage der Nation im geteilten Deutscheland 1987, pp.632-635.

동독은 서독과 협상할 때마다 경제지원을 요구했다. 하지만 서독은 무조건 동독을 지원할 수는 없었고, 여러 가지 이유를 들어 어느 정도 요구를 들어 주었다. 이는 동방정책의 기본목적이 통일이 아니라 동서독의 이질감을 제거하고 동독 주민의 삶의 질을 향상시키는 데 있었으므로 가능한 한 지원을 아끼지 않았다. 경제교류가 활발하게 이루어지고 있는 사이 야당인 기민당과 기사당은 경제교류의 중단은 물론 경제적 제재조치를 요구했다. 그러나 슈미트 수상은 야당의 요구에 동요하지 않고 소신대로 정책을 추진했다. 서독은 가능한 한 동독과 경제협력을 최고로 확대하고자 했다. 경제가 안정되면 정권이 안정되고 계속해서 동독이 자유주의적 사고를 수용할 것이라는 한 가닥 희망을 갖고 있었다. 하지만 동독은 서독 및 서방세계와 경제교류를 했지만 제도를 개선하거나 또는 정치적 변화를 시도하지는 않았다.

동독이 사회문제를 해결하지 못하고 있을 때 개혁을 요구하는 목소리가 강해져 많은 정치범이 생기게 됐다. 1975년부터 1977년까지 약 9천 명의 정치범을 사면해 서독으로 이주시켰다. 이주의 대가로 경제적 보상을 요구했는데, 서독은 동독의 요구를 들어 주었다. 서독이 동독의 정치범을 수용할 수 있었던 것은 체제에서 동독을 능가했기 때문이다. 동독은 사회주의 정치체제를 이끌어 가는 데 방해가 되는 정치범을 서독에 인도해 정치적 부담을 지워 버릴 수 있었다. 그러나 동독은 정치적 반대세력이나 개혁의 요구가 없어 고르바초프(M. Gorbatschow)가 등장해 동유럽에서 개방운동이 일어날 때에도 다른 나라에 비해 대체로 조용한 편이었다. 이는 결국 한꺼번에 강하게 불어온 개방의 물결에 대처할 자생력을 잃어버린 채 결국 체제가 붕괴되고 서독에 **흡수** 통일되는 결과를 초래했다.

1) 교통시설 확대

 동·서독 관계가 첩보원 문제로 불편함에도 불구하고 양독은 1974년 6월부터 대화를 재개했다. 슈미트가 호네커에게 서독과 서베를린 간 자유왕래를 위해 교통망 확장에 관해 회담개최를 제의한 것을 동독이 수용하면서 대화 분위기가 급전됐다. 첫 번째 대화에서 서독과 서베를린 교통시설 확장에 대해 많은 의견을 교환했다. 서독에서 서베를린까지의 고속도로 신설과 철도 보수 및 수리는 경제원리에 의존하지 않는 인도주의 정신에 입각한 정책이었다. 회담은 1974년 9월부터 11월까지 동베를린에 상주하는 서독 연락대표부 가우스 국장이 동독의 최고지도자 호네커와 직접 이루어졌겠다. 1975년 12월 19일 서독과 동독은 베를린에서 마리엔보른(Marienborn)까지 고속도로를 4년 이내에 신설하기로 합의했다. 또 베를린 외곽순환도로 일부를 6차선으로 확장하기로 했다. 총공사비 4억 500만 마르크 중 2억 9,500만 마르크를 서독이 부담했다. 그리고 1978년에는 함부르크에서 베를린까지 고속도로 건설을 위해 협상을 가졌다. 이 합의에 의해 동독의 기술과 노동으로 함부르크에서 베를린까지 고속도로를 건설하는 조건으로 서독 정부가 12억 마르크를 지원했다. 함부르크에서 베를린까지 건설되는 고속도로(Autobahn)는 동독의 건설회사만 공사에 참여하고 서독의 회사는 참여하지 않았다. 동독 주도로 고속도로가 건설돼야 동독 건설경기가 활성화되고 실업문제를 해소하는 데 도움이 되기 때문이었다.
 서독은 도로건설비 외에도 다양한 방법으로 동독을 지원했다. 서독은 1971년부터 1975년까지 동독 교통시설 사용료 용도로 2억 3,400만 마르크를 지불했고, 1976년부터 1979년까지 4억 마르크를 지불했다. 1981년부터 1989년까지는 매년 5억 2,500만 마르크를 지불했다.

그 밖에도 동독과 동베를린으로의 화물수송과 통행 편리를 위해 노력했다. 오래 전부터 서독에서 베를린으로 연결되는 운하가 있었는데, 냉전시대 동서독 왕래가 거의 없는 가운데 운하는 거의 방치된 상태였다. 운하를 잘 수리하면 함부르크에서 베를린을 거쳐 체코슬로바키아의 수도 프라하까지 서방 물품이 수송될 수 있었다. 이런 장점을 고려해 서독은 운하 보수와 수리비를 전액 부담했다.

서독이 많은 자금을 동독에 지원하게 된 것은 서독과 서베를린 사이 교통망이 확대되면 서베를린 시민이 수준 높은 삶을 영위하고, 동유럽 진출의 교두보 역할을 할 수 있었기 때문이다. 이 구간 도로 신설은 동독의 영토를 지나게 돼 있어 자유사상 전파에 용이하고 동독경제에도 도움이 되는 것이었다.[30]

1975년부터 서독인의 동독 방문은 급속히 증가해 1975년과 1976년 각각 312만 명을 기록했다. 서베를린 자체 시민은 1975년 321만 명이, 1976년에는 340만 명이 동베를린과 동독을 방문했다. 과거에는 서독 시민이 동독을 방문하면 지정된 장소만 방문할 수 있었으나 여행이 간소화되면서 어느 지역이든 여행을 할 수 있게 됐다. 과거와 달리 친지나 친척 또는 친구가 없을 경우에도 동독을 자유롭게 여행하고 승용차 여행도 가능해졌다. 승용차 여행자는 1973년 19만, 1974년 33만, 1975년 46만, 1976년 44만 명이었다. 여행 외에도 동·서독 주민 상호간 전화통화가 자유로워졌다. 1974년 6월 19일부터 서독의 몇몇 지방에서는 동베를린과 직접통화가 가능해졌다. 1975년 6월부터는 서독의

---

30) Zehn Jahre Deutschlandpolitik, pp.15-16.

대부분 지방에서 동베를린과 직접 통화할 수 있었다. 1976년 3월 30일 동·서독 우편조약이 체결되면서 양국 간 전화통신은 더욱 더 편리해졌다. 그 해에 동·서독은 368개의 전화회선을 개통했다.31) 1969년까지 동·서베를린은 직접 통화할 수 있는 채널이 설치되지 않았으나, 1971년 베를린조약 체결 후 1972년 처음 전화통화가 이루어졌고, 1975년에는 290개 회선, 1976년에는 453개 회선이 개통됐다.

동·서독기본조약에서 합의한 세부사항을 실천함으로써 교통 및 통신시설이 확대돼 상호방문과 여행, 전화통화 등을 통해 상대방을 이해하는 데 크게 도움이 됐고, 민족의 이질감을 극복하는 데도 크게 기여했다.

2) 에너지 공동개발과 협력

1974년 7월 3일 서독은 동독에게 동·서독 경계선 지역의 지하자원 공동개발을 제의했다. 그로부터 1년 후 두 나라는 경계선 지역의 지하자원 공동개발을 위한협상을 시작했다 그 결과 1976년 5월 19일 서독의 신탁청과 동독의 대외무역부는 공동채광 협정을 체결했다. 협정에 의해 동·서독 경계선 지역인 서독의 헬름슈테트(Helmstedt)와 동독의 하르브케(Harbke) 지역에 매장된 갈탄을 공동 개발하기로 했다. 대량의 갈탄이 매장돼 있는 이 지역은 1952년부터 동독이 일방적으로 출입을 금지해 광맥이 동·서독으로 분단돼 있어 채굴하는 데 어려움이 있었다.32) 채광을 위해 서독의 브라운슈봐이크 광산회사(BKB)와 동독의

---

31) Borowsky, *Deutschland 1970-1976*, pp.134-.137.

32). Zehn Jahre Deutschlandpolitik, pp.30-35.

대외무역부 소속 광산 및 지하자원 회사가 참여해 민간기업 차원에서 채광했다. 채광은 1976년 여름부터 시작됐고, 이곳에서 채굴된 갈탄은 서독이 500만 톤, 동독이 1,000만 톤을 가져갔다.[33]

서독의 부스트로브(Wustrow)와 동독의 잘츠베델(Salzwedel) 지역에 천연가스가 매장돼 있었다. 서독에 매장된 것은 일부분이고 동독에 집중적으로 매장돼 있었는데 약 10배 정도가 많았다. 동독은 1968년부터 단독으로 천연가스 개발을 시작했다. 그러나 동·서독이 우호적인 관계로 전환하자 양국은 1978년 6월 13일 천연가스 협상체결을 완료했다. 이로써 양국은 경제적인 이유로 국경선 부근에서 발생할 수 있는 갈등의 소지를 해결했다. 천연가스 개발과정에서 상대방 국가에서 채굴하는 지역에 피해가 없도록 하기 위해 최선을 다했고, 이 원칙을 지키기 위해 국제적으로 인정된 규칙을 최대한 존중했다.

서독은 1979년 9월 5일 석탄과 원유를 동독에 장기간 공급한다는 협정을 체결했다.[34] 협정에 의하면 서독은 1980년부터 1985년까지 95만 톤의 외국산 원유를 동독에 제공하기로 했고, 이 외에도 115만 톤의 휘발유와 24만 톤의 가스, 40만 톤의 난방용 중유를 동독에 제공하기로 했다. 그리고 25억 톤의 석탄을 동독에 양도하기로 했다.[35]

국가적 차원의 경제협력 및 교류 외에도 동·서독은 민간 차원의 경제교류가 활발히 이루어졌다. 경제교류는 상업행위가 아니라 인간적 차원에서 서독에서 동독에 살고 있는 친인척이나 친구들에게 보내는 선물이 주를 이루었다. 동·서독 시민의 선물교류가 활발하게 진행되고 있을 때 동독은 서독의 자본주의 물건이 동독에 유입되는 것을

---

33) *Ibid., Dokument 1-124*, pp.308-310.
34) *Ibid.*, pp.29-31.
35) *Ibid., Dokument 1-170*, pp.380-381.

염려해 제한조치를 취했다. 동독정부가 서독에서 들어오는 선물을 제한하기 위해 엄격한 통제와 수취인 부정확을 이유로 되돌려보낸 경우, 그리고 여행자들이 가지고 오는 선물을 압수하는 경우 등이 종종 있었다. 서독에서 동독으로 이주할 때 이삿짐과 유산으로 남길 만한 가치 있는 선물은 동독 관할 행정구역의 허가를 받아야 전달됐다. 동독 당국의 허가절차가 까다롭고 많은 시간이 걸려 선물이 전달되는 과정에서 국민의 짜증은 늘어만 갔다. 이러한 문제를 해결하기 위해 서독정부는 상업적 목적이 없는 물품의 통관을 간편화하고 제도적 보호장치를 취할 것을 요구했다.

3) 취재활동

동독과 서독은 같은 민족으로 가까운 이웃에 두고도 언론, 통신이 두절된 관계로 서로의 상황에 대해 너무도 잘 모르고 있었다. 이런 가운데 같은 민족 사이의 이질감이 심화되고 있다는 것을 인식시키기 위해 1960년대 중반 함부르크에서 발행되는 <디 차이트>(Die Zeit)지가 "멀고도 가까운 이웃"이라는 주제로 기사를 연재해 동독에 대한 관심을 깨우쳤다. 기사는 동독의 일상생활과 사회·교육제도 등 새로운 내용을 보도해 동독을 이해하는 데 많은 도움이 됐다. 그러나 그 이후부터는 양국관계가 원활하지 않아 브란트 수상 취임 전까지 동독을 취재하는 데 어려움이 있었다.

동·서독은 1972년 11월 8일 상대방 국가에서의 언론인 취재활동에 대해 합의하고, 같은 해 12월 21일에 법적 효력이 발휘됐다. 서독은 언론의 자유가 보장된 나라이기 때문에 동독이 예상치 못한 부분에 대해 비판적인 기사나 텔레비전 보도가 예측됐다. 동독 기관은 서독의 상황을 고려하지 않은 채 동독의 판단기준에 의해 서독 언론의 취재활동 및 동독에 대한 기사를 통제했다.

함부르크에서 발행되는 <슈피겔>지는 동독에서 서독으로 탈출한 사람의 자녀들이 강제수용소에서 비인간적인 대우를 받고 있다는 기사를 보도했는데, 이에 대한 보복으로 동독은 <슈피겔>지 동독 특파원을 1975년 12월 16일에 추방했다. 그리고 약 1년 뒤 서독의 공영 텔레비전 방송국 ARD 기자가 동독 군인이 동독을 탈출해 서독으로 가는 시민을 토끼 사냥하듯이 사격을 가하는 내용을 보도하면서 동독정부는 국민의 목숨을 중요하게 생각하지 않는다고 비판하자, ARD 방송국 기자를 동독에서 추방했다. 서독정부는 동독의 이와 같은 행동은 동·서독 관계를 대립의 구도로 몰고 가고 있다고 강력하게 비난했다. 1976년 말까지 총 16명의 서독 기자가 동독에서 상주하면서 취재활동을 했으나, 동독의 기자는 이보다 적은 인원이 서독에서 취재활동을 했다. 동독 기자의 서독에서 활동이 미비했던 것은 정치적인 이유도 있었겠지만, 동독은 서독에 비해 언론 출판의 자유가 보장되지 않았으며 수적인 면에서도 열세를 면치 못했기 때문이다.36) 양국이 자유왕래를 하면서 동독에 대한 기사가 증가했음에도 불구하고 동독에 대한 정확한 정보와 자료를 확보하지 못해 1989년 동독이 해체됐을 때 동독에 대한 상황을 제대로 파악하지 못한 한계가 있었다.

---

36) Borowsky, *Deutschland 1970-1976*, p.141.

제7장 콜 시대

1. 동서독 관계

슈미트 수상과 겐셔 외무장관의 실용적인 안보정책은 동서 긴장관계 해소와 경제교류 확대에는 기여했지만, 연립정부의 정권연장에는 크게 도움이 되지 않았다. 연립정부 균열은 경제문제에서 시작됐다. 사민당과 자민당은 1983년도 예산절감에 대해 많은 입장차이를 갖고 있었다. 자민당은 사회복지지원금을 감소하고 세금부담을 줄이며 투자여건을 개선해 경제 활성화를 도모했지만, 슈미트 수상은 친기업적인 정책이라며 이를 수용하지 않았다. 기업과 긴밀한 유대관계를 유지하고 있는 자민당의 제안이 거절되자, 자민당은 더 이상 연립정부에 남아 있어야 할 명분이 없어 자민당 출신 4명의 각료가 사표를 제출했다. 슈미트 수상이 과감히 사표를 수리하자 사민당과 자민당 연립정부는 종식됐다.[1]

---

[1] Görtemaker, *Kleine Geschichte der Bundesrepublik Deutschland*, pp.322-323.

1982년 말에는 독일 정치사에서 처음으로 불신임투표에 의해 정권이 교체됐다. 슈미트는 자민당과 기독교연합이 단합해 거부권을 행사하자 수상직에서 물러나게 됐다. 자민당은 경제와 재정정책에서 사민당과 많은 차이가 있었다. 자민당이 기민당과 연립정부를 수립하자 기민당 총재 콜(H. Kohl)이 수상에 취임했으며, 신정부는 경제정책에 중점을 두고 실업자를 줄이는 데 주력했다.2)

새 정부의 외교정책은 사민당정권이 추진하던 정책을 그대로 수용하고 기존의 우방과 유대관계를 유지하며 인간의 가치 회복과 인권보호, 자유를 보장하고 준법국가를 실현하는 데 중점을 두었다. 겐셔(H. D. Genscher) 외무장관의 노련한 경험은 동유럽은 물론 동독과 관계를 발전시키는 데 도움이 됐다. 그는 1990년 통일과정에서 연합국 및 폴란드와 합의를 도출할 때 외교적 수완을 발휘했다. 그는 18년 동안이나 외무장관직을 수행하면서도 야당이나 사회단체의 반발이 없었던 것은 철저히 준비된 외교정책을 바탕으로 국제정치의 상황에 따라 능동적으로 대처했기 때문이다.3)

새 정부는 1971년 9월에 체결된 베를린조약을 존중하고 베를린과 서독의 유대 관계를 강화했다. 베를린 안보를 위해 지속적으로 우방국가와 의견을 조율해 베를린은 더 이상 냉전의 희생 도시가 아니었고, 또 더 이상 강대국의 흥정의 대상도 아니었다. 동독과의 관계는 상호협조체제를 계속 유지하고 통일문제는 장기적인 면에서 시간적 여유를 가지고 고려해야 할 사항이며 반드시 평화적 방법에 의해 다루어져야 한다는 소신에는 변함이 없어 주변국들에게 신뢰를 주었다.

---

2) *Ibid.*, pp.325-326.
3) Ash, Timothy Carton: *Im Namen Europas, Deutschland und der geteilte Kontinent*, München, Wien 1993, pp.53-53.

안보정책은 광범위한 군축과 군비통제가 실현되고 평화를 보장하기 위해 강력한 군사력이 필요하다는 것이었다. 평화를 지향해 무력포기와 상대방 국가에 대한 위협과 공포의 제거가 군사외교의 기본 실천사항이었다. 콜 수상은 모스크바를 방문해 독일에서 전쟁이나 도발행위가 일어나서는 안 되고, 유럽의 평화를 위해 무기생산 감소와 상호 균등한 군비축소 협상이 조속히 개최돼야 한다는 데 합의를 보았다.4)

나토의 퍼싱 II 미사일과 크루즈미사일의 독일 배치로 양독관계는 물론 소련과의 관계가 위험한 수위에 이르렀으나, 콜 수상은 1982년 11월의 브레즈네프, 1984년 2월의 안드로포프(J. Andropow), 1985년의 체르넨코(K.V. Tschernenko) 장례식 때 조문외교를 통해 독일 영토에서 어떤 경우에도 도발 행위가 있어서는 안 된다는 데 공감했다. 미국이 중거리미사일을 서독에 배치하자 동유럽 사회주의 국가들은 국제사회에서 서독을 적대적 감정으로 대하고 외교적으로도 일정한 거리를 두었다.5)

그런 가운데도 동독과의 관계는 지속적인 대화관계를 유지했는데, 콜 수상이 1984년의 안드로포프 장례식에 참석했을 때 호네커가 콜이 머물고 있는 숙소를 방문하면서 처음 만남이 이루어졌다. 양독 정상의 만남에서 호네커와 콜은 처음에는 어색한 분위기였으나, 두 사람이 거의 같은 고향의 사투리로 대화를 풀어 갔다. 콜은 팔츠(Pfalz)의 루드비히하펜(Ludwighafen) 출신이고, 호네커는 자를란트(Saarland) 출신이라 지리상으로 약 80km 정도 떨어져 팔츠의 사투리가 서로 익숙했다.

콜 수상은 동독과의 우호적인 관계를 위해 노력했다. 동독경제가

---

4) Jacobsen, pp.277-278.
5) Ash, pp.502-504; Thränhardt, p.292.

위기에 직면했을 때 국가적인 차원에서 차관 제공이 어렵게 되자, 바이에른 주지사 슈트라우스를 통해 1983년에 주정부 차원에서 동독에 차관을 제공하게 했다. 동독은 이 차관으로 단기 악성외채를 상환해 외환지불능력을 향상시켜 국제 금융시장에서 국가신뢰도를 높이게 됐다.

차관제공에 대한 대가로 동독은 서독 여행자들에게 편의를 제공했는데, 연금수혜자, 산업재해 연금수령자, 장애인이 동독을 방문할 때의 최저 환전금액을 25마르크에서 15마르크로 인하했다. 또 서독 국민의 동독 여행기간을 년 30일에서 45일로 연장했다. 이 밖에도 동독은 서독과 경계선에 설치돼 있는 무인 자동발사기를 철수했다. 1985년에는 동서독 청소년 교류가 있었으며, 1986년에는 문화협정을 체결해 텔레비전 방송 프로그램을 공동 제작했다.[6]

문화협정은 비정치적인 분야라 브란트 시대 체결하려고 했다. 그러나 서독이 구독일제국의 후손이라고 주장하면서 프로이센의 문화유산을 돌려줄 것을 요구했으나 동독이 거절하자 빠른 시일 내에 이루어지지 못했다. 문화협정 체결로 동·서독은 학문, 문화, 예술, 출판, 언론분야에서 활발한 교류가 이루어졌다. 학문, 정보교환 및 학술회의를 위해 교수와 대학생 교류가 있었고, 전문서적과 이념서적도 상호 교환했다. 박물관 운영 협력, 교환 전시, 전시물 대여, 유적 발굴 등 문화유산 보존에 대해서도 공통의 관심을 갖고 활발한 교류가 이루어졌다.[7]

출판은 출판물 교환을 통해 보급·확대를 위해 노력했다. 쌍방에게

---

6) 한국문화정책개발원, 「민족동질성 회복을 위한 통일 이후 독일의 문화 통합과정연구」(자료집), 1996, p.14; 민족통일연구원: 「통일독일의 분야별 실태연구」, 1992, pp.103-104.

7) Görtemaker, *Kleine Geschichte der Bundesrepublik Deutschland*, pp.332-333.

학문적 가치가 있거나 유용한 면이 있으면 공동 발간하고 판권을 양측 모두에게 확대했다. 동독 출판 종사자는 매년 가을 프랑크푸르트에서 열리는 책 박람회에 전시하고 방문도 가능했다. 국제적 가치가 있는 사료 및 도서는 교류를 확대하고, 독일어권 도서 분류방식의 통일을 위해 다국적 협조체제를 구축하기로 했다.8)

1980년대 후반 고르바초프의 군비감축과 긴장완화정책은 동서독 관계에 새로운 활력을 주었다. 그 결과 1987년 9월 호네커는 처음으로 서독을 방문해 양국 간 공동협력에 대해 많은 의견을 교환했다. 호네커 방문 시 서독의 하노버와 베를린 간 철도개설에 합의했고, 서독에서 전기를 생산해 동독에 공급하기로 했다. 이 프로젝트는 1964년 브란트가 서베를린 시장 시절 제안했던 내용이나 그 동안 협력관계가 조성되지 않아 불가능했지만, 국제적 상황과 동·서독이 공생의 시대에 접어들면서 실현됐다. 그 결과 서베를린은 물론 동독도 서유럽의 에너지공동체에 편입됐다. 그리고 동독은 유럽 4개국(영국, 프랑스, 이탈리아, 독일)이 공동으로 생산하는 민간항공기 '에어버스'를 구입하기로 잠정 서명했다. 서독은 동베를린을 여행하는 여행자들의 편의를 위해 호텔을 건설하기로 했고, 여행자가 승용차를 가지고 동독을 여행하다 고장 났을 경우 동독의 서비스를 받을 수 있도록 했다. 그리고 동독 영토에서 역사적으로 가치가 있는 유적지나 관광지를 공동으로 개발하고 건설하기로 했다.9)

호네커 방문 시 두 나라는 환경보호와 방사선 보호, 과학기술 협력, 동서독 상호방문 협정을 개선하는 방안과 이를 위해 철도요금을 할인

---

8) 한국문화정책개발원, pp.26-29.
9) Absprache von Bundeskanzler Kohl am 7. September 1987, in: Aussenpolitik der Bundesrepublik Deutschland, pp.551-553.

하는 것을 논의했다. 청소년 교류와 도시 간 자매결연을 적극 권장해 상호 문화교류에 합의했다. 도시 간 자매결연은 서독의 자를루이와 동독의 아이젠휘텐슈타트가 최초로 이루어졌다. 서독인의 동독 방문이 계속 증가하자 베를린 남쪽에서 서독으로 연결하는 교통로를 신설했다. 동독과 서베를린은 서로의 필요에 의해 불합리한 토지를 서로 교환하기로 하여 동독은 동서독 경계선 지역에 있는 96헥타르의 토지를 서독에 양도하고 7,600만 마르크를 받았다.

양국은 동독 영토를 관통해 함부르크를 지나 북해로 흐르는 엘베강 오염방지를 위해 노력할 것을 전제조건 없이 합의했다. 베를린의 항공편의를 위해 동·서베를린에 있는 테겔 공항과 쇤네펠트 공항이 서로 운항 및 항공정보를 교환하고 또 기술개발을 위해 공동 협력하기로 했다. 서베를린에서 실업자가 된 의사는 동베를린이나 동독에서 의료행위를 할 수 있게 하고, 베를린의 철도교통을 더 확대하기로 했다.[10]

2. 고르바초프의 등장과 동유럽의 변화

고르바초프 등장 후 동유럽은 1950년대 중반과 비슷한 증상이 나타났다. 소련에서 스탈린이 죽고 탈스탈린정책이 시작되자 그 효과는 동유럽에서 감지됐다. 그 예가 헝가리 민주화운동과 폴란드 개혁운동이다. 1980년대 고르바초프의 신사고에서 출발한 개혁운동은 위성국가인 동유럽에서 소련의 수준을 능가했다. 1950년대 개혁은 스탈린주의

---

10) Lambrecht, Horst: Die deutsch-deutschen Beziehungen zum Ende der achtziger Jahre, in: Aus Politik und Zeitgeschichte, B 10/89, 3. März 1989, p.19.

의 수정을 요구하는 수준으로 무력진압이 가능했지만, 1980년대 후반의 변화는 사회주의 자체를 거부했고, 소련이 동기를 부여했으므로 무력진압이 불가했다.11)

사회주의 체제위기는 정치·경제·사회분야에서 골고루 나타나기 시작했다. 공산주의 국가에서 노동자와 농민은 주인이라는 인식 아래 당에서 중추적인 역할을 했다. 그러나 당은 국가 위에 군림해 국민의 참정권을 제한하고 모든 계층의 의견이 정치에 제대로 반영되지 않았다. 당은 경쟁력이 없는 유일 지배체제 정당으로서 통제와 감시가 통치의 수단이었다. 민의가 무시된 사회에서 국민의 불만과 불신이 누적돼 언제든 폭발할 수 있는 불씨가 됐던 것이다.

당정치국은 국민의 의사가 정치에 반영되는 선거를 통제하고, 전당대회도 대의원의 의사가 반영되지 않고, 정치국 의도에 따라 중앙회의가 모든 중요한 정책을 결정했다. 대의원은 당지도부의 지시에 따라 만장일치로 정책을 결정했다. 국가가 정당의 시녀로 전락한 정치운영 형태는 소련뿐 아니라 동유럽 모든 국가에서 똑같이 볼 수 있는 현상이었다.12)

정치위기 외에 경제위기가 소련과 동유럽 개혁의 도화선이 됐다. 사회주의 국가 건설을 위해 계획통제 경제를 실시했던 동유럽은 당지도부가 국가살림을 간섭하고 지도함으로써 총체적 위기를 자초했다. 공산주의 사회에서 계층 간 소득격차는 국민의 불만을 야기했다. 서민은 생필품이 부족해 줄을 서서 기다리지만, 특권층은 일반시민이 상상할 수 없는 호화스런 사치생활을 하고 있었다. 특권층 자녀는 교육과 직업선택에서도 특혜를 받는 귀족 생활을 했다. 이와 같은 요인은 기

---

11) 서병철, 「공산권의 붕괴와 독일의 통일」, 1991, pp.4-5.

12) *Ibid.*, pp.6-7.

존 체제의 운영을 거부하는 형태로 나타났다. 문제를 정확히 파악한 고르바초프(M. Gorbatschow)는 페레스트로이카와 글라스노스트를 통해 동유럽국가들이 개혁을 진행할 수 있는 동기를 부여했다.13)

1984~1985년의 동유럽 에너지위기는 위험을 알리는 신호탄이었다. 식료품 부족을 해결하기 위해 생활필수품, 즉 곡류, 육류, 설탕, 우유 등은 서유럽의 자본주의 국가에서 수입했고, 국가산업의 발전에 중요한 기술과 자본도 서유럽에 의존했다. 소련의 대외정책은 외교, 경제, 군사, 정보, 기술 등 여러 분야에서 이루어지고 있었지만, 각 부처 간의 집단 이기주의와 정부 관료의 권위주의 때문에 효율적으로 대처하지 못해 국가경쟁력을 갖추기에는 역부족이었다.

군비경쟁 시대를 지양하고 경제 중심의 실리외교로 전환하는 것이 국제적 추세였는데, 대세를 파악하지 못한 소련의 1979년 아프가니스탄 사태 개입은 국내정치와 공산주의 국가들의 결집력을 완화시키는 결과를 초래했다. 소련은 1980년 폴란드 사태가 일어나자 폴란드 문제에 깊이 관여했지만 해결하지 못하고 오히려 국제사회에서 신뢰를 상실하게 됐다.14)

소련은 국가적 위기상황을 탈피하기 위해 고르바초프와 같은 개혁적 사고를 가진 지도자를 필요로 하고 있었다. 1985년 당서기장에 취임한 고르바초프는 총체적 위기에서 벗어나기 위해 사회 전체에 깊숙이 내재하고 있는 독단에서 벗어나 문제해결을 위해 새로운 생각과 사상이 절실히 필요하다는 것을 인식하고, 이를 실현하기 위해 인간성에 대한 가치를 새롭게 부여하고 정치적 임무를 새로이 부과했다. 소련은 고르바초프 주도 하에 새로운 사회를 건설하기 위해 페레스트로

---

13) *Ibid.*, pp.6-12.

14) Zhorres Medveder, 「고르바초프」, 박찬길 역, 1988, 서울, pp.235-236.

이카와 글라스노스트를 슬로건으로 내걸고 지금까지 굳게 닫힌 폐쇄사회를 개방해 적극적으로 개혁정책을 추진했다.

고르바초프의 성공은 대외정책에 달려 있어 우선 서유럽 및 미국과 관계를 개선하는 것이 절실히 필요했다. 소련의 개혁정책은 단지 자국에만 제한되지 않고 동유럽 사회주의 국가에 영향을 미치면서 동유럽 국가도 각각 개혁노선을 취하게 됐다. 고르바초프 시대 동유럽의 개혁은 활발하게 진행되지 않아 사회주의 체제가 붕괴되지는 않았지만, 국가 통제경제를 포기하고 국익에 최고의 가치를 부여한 실용주의 경제체제로 전환했다.15)

소련의 변화 앞에서 서독의 외교정책도 수정이 불가피했다. 서독은 1950년대에는 소련 및 동유럽을 배척한 친서방 외교, 1960년대에는 미국 주도의 긴장완화정책, 1970년대에는 동방정책을 통해 동유럽과 적대적 관계에서 파트너 관계로 시대에 따라 효과적으로 전환했다.

고르바초프의 서독 방문과 양국 정상의 공동성명은 동독에게는 치명적이었다. 개혁의 길을 걷기 위해 고르바초프는 자유민주주의와 자본주의가 발달한 서독과의 관계를 과거 어느 시대와 다르게 설정할 필요가 있었다. 서독 측에서 보면 소련과의 관계 변화는 서독에게 매우 유리한 방향으로 전개되고 있었으나, 동독의 입장에서 소련의 개혁과 개방정책은 동독의 운명을 결정하는 계기가 돼 버렸다. 1985년 소련은 개혁과 개방이란 슬로건을 내걸고 이를 실현하기 위해 동유럽국가에게도 개혁을 요구하고 서방세계와 발 빠른 외교를 전개했다.16)

가장 먼저 폴란드가 개혁의 신호탄을 올렸다. 1989년 비공산당 주도로 사회주의 체제를 거부하고 시장경제와 의회민주주의로 체제변

---

15) Rauch, pp.608-617.
16) *Ibid.*, pp.619-625.

화를 꾀했다. 이는 1980년대부터 시작된 민주화운동의 결과였다. 1989년 자유노조가 주축이 되어 일당 독재체제인 공산당 통치를 마무리하고 거국내각을 수립했다는 것은 주변국가에게 체제변화와 개혁에 적지 않은 영향을 주었다. 1989년 8월 24일 폴란드 의회는 자유노조 기관지 편집장 마조비에츠키를 총리로 선출해 45년간 지속된 공산당 독재에 종지부를 찍었다.

주변 국가가 개혁에 전념하는 동안 동독의 호네커는 현실을 무시한 채 변화를 주도할 새로운 정책이나 대안을 제시하지 못했다. 시대적 변화에 편승하지 못한 호네커 정권은 서서히 위기가 엄습해 오기 시작했다. 계속 탄압과 억압이 강화되고 있는 가운데 동독 시민은 경제위기와 개혁정책의 부재에 대해 불만의 목소리를 높이기 시작했다. 동유럽에서 변화가 빠른 속도로 진행되고 있는데도 호네커는 개혁에 대한 청사진을 제시하지 못하고 과거에 안주해 자신의 정권이 종말을 고해 가는 줄 모르고 있었다.[17]

3. 동독의 탈출자 행진

동독의 탈출자 행진은 베를린장벽 붕괴와 동독체제 종식으로 이어졌다. 동독에서 서독으로 이주는 1961년에 베를린장벽이 설치된 이래 불가능했다. 그러나 동독 체제에 한계점을 느낀 시민은 탈출의 기회를 찾으려고 했다. 과거처럼 동유럽국가가 소련에 완전하게 예속돼 있을

---

17) Jacobsen, p.280.

때는 불가능했지만, 소련이 개혁·개방노선을 취하고 브레즈네프 독트린을 철폐한 이상 동유럽을 경유해 서독으로의 탈출이 가능해졌다.

1989년 한 해 동안 34만 5천 명이 동독을 떠나 부다페스트, 프라하, 바르샤바 등 주변 공산국 수도에 주재하는 서독대사관을 통해 서독으로의 탈출에 성공했다. 동·서독 관계는 휴가철이 시작되는 1989년 7월 중순부터 복잡하게 꼬이기 시작했다. 이는 결국 베를린장벽을 붕괴시키는 도화선이 됐고 결국 통일을 이루는 단초가 됐다.[18]

사람은 누구나 자기가 태어난 고향에서 편안하게 살기를 원하지만, 직업 선택권이나 재산권, 경제적 자유가 보장되지 않는 동독에서는 더 이상 살아갈 수가 없었다. 이런 문제를 해결하지 못한 동독이 언젠가는 겪어야 할 역사적 과정이었다. 탈출자들이 헝가리 주재 독일대사관에 진입해 서독으로의 이주를 요구하자, 호네커는 탈출자들이 공관을 떠날 경우 어떤 책임도 추궁하지 않을 것이며 불이익을 당하지 않는다며 동독 귀향을 요구했다. 탈출자를 그대로 방치할 경우 동서관계가 약화될 우려가 있어 양독은 협상을 시작했지만 별다른 진전 없이 끝나 버렸다. 상황이 급해진 동독은 정상회담을 통해 문제를 해결하려고 했지만, 콜 수상은 시간이 지나면 지날수록 동독에게 불리해진다는 것을 알고 회담에 응하지 않았다.[19]

통일의 주역은 콜 수상이지만, 국가적으로는 헝가리의 역할이 대세를 반전시키는 데 크게 기여했다. 1989년 6월 28일 헝가리와 오스트리아는 냉전의 상징인 두 나라 사이에 존재하는 철조망을 제거했다. 헝가리와 오스트리아 국경선 개방은 서방세계로 탈출을 원하는 동독 주

---

18) Jarausch, Konrad H.: *Die unverhoffte Einheit 1989-1990*, Frankfurt/M. 1989, pp.29-30.
19) 헬무트 콜 총리 회고록, 「나는 조국의 통일을 원했다」, 김주일 옮김, p.58.

민들에게는 반가운 소식이었다. 휴가철이 본격적으로 시작되는 7월이 다가오자 헝가리에 와 있는 동독인들의 대규모 탈출이 시작됐다. 8월이 시작되자 상황은 빠른 속도로 변화했다. 동독인 180명이 헝가리 주재 서독대사관에 들어와 서독으로의 탈출을 요구했다. 헝가리와 오스트리아 국경선에 약 20만 명의 동독인이 서독으로 탈출할 날을 기다리고 있었다. 1989년 8월 19일에는 스위스 바젤에 본부를 두고 있는 범유럽동맹이 헝가리 자유민주연합과 공동으로 국경도시 쇼프론에서 행사를 개최했는데, 행사 도중 주최 측이 잠깐 국경에 설치된 문을 열자 이 순간을 이용해 수백 명의 동독인이 오스트리아로의 탈출에 성공했다. 이 소식을 접한 동독인은 헝가리로 가서 오스트리아로의 탈출을 시도했다.[20]

1989년 8월 24일 헝가리 정부는 서독대사관에서 서독으로 이주를 요구하는 동독인에게 출국을 허용했다. 이 문제로 헝가리와 동독의 관계는 긴장이 최고조에 이르게 됐다. 헝가리는 바르샤바조약국이라 적법한 절차 없이 동독 주민을 제3국에 넘기는 행위는 양국이 맺은 우호협정을 위반하는 것이었다. 동독인은 서방세계에 갈 경우 반드시 동독의 출국허가서를 받아야 했다.[21]

동독은 탈주민 사태의 심각성을 인식하고 있으면서도 이를 근본적으로 치유할 개혁에 대한 청사진을 제시하지 못했다. 동독인이 추구하는 것은 억압과 탄압이 아니라 자유와 인권이었다. 헝가리 정부는 탈주자들의 의사를 최대한 존중해 단 한 사람이라도 동독으로 돌려보내지 않겠다는 의사를 밝혔지만 서독정부는 안심할 수가 없었다.

고르바초프는 헝가리 개혁에 대해 호의를 보였지만, 동독 탈출자가

---

20) 『헬무트 콜 총리 회고록』, pp.60-62; Jarausch, pp.29-31.
21) 『헬무트 콜 총리 회고록』, pp.65-68.

계속 증가할 경우 헝가리에 주둔한 20만의 소련군대가 어떤 행동을 취할지 몰라 두려움의 대상이었다. 만약 소련에서 개혁주의자가 궁지에 몰리면 동독과 루마니아가 강제로 이를 방해할 가능성을 전혀 무시할 수 없었다. 그러나 헝가리는 9월 10일 국경을 개방했다. 동독과 외교관계가 있는 헝가리 정부가 동독의 압력을 뿌리치고 결정한 것은 대단한 결단이었다.

헝가리가 국경선을 개방함으로써 동독은 걷잡을 수 없는 정치·외교적 위기에 직면하게 됐다. 헝가리 정부가 동독 탈출자를 서독으로 보내기로 결정한 것은 독일 통일의 외부적 요인으로 매우 중요하다. 이 역사적 사건은 결국 베를린장벽 개방으로 이루어져 동독에서 개혁의 불씨를 집혔다.

헝가리 정부의 국경개방 결정을 동독정부는 쉽게 받아들이지 못했다. 동독의 국가보위장관은 헝가리를 배반자로 간주하고 체코, 루마니아 공동의 무력 개입설까지 주장했다. 동독은 헝가리에 보낸 외교문서에서 강한 표현으로 동독의 불만을 토로하면서 국경선을 자유 개방하지 말고 폐쇄할 것을 요구했다. 헝가리의 네메트 수상은 그의 행동과 결정은 올바른 것이고 미래 유럽을 위해 불가피한 선택이었다고 단호하게 거절했다.[22]

헝가리뿐만 아니라 동유럽의 여러 지역에서 동독 탈출자는 증가했다. 바르샤바 주재 서독대사관도 헝가리와 마찬가지였다. 바르샤바에 800명, 프라하 대사관에 6,000명이 진입했다. 체코 공산당정권은 탈동독인에 대해 비협조적이었으며 호네커와 함께 고르바초프의 개혁을 반대했다. 호네커는 프라하 서독대사관에 있는 탈주민이 서독으로 갈

---

22) Jarausch, pp.29-30

때 반드시 동독 영토를 경우해서 가도록 제의했다. 서독은 호네커의 제안을 받아들였고, 탈주민이 동독 영토를 지날 때 동독정부가 비인도적 행위를 취할 수도 있어 자이터 수상청장관과 겐셔 외무장관을 급파했다. 서독정부가 장관급까지 파견하면서 탈출자 신변보호를 위해 노력하고 있다는 것은 탈출자들의 심리적 안정에 많은 도움이 됐다. 탈주민은 6대의 특별 수송열차로 이동했다.

바르샤바에 머물고 있는 동독의 탈출자들이 서독으로 가게 될 경우 동독의 영토를 지나야 하는 문제가 있었다. 동독정부는 탈출자들의 서독 수송을 돕기 위해 동독 기차편을 이용할 것을 제의했지만, 서독정부는 이 제안을 거절하고 폴란드 국적 항공사 로트(Lot)를 이용했다. 1989년도 한 해 동안 약 35만 명의 동독 주민이 서독으로 탈출했다. 이 숫자는 매일 2,500명 이상이 서독으로 탈출했다는 것을 의미한다.

동독을 탈출한 사람들은 대부분 20대에서 40대로 기업이나 작업장의 중하위급 간부와 엔지니어로 동독 사회에서 중요한 역할을 하고 있었다. 탈출자 증가로 동독 정치가 위기에 처하자 통합사회당 일각에서는 서베를린과 서독으로의 여행 자유화를 제안했다. 그러나 보수적인 당지도부와 정치권은 이 제안을 거절하고 개혁에 대한 청사진도 제시하지 못했다. 이때 동독 언론은 위기의 정국 사태를 침묵으로 일관하면서 오로지 서독이 부추긴 행동이라고 일관하면서 구시대적인 사고에 젖어 있었다.23)

동독 탈출자가 계속 증가하고 있을 때 사회통합당 기관지 <노이에스 도이칠란트>는 동독의 생활수준은 서독과 비교해 더 높으며 빠른

---

23) Baumann, Wolf-Rüdiger: Chronik der Fluchtwelle vom 4. 8. bis 9. 11. 1989, in: Der Fischer Welt, Almanach sonderabend DDR, Chronik, Namen, Parteien, Wahlergebnisse, Perspektiven, Frankfurt/M 1990, pp.137-144.

경제성장을 통해 소비생활을 더 향상시키겠다고 밝혔다. 식료품은 물론 생필품인 냉장고, 세탁기, 텔레비전, 자동차까지 소유해 생활수준이 높아졌다고 선전했다. 그러나 이런 선전을 믿으려는 동독인은 아무도 없었다. 그리고 동독 주민은 경제적인 문제도 있지만 그들이 진정으로 원하는 것은 빵보다도 인간답게 살 권리를 찾는 것이었다.[24]

동독은 아직도 구체제에서 벗어나려는 개혁의 노력을 전혀 보이지 않았다. 민주화가 실현되지 않은 동독에서 젊은 층은 미래가 보장되지 않기 때문에 삶을 연명하는 것을 포기하고 위험을 무릅쓰고 서독으로의 탈출을 시도했다. 동독 국민은 사회주의 국가가 점점 혼란스럽고 무질서한 사회로 가고 있다는 것을 알았다. 그럼에도 불구하고 동독의 정치 책임자들은 국민의 관심을 고려하지 않고 체제유지에 전념한 나머지 정치권은 국민들로부터 버림받고 점점 멀어져 갔다.[25]

4. 동독의 민주화운동

1980년대 중반 동유럽의 여러 국가는 민주화를 위한 자구적인 노력에 적극성을 띠기 시작했으나, 동독공산당 지도부는 국제적인 조류를

---

24). 이것은 표면적으로 가정생활에 필요한 형식은 갖추었지만, 서독의 수준에 비하면 질적인 면에서 비교가 안 되는 수준이었다. 동독의 전자제품이 서독 시장에서 판매되고 있었는데, 가격은 서독 제품에 비교가 안 될 정도로 저렴했음에도 불구하고 별로 인기가 없었다. 동독에서 자동차를 사기 위해 최고는 16년을 기다려야 했고, 알콜 소비량은 계속 증가했다.

25). *Der Spiegel*, 1989, August 14, pp.20-21.

전혀 파악하지 못하고 있었다. 그 결과 동독의 개혁은 상부가 아닌 아래로부터 민중이 관심을 가지면서 적극성을 띠기 시작했다. 1989년 가을 라이프치히에서 일어난 군중데모와 1989년 초부터 시작된 원탁회의 토론은 동독 사회의 변화를 갈망하는 사회적 요구의 출발점이 됐다.26)

외부로는 폴란드와 헝가리의 민주화는 동독의 사회변화에 큰 영향을 미쳤다. 두 나라는 개혁의 수준을 넘어 거의 혁명적인 상황이라고 할 정도로 대변화를 가져왔다. 폴란드 개혁은 시민들의 욕구로부터 시작된 상향식이었으나 헝가리는 지도자로부터 시작된 하향식의 개혁이었다. 폴란드는 1988년 8월 동유럽 사회주의 국가 중에서 최초로 비공산당원인 마조비에키가 국무회의 의장에 선출됐다. 소련도 폴란드의 선거결과를 개혁의 진척이라고 인정하고 환영했다.27)

1989년 6월 폴란드에서 자유총선거가 실시되고, 그 여파로 동유럽 국가들도 자유선거를 실시해 50년간 통치하던 공산당 일당체제가 사라지게 됐다. 제일 먼저 자유총선을 실시한 폴란드가 주는 교훈은 공산주의 국가에서 국민의 의사를 무시한 채 이데올로기에 의해 집권하고자 한다면 결국은 국민의 지지를 받지 못한다는 것이었다. 그 결과 동유럽에서 공산당 자체가 변질되거나 비공산당이 조직되는 등 전통적 공산주의에 의한 일당통치 원칙이 사라지게 됐다. 동유럽에서 공산주의의 붕괴는 곧바로 동독의 민주화운동에 도화선이 됐고, 공산주의 체제에 안주해 통치하던 호네커는 시대적 변화에 적응하지 못하고 종말을 고하고 말았다. 동유럽 사회주의의 몰락은 독일통일로 이어지고, 유럽의 정치지도를 재편해 이념과 체제를 달리하던 동·서유럽이 하

---

26) Jarausch, pp.64-68.
27) Görtemaker, *Kleine Geschichte der Bundesrepublik Deutschland*, pp.345-347.

나의 단일체제로 전환하는 계기가 됐다.28)

동독 시민은 텔레비전 방송에서 얼마 전까지만 해도 경찰의 탄압을 받던 인사가 폴란드 총리가 되어 개혁을 지휘하는 모습을 지켜보고, 또 헝가리 시민들이 개혁정책의 결과 오스트리아와의 국경선이 폐지된 후 빈에 가서 쇼핑을 하고 헝가리로 돌아가는 모습을 볼 수 있었다. 주변 국가에서 개혁이 진행되고 있는 사이 동독 시민은 불만의 목소리를 높이면서 자국을 떠날 준비를 하고 있었다.29)

1989년 7월 동유럽국가들은 부쿠레슈티에서 열린 바르샤바조약국 회의 폐막식에서 브레즈네프 독트린을 무효화했다. 브레즈네프 독트린은 사회주의 국가의 우호와 안정을 위해 취한 조치로, 사회주의 국가가 다른 체제의 국가로부터 위협을 받을 경우 소련과 다른 우방국가가 무력 개입할 수 있다는 것이었다. 이는 동유럽국가의 공동체 결속을 강화하는 것이고 또한 사회주의 체제를 떠나 다른 체제로 전환을 원천 봉쇄하는 것이었다.30)

1989년 라이프치히에서 리프크네히트와 로자 룩셈부르크 70주년 추모집회를 갖고 표현과 집회, 언론의 자유를 요구하면서 시위를 시작했다. 이때 80명이 체포됐다. 동독의 민주화요구는 이것으로 끝나지 않았다. 동독 탈출자 행렬이 계속되고 있을 때 동독에서 최초로 재야단체인 노이에스 포럼(Neues Forum)이 결성돼 민주화를 요구하게 됐다. 정부는 이 단체를 반정부단체로 규정하고 어떠한 종류의 대화도 수용하지 않았다. 동독의 10월혁명은 재야단체와 지식인들이 주도했다. 사회 전체가 계속 민주화를 요구하고 있을 때 지식인 단체인 동독작가

---

28) 서병철, pp.4-5.
29) 『헬무트 콜 총리 회고록』, pp.50-51.
30) Ibid., p.55.

동맹은 모든 사회계층 간 민주적 대화를 요구했다. 이는 1953년의 민주화운동 때처럼 무력충돌로 비화되는 것을 염려했던 것이다.[31]

재야단체는 "우리는 국민"이라는 슬로건을 내걸었다. 이는 진정한 민주국가를 건설하는 것이 목적이었다. 하지만 민주화운동이 점점 확산되면서 "우리는 국민"이라고 주장하면서 호네커 정권의 비민주적 형태를 더 이상 인정할 수 없다는 입장을 보였다.[32]

계속되는 민주화요구에 호네커는 건강상의 이유로 더 이상 난국을 이끌어 나갈 수 없어 퇴임하고 후계자로 크렌츠(E. Krenz)가 임명됐다. 곧바로 개각을 단행해 1970년대 초반부터 동독의 정치를 이끌어 오던 스토프 내각이 퇴임하고 모드로우(H. Modrow)가 총리에 취임했다. 크렌츠는 위기를 극복하기 위해 개혁의 방향을 제시했지만 동독 주민은 사회통일당의 정책을 신뢰하지 않았다. 동독에서 군중시위가 계속되고 있을 때 콜 수상은 동독의 크렌츠에게 전화통화로 동독을 개혁시키면서 계속 존속시킬 것을 당부했다. 콜은 크렌츠의 개혁 성공을 기원하고 조용히 개혁을 지켜볼 것이며 이성적으로 대처할 것이라고 약속했다.[33]

크렌츠는 국민의 요구를 받아들여 민주화, 체제개혁, 자유선거 실시를 약속했다. 그럼에도 불구하고 국민의 민주화요구는 수그러들지 않았다. 시간이 갈수록 정국은 위기상황으로 내달았다. 크렌츠는 위기를 극복할 대안을 제시하지 못한 채 마지막 처방으로 1989년 11월 9일 베를린장벽 개방을 선언했다. 이로써 베를린장벽은 설치된 지 28년

---

31) Knabe, Hubertus: Die wichtigsten Gruppen der Opposition, in: *Aufbruch in eine andere DDR*, (ed) Hubert Knabe, Hamburg 1990, pp.156-159.
32) Ash, pp.502-504.
33) Jarausch, pp.86-90, 104-106.

만에 개방됐다. 베를린장벽이 개방되던 날 밤 시민들은 장벽에 올라가 샴페인을 터뜨리며 장벽의 개방을 환형하고 서베를린 거리를 활보했다. 11월 10일에는 동독에서 서베를린으로의 여행이 러시아워를 이루었다. 서독정부는 서베를린과 서독을 방문하는 동독 주민에게 200마르크를 지불했다. 동독 주민은 서독정부가 지불하는 돈으로 텔레비전을 보면서 가지고 싶었던 서방세계의 제품을 구입했다. 동독 주민이 자본주의의 매력을 느끼며 통일에 대한 열기가 높아지기 시작했다.

콜 수상은 동독의 국무의장 모드로우를 만난 후 겐셔 외무장관과 상의 끝에 동독의 자체적인 개혁은 불가능하며, 소련의 간섭 없이 독일 내적인 힘으로 통일을 이룰 수 있다는 확신을 갖게 됐다. 콜 수상은 지금이 바로 통일을 이룩할 수 있는 적절한 시기라 보고 발 빠른 행보를 보였다. 그 첫 시작이 1989년에 11월 28일에 선포한 10개 조항의 선언문이었다.[34]

콜 수상의 10개 조항의 발표는 동독에 통일의 희망을 불러일으키는 도화선이 됐다. 이 계획안에 대한 동독 주민의 반응은 콜 수상이 크리스마스 전 동독의 드레스덴을 방문했을 때 나타났다. 동독 주민은 애국심으로 충만해 있었다. 군중들은 콜 수상을 환영하기 위해 광장 주변에 있는 지붕 위에까지 올라가 대환호하면서 통일을 외치고 있었다.[35] 동독의 모드로우 정부는 정권 장악력을 거의 잃어버린 상태로 체제를 재정비할 만한 강력한 지도력이 없었다. 이 상황에서 원탁토론은 잠시나마 동독 사회에서 막강한 영향력을 발휘했다.[36]

---

34) Zehn-Punkte-Programm zur Überwindung der Teilung Deutschlands und Europas, Rede von Bundesaknzler Helmut Kohl vor dem Deutschen Bundestag am 28. November 1990, in: Gasteyger, pp.423-428.
35) Ash, pp.505-506.

동독의 지도부가 무기력해지자 12월에 5개의 블록정당과 반체제단체가 처음으로 원탁회의를 개최해 개혁에 대해 진지하게 논의했다. 원탁회의 토론자들은 폴란드나 헝가리 모델로 개혁하려는 청사진을 가지고 있었다. 동독 국민은 원탁회의를 관심을 갖고 지켜보며 호응했다. 그 결과 동독에서는 이중정권 체제가 형성됐고 정부는 무기력해져 버렸다. 동독의 비밀 정보기관 슈타지는 원탁회의 해산을 요구했지만, 이 회의는 1990년 3월 12일 동독에서 총선이 실시되기 전까지 개최됐다. 1990년 2월 동독 주민은 동·서독의 정치적 통합을 원했고, 양국이 단계적으로 제3국의 군사적 동맹에서 벗어나 중립적인 길을 선택할 것을 요구했다.[37]

1989년 겨울까지만 해도 소련은 통일을 반대하는 입장이었고, 동유럽의 사회주의 국가들도 소극적인 입장이었다. 그 해 12월 3일 고르바초프는 몰타에서 부시 대통령과 가진 정상회담에서 독일 통일은 유럽 안정에 위협이 된다며 반대하는 입장을 밝혔다. 하지만 부시 대통령은 앞서가는 언급을 자제하면서 서독 콜 수상의 10개 항 발표는 독일 통합을 위한 점진적 과정으로 이해했다.

콜 수상의 통일정책에 대해 동독정부의 반응이 없을 때 동독의 재야단체는 이제는 민주주의가 필요하다는 슬로건을 내걸고 민족통일을 위한 3단계 구상을 제시했다. 콜 수상은 통일에 대한 본인의 의사를 동독에 전달하기 위해 크리스마스 무렵인 12월 19~20일 동독의 드레스덴을 방문해 모드로우와 정상회담을 가졌다. 두 사람의 만남 이후

---

36) Arbeitsgemeinschaft für Jugend und Bildung, e.V. Wiesbaden, in: Zusammenarbeit mit der Bundeszentrale für politische Bildung, Nach vier Jahr zehnten, Ein Rückblick für die deutsche Teilung, Bonn 1999, p.125.

37) Rödder, pp.96-97.

베를린을 여행할 때 적용하던 최소의 환율 규정과 동독 방문 시 필요한 비자발급이 폐지됐다.38)

모드로우는 1990년 1월 말 소련을 방문해 고르바초프와 가진 회담에서 동독의 정치체제를 더 이상 끌고나갈 수 없다고 실토하고 동독 붕괴의 책임을 지겠다고 언급했다. 모드로우는 귀국 후 통일을 위해 의무감을 가지고 최선을 다할 것을 약속했다. 그는 통일은 모든 분야에서 획기적인 변화를 가져와야 한다고 그의 희망을 밝혔다.39)

5. 베를린장벽 붕괴

1989년 5월 7일 치러진 동독 지방선거는 과거 어느 때와 마찬가지로 부정선거로 얼룩졌다. 동유럽에서 불고 있는 개혁의 바람을 동독정부는 전혀 인지하지 못한 채 구습에 젖어 있었다. 희망이 없는 동독 주민들은 서독으로의 탈출을 감행했고, 일부는 그 해 6월부터 매월 7일 부정선거를 규탄하는 저항시위를 전개했다. 라이프치히 니콜라이교회 신도는 9월 초부터 매주 월요일에 자유를 요구하는 집회를 개최했다. 월요집회는 시민들의 지속적인 관심에 힘입어 10월에는 엄청난 숫자로 증가했다. 아래로부터의 개혁 분위기는 활기를 띠어 9월에는 '노이에스 포름'(Neues Forum)과 '이제는 민주주의'(Demokratie jetzt)가 결성됐고, 10월에는 동독 사민당과 '민주주의 새출발'(Demokratischer Aufbruch)이 만들어졌다.40)

---

38) *Ibid.*, p.99.
39) Ash, pp.507-511.

개혁요구가 높아지고 있는데도 동독 정치가들은 내부문제 해결을 위해 고심하지 않고 1989년 10월 7일 동베를린에서 동독 건국 40주년 기념행사를 성대하게 열었다. 행사장의 주역인 동독의 정치가들은 앞으로 몇 달 후에 다가올 그들의 운명을 전혀 예견하지 못한 채 축제 분위기에 젖어 있었다. 행사가 열리고 있는 도중 동베를린에서 대규모 시위가 있었는데, 경찰의 강경진압으로 부상자가 발생하고 3천 명 이상이 체포됐다.[41]

정치권에서 개혁의지를 보이지 않자 민주화운동은 전국으로 확산됐다. 드레스덴을 중심으로 켐니츠, 할레, 에어푸르트, 포츠담, 라이프치히에서 민주화운동이 빠른 속도로 진행됐다. 동독의 통합사회당 중앙위원회는 호네커 정부는 더 이상 시민의 불만을 해소할 수 없다는 판단아래 1989년 크렌츠 체제를 출범시켰다. 크렌츠가 지도자로 등장했지만 시민들은 전혀 그를 지지하지 않았고 그의 말을 믿으려 하지 않았다. 개혁의 변화 앞에 구시대적인 사고를 가진 크렌츠의 과거 행적, 즉 부정선거 조작 흔적과 천안문사태 때 중국을 방문해 중국정부를 지지했던 것은 시민들에게 희망과 신뢰를 주지 못했다.[42] 크렌츠가 취임하고도 사태는 수습되지 않고 더 확산돼 취임 후 첫 월요일에 약 30만 명 이상이 시위에 참가했다. 1989년 11월 4일에 동독 역사에서 가장 큰 시위가 일어났다. 동베를린의 알렉산더 광장에 모인 군중들은 통합사회당의 강압정치 철폐, 자유선거 실시, 자유여행보장, 슈타지 폐지를 요구했다. 개혁요구는 단지 수도 베를린에만 국한되지 않고 라

---

40) Knabbe, pp.156-157, Görtemaker, *Kleine Geschichte der Bundesrepublik Deutschland*, pp.349-352.
41) Rödder, pp.98-98.
42) Der Spiegel, 1989. Oktober 23, pp.16-18.

1989년 10월 16일 동독의 라이프찌히의 민주화운동.

이프치히, 드레스덴, 할레, 켐니츠, 등 전국으로 확산됐다.43)

    동독의 정치권이 이러한 사태를 수습할 능력을 갖추지 못한 가운데 통합사회당 지도부 정치국이 해산되고 새로운 정부가 형성되어 신임 정부 수반에는 개혁주의자인 모두로우가 선임됐다. 그럼에도 불구하고 제3국을 통한 서독으로의 이주와 국내의 민주화 시위는 정치권을 압박하는 요인이 되었다. 이에 부담을 느낀 크렌츠는 임시여행 규정안을 만들어 발표했다. 두 쪽의 문서는 통합사회당 언론담당 샤보브키(G. Schavowki)에게 건네져 잘못 발표되는 바람에 사실상 베를린장벽이 1989년 11월 9일 붕괴됐다. 이 소식을 뉴스로만 들었을 뿐 정식 통보를 받지 못한 동독의 국경수비대는 몰려드는 시민들에게 문을 개방하고

---

43) Jarausch, pp.56-57.

말았다. 뒤늦게 소식을 접한 크렌츠도 이 소식을 통보받고 국경을 통과하게 명령했다. 이로써 독일 분단의 상징인 베를린장벽은 1961년 8월 13일 자정 설치된 후 28년 만에 붕괴됐다. 그날 밤 동·서베를린 경계선 주변에 약 1만 명의 시민이 서로 얼싸안고 샴페인을 터트리며 축하 분위기를 즐겼다.44)

1953년 6월 일어난 동독의 민주화운동은 소련이 사회주의 체제를 강화하기 위해 강제로 진압했다. 그러나 1989년의 민주화운동은 사회주의 체제에 환멸을 느낀 아래로부터의 민주화운동이라 개혁을 추진하는 소련도 시대적 대세로 수용했다. 1989년 동독에서 일어난 혁명은 소련이 무력적인 방법을 동원하지 않고 시민의 의견을 존중한 결과 성공을 거둘 수 있었다.

베를린장벽이 붕괴된 1989년 11월 9일 밤 콜 수상은 역사적인 일이 벌어지고 있는 독일에 있지 않고 폴란드 방문 중이었다. 콜 수상은 방문일정을 중도에 포기하고 귀국길에 올라 수도 본으로 가지 않고 미군용기를 타고 역사적인 현장 베를린으로 갔다.

콜 수상은 베를린장벽 붕괴가 통일로 이어지리라고 전혀 예상하지 못하고 있었다. 그러나 냉전의 희생도시 베를린에서 통일에 대한 분위기가 고조되기 시작했다. 소련이 동독의 정치질서를 더 이상 추스를 수 없다는 판단을 내보이자 콜 수상은 통일에 대한 구체적인 작업을 시작했다. 11월 28일 통일에 대한 10개 항의 프로그램을 연방의회에 공개하면서 통일에 대한 여론이 공론화됐다. 그러나 이 프로그램은 폴란드와 오더-나이세 국경선문제를 협의하지 않았고, 연합국과 사전협의가 이루어지지 않아 많은 비판을 받았다. 콜 수상의 이러한 빠른 결

---

44) Görtemaker, *Kleine Geschichte der Bundesrepublik Deutschland*, pp.354-356.

정은 사전에 폴란드 및 연합국과 합의하게 된다면 많은 시간을 낭비해 정작 통일이라는 큰 대업을 망쳐 버릴 수도 있었기 때문에 몇몇 측근만 아는 가운데 일을 신속하게 처리했다.45)

6. 동독의 마지막 총선

동독에서는 정치지도자가 교체되고 베를린장벽이 붕괴되어 그들이 원하던 자유왕래가 허용됐지만, 한번 무너져 버린 정치질서를 다시 정비하기에는 역부족이었다. 통합사회당은 국민들로부터 완전히 신뢰를 잃어버렸다. 권위적인 통치 아래서 전직 당간부들이 저지른 부정부패, 관직 남용, 개인 축재 및 외화 암거래, 부정선거 개입 등에 대해 국민들은 분노했다.

국민들의 신뢰를 잃어버린 당지도부는 더 이상 권력을 행사할 능력을 갖지 못한 채 1989년 12월 3일에는 정치국 중앙위원회가 해산됐고, 3일 후인 12월 6일에는 크렌츠가 서기장 및 국방위원장직에서 물러났다. 힘의 공백상태에 빠진 정치권은 모두로우와 그의 측근들이 장악했다. 모두로우는 위기에 빠진 국가를 구하기 위해 내심 서독의 적극적인 지원을 기대했다. 그는 콜 수상이 제안한 10개 항을 긍정적으로 검토하기 시작했다. 그리고 정치체제를 새로 혁신한다는 의미에서 당이 스탈린주의식 통치체제를 완전히 탈피한다고 선언했지만, 국민들은 더 이상 이를 믿으려 하지 않고 민주화운동은 더욱더 격렬해졌다.

---

45) *Ibid.*, pp.359-363.

모두로우가 당서기장에 취임했지만 정치적 안정은 기대할 수 없었다. 동독의 여러 도시에서 수많은 군중들의 시위가 계속 전개됐고, 탈출자는 하루에 2천명 이상으로 증가했다. 모두로우 정권은 사태의 심각성을 인식했지만 해결할 능력은 갖추지 못했다. 동독에서 시위가 폭력사태로 비화되는 것을 예방하고 모든 문제를 평화적으로 해결하기 위해 민주화단체와 정부가 원탁회의를 구성했다. 시민들의 민주화운동은 전국적으로 확산됐고, 시위 군중들의 슬로건은 "통합사회당 타도"와 "조국통일" 등으로 사회주의 체제 종식을 요구했다. 동독 정치가 더 이상 신뢰와 희망을 주지 못하자 민주화운동은 통일운동으로 전환되고 새로운 정당과 개혁단체가 속속 탄생하기 시작했다. 정권붕괴 위기에 직면한 모드로우와 원탁회의 참가자들은 사태의 심각성을 인정하고 조기 총선을 결정했다.46)

1990년 3월 18일 동독에서는 '독일민주공화국'이라는 이름으로 처음이자 마지막으로 자유 민주선거를 실시했다. 동독은 개혁을 망설이다 기회를 잃어버렸다. 1989년 11월 9일 이후 동독의 정치가와 시민은 국가를 재정비할 여력을 갖지 못했다. 동·서 국경선이 사라진 후 동독 시민이 서독을 자유롭게 여행하면서 서독 사회에 동화될 수 없다는 것을 스스로 느끼게 됐다. 동독 시민들은 희망과 두려움, 기대감과 실망감이 교차하는 기간이었다. 앞으로 통일 후에 나타나게 될 정치적·심리적 고통이 서서히 싹트기 시작하고 있었다. 새로 나타나게 될 문제는 경제문제, 생태계, 에너지, 실업률, 교육문제, 여성문제 등이었다.47)

---

46) Jarausch, pp.119-140.
47) Arbeitsgemeinschaft für Jugend und Bildung, e.V. Wiesbaden, in: Zusammenarbeit mit der Bundeszentrale für politische Bildung, Nach vier Jahr zehnten, Ein

콜 수상은 통일을 위해 동분서주했다. 그는 새로 생긴 동독 기민당 지원유세를 위해 동독 전역을 강행군했다. 선거기간 콜의 연설을 들은 동독 시민은 약 100만 명이었다. 3월 14일의 라이프치히 선거유세에는 약 32만 명이 참가했다. 라이프치히 선거유세는 콜이 지원하는 동독의 통합기민당이 선거에서 유리하다는 것을 암시하는 것이었다. 동독 시민은 콜을 독일을 최초로 통일시킨 비스마르크와 비교했다.

1990년 3월 18일 58년 만에 처음으로 실시된 자유선거에 93.38%라는 매우 높은 투표율을 기록했다. 이 선거에서 통합기민당이 압도적인 승리를 거두어 192석을 차지했다. 반면 사민당은 88석의 의석을 확보하는 데 그치고 말았다. 동독에서 기민당의 승리는 콜 수상의 승리였다. 통합기민당이 대승을 거두었음에도 불구하고 폭 넓은 기반 위에서 통일과업을 이룩하기 위해 사민당과 대연정을 구성했다. 동독 총리는 절대적인 지지를 받은 통합기민당 출신의 드 메지에르가 선출됐다.[48]

선거결과는 통일운동을 더욱 가속화시켰다. 드 메지에르는 가능한 한 빠른 시일 내에 통일을 실현한다는 확신을 심어 주었다. 그는 통일은 이미 가시화됐기 때문에 최대한 빨리 완수할 것이라고 약속했다. 통일의 과정은 시작됐지만 이를 진행하기 위해서는 우선 화폐통합, 경제통합, 사회통합이 우선돼야 했다. 이를 통해 동독 사회를 안정시켜야 서독으로의 이주를 중단시킬 수 있었다. 동독 통일의 법적 근거는 독일연방공화국(서독) 기본법 46조와 23조가 있었는데, 46조보다는 23조를 선택했다. 동독 총선 결과는 기본법 제23조를 선호하는 것으로 됐고, 이에 의해 동독이 서독에 흡수 통일됐다. 통일작업은 빠른 속도

Rückblick für die deutsche Teilung, bonn 1999, pp.126-127.
48) 호스트 텔칙, 「329일, 베를린장벽 붕괴에서 독일통일까지」, 엄호연 역, 1996, pp.206-208.

로 진행돼 경제·화폐통합이 먼저 이루어졌다.[49]

7. 화폐통합

통일이 가시권에 들어왔을 때 정치권에서 통일에 대한 의견은 크게 두 가지로 나타났다. 정부여당은 무조건 빠른 시일 내에 통일을 이룩하고, 통일 후에 발생하는 여러 가지 문제는 단계적으로 해결하자는 안이었다. 야당 안은 신속한 통일은 여러 가지 문제를 수반하는 관계로 성급한 통일보다는 단계적으로 통일하자는 것이었다. 사민당의 라퐁텐(O. Lafontaine) 총재가 강력하게 점진적 통일을 주장했다.

조속한 통일론자는 사회적 동요를 막기 위해 먼저 화폐통합을 이룩함으로써 동독을 사회적 시장경제 체제로 편입시켜 사회를 안정시키는 데 주안점을 두었다. 이들은 사회가 안정되면 서독으로의 이주는 현저히 감소한다고 보았다. 서독은 동독 경제를 사회주의 경제체제와 단절시켜 자본주의 체제로 전환시키는 것이 우선 목표였다. 동독 경제가 자본주의로 전환하게 되면 국가간섭이 사라지고, 자본주의 시장경제에 적응해 일정 기간이 지나면 양국 간 경제적 수준의 차이가 사라진다고 보았다. 이 계획이 성공하면 동독의 산업은 근대화되고 기업생산이 향상되면서 사회간접자본을 확충해 동서독 경제격차를 해소할 수 있을 것으로 보았다.[50]

콜 수상은 1990년 2월 7일 경제통합과 화폐통합을 제의했는데, 총선

---

49) Jarausch, pp.188-197.

50) *Ibid.*, pp212-212.

에서 승리한 기민당이 이 제안을 긍정적으로 수용하게 됐다. 화폐통합을 성공적으로 이끌기 위해 동독과 서독의 화폐 전문가들은 앞으로 생기게 될 여러 가지 문제를 논의했다. 콜 수상과 드 메지에르 총리는 4월 24일 회담에서 동서독 화폐 단일화 조치에 합의했고, 양독 담당장관은 5월 18일 통화동맹과 경제·사회공동체 창설에 관한 조약에 서명했다. 그 결과 같은 해 7월 1일 경제통합과 사회통합이 이루어졌다. 이로써 서독 연방은행이 동독 통화와 금융을 관리하게 됐다. 따라서 동독은 40여 년간 적용했던 중앙계획·통제경제를 포기하고 사회적 시장경제 체제로 편입했다. 화폐 교환비율을 1 대 1을 원칙으로 함으로써 화폐개혁을 성공시켜 동독지역에서 구매동기를 높여 주고 근로자들의 근로의욕을 고취하며 동·서독의 차이를 해소한다는 계획이었다. 즉 구매력 증가는 서독 기업의 소득증가와 동독 투자를 높이게 된다는 것이었다.[51]

동독 화폐는 최고 2,000마르크까지 1 대 1로 서독 마르크와 교환이 이루어졌다. 그리고 유가증권과 은행권은 3,000마르크까지 1 대 1로 교환이 이루어졌다. 동독 시민이 화폐를 교환할 때에는 반드시 신분증을 제시해야 했다. 화폐개혁에 필요한 재원은 약 32억 마르크였다. 전문가들은 화폐통합 후 인플레이션과 동독 경제 위축을 염려했다. 1989년 말 동독의 외환보유고는 9억 6천만 달러였다. 서독은 재정이 충분하지 못한 동독을 책임져야 하므로 서독 연방은행은 동독 예산을 위해 재원을 확보해야 했다.[52]

---

51), Stollreither, Konrad: *Das vereinigte Deutschland, Grundlagen und Veränderungen*, Berlin 1991, pp.20-21; Jarausch, pp.214-216; 민족통일연구원,『통일독일의 분야별 실태연구』, pp.117-125와 비교.

52). Der Spiegel, 1990. März 5, pp.16-17.

통화·경제통합, 사회통합이 시행됨으로써 양국 국경선에서 모든 통제가 사라졌다. 통합은 독일이 통일로 가는 실제적인 첫 출발이었다. 콜 수상은 비록 통화·경제통합이 이루어졌지만 통일과 자유, 복지와 사회적 화해가 실현되기까지는 앞으로도 많은 시간이 필요하다고 보았다. 양국 간에 균형과 조화가 이루어지기까지 서독의 희생과 인내가 뒤따라야 한다며 통일의 무조건적인 환상에 대해 경고하고 모든 독일인의 고통분담을 요구했다.[53]

8. 주변국의 동의와 통일

국내 분위기는 성숙됐지만 독일 내적인 힘만으로는 통일이 불가능했다. 독일은 제2차 세계대전을 일으킨 전범국가로 국제사회에서 정치적·도덕적 책임을 피할 수 없었고, 또한 외교적으로도 많은 제약을 받고 있었다. 통일을 위해 우선 연합국, 나토, 유럽연합의 동의가 필요했다. 연합국, 주변 국가, 나토, 유럽연합은 독일통일은 유럽통일이라는 틀에서 이루어져야 하고, 통일 후 유럽평화와 안정에 기여해야 한다는 원칙을 제시했다. 전통적인 연방국가 독일이 비스마르크에 의해 최초로 통일을 이룩하고, 강대국으로 부상하여 주변국에게 위협의 대상이 됐던 과거의 경험과 현재의 정치적 상황아래서 독일통일은 반드시 주변국가 동의가 필요했던 것이다.[54]

연합국은 독일통일을 논의하기 위해 1990년 5월 5일 2+4 1차 회담

---

53) 호스트 텔칙, p.341.
54) Die Zeit, 1990. März 16.

을 개최했다. 2는 서독과 동독이고 4는 미·영·프·소 등 연합국을 말한다. 연합국의 합의도 중요하지만 가장 중요한 문제는 통일 전에 반드시 오더-나이세 경계선을 폴란드 서부 국경선으로 인정해야 했다. 연합국, 즉 미국, 영국, 프랑스, 소련, 그리고 해당 국가인 폴란드도 통일 전에 오더-나이세 경계선 문제는 반드시 재확인돼야 한다는 입장이었다. 그래서 3차 2+4회담 때는 폴란드 외무장관이 참석했다. 영국은 오더-나이세 경계선을 폴란드 서부 국경선으로 어떠한 전제조건 없이 무조건 인정할 것을 요구했다. 오더-나이세 문제에 대한 주변국 입장이 강경한 상황에서 독일은 오더-나이세 경계선 문제로 통일이라는 대사업을 지체하거나 포기하지 않았다. 독일이 마지막까지 오더-나이세 경계선을 폴란드 국경선으로 인정하지 않으면 통일작업은 그만큼 지연될 수밖에 없었다.55)

오더-나이세 국경선에 대한 독일의 분위기는 1950년대와는 달리 매우 관대했다. 1960년대 중반부터 시민단체는 폴란드와 화해하고 관계를 개선하기 위해 오더-나이세 경계선을 폴란드 서부 국경선으로 인정하라고 요구해 사회적 분위기가 성숙해 있었다. 그리고 1970년 브란트 수상이 폴란드와 체결한 바르샤바조약에서 이미 인정한 적이 있어 콜 수상에게는 정치적·외교적으로 부담이 되지 않았다. 콜 수상은 주변 국가들에게 국경선 문제에 변함이 없다는 신뢰를 주기 위해 주변 국가를 방문할 때마다 통일 전에도 후에도 국경선 변경은 없을 것이라는 확신을 주었다.56)

---

55) Presse- und Informationsamt der Bundesregierung (ed): die Vereinigung Deutschlands in Jahre 1990, Verträge und Erklärungen, Bonn 1991, pp.65-84; Zwei-plus-Vier-Aussenministerkonferenz, in: Aussenpolitik der Bundesrepublik Deutschland, Dokumente von 1949-1994, (ed) Auswärtiges Amts, pp.670-671.

1990년 콜 수상과 겐셔 외무부 장관과 고르바초프 소련 공산당 서기장이 소련의 카우카수스에서 회담하는 장면.

폴란드 마조비에키 국무장관은 동독 총선 후 국경선 문제에 관해 양독이 동시에 조약을 체결하고 통일 후에 이 조약을 의회에서 인정할 것을 제의했다. 이 제의를 외무부는 긍정적으로 검토했으나 콜 수상은 부정적 입장이었다. 콜 수상은 오더-나이세 경계선 문제를 폴란드 서부 국경선으로 인정하는 대가로 폴란드는 전쟁 배상비 요구를 포기하고 폴란드에 살고 있는 독일인 보호를 조약에서 명문화할 것을 요구했다. 야당과 겐셔 외무장관은 콜 수상의 이러한 주장은 불필요한 것을 가지고 스스로 통일의 발목을 잡는 비현실적인 외교적 방법이라고 비난했다.

오더-나이세 경계선 문제는 폴란드에게는 죽느냐 사느냐 하는 민족의 운명이 걸린 사항이었다. 이 문제를 확실하게 해결하지 못할 경우 제2차 세계대전 이후 최초로 등장한 민주정권인 마조비에키 내각이 붕괴하게 될지도 모르는 상황이었다. 콜 수상이 외교적 계산으로 망설이는 사이 폴란드에서는 독일의 보복주의가 구제국 영토를 수복하기 위해 다시 무력을 동원할지도 모른다는 생각을 갖게 됐다. 콜 수상은

---

56) Der Spiegel, 1990. März 5, pp.23-25.

1990년 8월 31일 동독이 서독에 흡수된다는 서명 조인식.

폴란드의 고민에 대해 깊이 고려하지 않고 외교적 명분 쌓기에 전념하고 있었다. 독일과 폴란드 언론, 지식인이 역사적 경험을 설명했다. 독일의 국력이 강해졌을 때, 예를 들어 비스마르크와 히틀러 시대 폴란드가 독일의 희생 국가였던 과거 슬픈 역사를 반복하지 않기 위해 폴란드의 제안을 수용하는 것을 지지했다. 오다-나이세 문제는 통일 전 동독과 서독 의회에서도 충분히 의견이 교환되고 여야 합의가 이루어진 상황이었다. 그럼에도 콜 수상은 외교적 실리를 위해 오다-나이세 경계선 문제로 외교적 에너지를 낭비하고 있었다.[57]

8월 31일에는 통일 실무협상을 담당하던 서독의 내무부장관 쇼이블레와 동독의 내무부장관 크라우제가 통일조약에 서명했고, 9월 12일에는 모스크바의 2+4 마지막 회담에서 조약을 체결해 오다-나이세 경계선을 폴란드 서북 국경선으로 인정했다. 9월 20일에는 서독 연방회의와 동독의 인민회의에서 통일조약을 통과시켰다. 이로써 서독은 베를린 장벽이 붕괴된 지 326일 만에 빠른 평화통일을 이룩하고 45년 만에 완전한 주권을 회복하게 됐다.[58]

---

57) *Ibid.*, pp.23-25.

1990년 9월 12일 모스크바에서 4+2회담 종결 후 기념사진.

군사분야에서 소련의 동의 아래 통일된 독일은 북대서양조약기구 (나토)의 회원국으로 남아 있고, 유럽은 나토와 바르샤바조약기구를 대체할 유럽 전체를 수용할 수 있는 안보체제를 구축하기로 했다. 나토 회원국인 독일은 바르샤바조약국과도 비군사분야에서 협력관계를 유지하기로 했다.

1990년 10월 3일 독일연방공화국 기본법 제23조에 의해 서독이 동독을 흡수 통일했다. 동독은 서독의 기본법에 따라 독일연방공화국의 영토가 됐고, 동독의 5개의 행정자치단체는 그 해 10월 14일 독일연방공화국 기본법에 따라 주의회와 정부를 구성하기 위해 선거를 실시했다. 12월 2일에는 통일된 독일의 첫 번째 총선이 실시돼 수상을 선출하고 새 정부를 구성했다.59)

---

58) Zum Abschluß der Zwei-plus-Vier-Gespräche in Moskau am 12. September 1990, in: Aussenpolitik der Bundesrepublik Deutschland, Dokumente von 1949-1994, (ed) Auswärtiges Amts, pp.699-705.

59) Stollreither, pp.20-21.

이로써 1949년 출범한 독일민주공화국(동독)은 40년 통치기간이 종식되고 역사에서 사라지게 됐다. 그 동안 사회주의 국가 동독도 통일을 그들의 정치적 목표로 설정했으나 단지 구호로만 내걸었을 뿐, 양국의 현실적인 접근이나 독자적인 정치질서 수립에 노력하지 않고 소련모델에 의해 사회주의 국가를 건설했다. 동독은 통합사회당 일당지배가 아무런 개혁도 없이 40년간 국가를 통치한 결과 결국 시대의 변화와 민심을 제대로 파악하지 못하고 붕괴하고 말았다.

사료와 참고문헌

1. 사료

Auswärtiges Amt der der Bundesrepublik Deutschland (ed): 20 Jahre KSZE 1973-1993, eine Dokumentation, Bonn 1993.
Adenauer, Konrad: *Erinnerungen 1953-1955*, Stuttgart/Hamburg 1966.
Adenauer, Konrad: *Erinnerungen 1955-1959*, Stuttgart/Hamburg 1966.
Akten zur Auswärtigen Politik der Bundesrepublik Deutschland 1964, 1973.
Archiv der Gegenwart 1955, 1959, 1968, 1969.
Aussenpolitik der Bundesrepublik Deutschland, Dokumente vom 1949- bis 1994, (ed) Auswärtiges Amt, Bonn 1995.
Die Auswärtige Politik der Bundesrepublik Deutschland, (ed) Auswärtiges Amt unter Mitwirkung eines wissenschaftlichen Beirates, Köln 1972.
Brandt, Willy: *Wille zum Frieden Perspektiven der Politik*, Hamburg 1973.
Brandt, Willy: *Begegnung und Einsichten, Die Jahre 1960-1975*, Hamburg 1976.
Brandt, Willy: *Erinnerungen*, Frankfurt/M 1989.
Bulletin des Presse- und Informationsamtes der Bundesregierung 1965, 1970, 1973.
Dokumentation zur Deutschlandfrage Bd. I, II.
Dokumente zur Berlin-Frage 1944-1959.
Dokumente zur Deutschlandpolitik 1945, 1955, 1958, 1959, 1961, 1964, 1965.
Die Entwicklung der Beziehungen zwischen der Bundesrepublik Deutschland und der Deutschen Demokratischen Republik 1969-1976, Bericht und Dokumentation, (ed) Bundesministerium für Innerdeutsche Beziehungen, Melsungen 1977.
Europa-Archiv 1949, 1958, 1959, 1963, 1964, 1966, 1970. 1971, 1973.

Genscher, Hans-Dietrich: Neue Ansätze in Gerhard Schröders Ostpolitik - Die Friedensnote vom 25. März 1966, in: Gerhard Schröders Ostpolitik.

Jacobsen, Hans-Adolf: Dokumentation zur Deutschlandfrage in Verbindung mit der Ostpolitik, Sicherheit und Zusammenarbeit in Europa, Analyse und Dokumentation, (u.a., Köln Bd. II, IV, VII, X)

Jahresbericht 1970, des Bundes der Vertriebenen, Vereinigte Landmannschaften und Landesverbände.

Kroll, Hans: *Lebenserinnerungen eines Botschafts*, Köln/Berlin 1967.

Die Lage der Vertriebenen und das Verhältnis des deutschen Volkes zu seinen östlichen Nachbarn - eine evangelische Denkschrift, in: Die Denkschrift der EKD, Texte und Kommentar von Karl-Alfred Odin, Neukirchen 1966.

Meissner, Boris: Moskau Bonn, Die Beziehungen zwischen der Sowjetunion und der Bundesrepublik Deutschland, 1955-1973, Dokumentation, Bd.II, Köln 1975.

Münch, Ingo v.(ed): *Ostverträge I, Deutsch-sowjetische Verträge*, Berlin/ New York 1971.

Münch, Ingo v.(ed): *Ostverträge II, Deutsch-polnische Verträge*, Berlin/ New York 1971.

Osteuropa-Archiv 1970.

Presse- und Informationsamt der Bundesregierung(ed): die Vereinigung Deutschlands in Jahre 1990, Verträge und Erklärungen, Bonn 1991.

Protokoll der Verhandlungen des Außerordentlichen Parteitages der Sozialdemokratischen Partei Deutschlands vom 13-15. November 1959 in Bad-Godesberg, (ed) Vorstand der Sozialdemokratischen Partei Deutschlands, Bonn o.J.

Protokoll der Verhandlungen des Parteitag der Sozialdemokratischen Partei Deutschlands vom 17. bis 21. März 1968 in Nürnberg, (ed) Vorstand der Sozialdemokratischen Partei Deutschlands, Bonn.

Schmidt, Helmut: *Menschen und Mächte,* Berlin 1987.

Strauß, Franz Josef: *Erinnerungen,* Berlin 1989.

Texte zur Deutschlandpolitik, Bd.I, (ed) Bundesministerium für Gesamtdeutsche Fragen, Bonn/Berlin 1968.

Verhandlungen des Deutschen Bundestages, 3. Wahlperiode, Sternographische Berichte, Bd. 49, Bonn 1961.

2. 참고문헌

Abelshauser, Werner: *Wirtschaftsgeschichte der Bundesrepublik Deutschland 1945-1980*, Frankfurt/M/ 1983.

Allen, Richard v.: Die sowjetische Bemühungen um eine "Detente", in: Europa-Archiv 1964.

Apel, Hans: Sicherheit ohne Abschreckung, in: (ed) Hortst Ehmke, Karlheinz Koppe, Herbert Wehner, *Zwanzig Jahre Ostpolitik, Bilanz und Perspektiven*, Bonn 1986.

Arenth, Joachim: *Der Westen tut nichts! Transatlantische Kooperation während der zweiten Berlin-Krise(1958-1962) im Spiegel neuer amerikanischer Quellen*, Frankfurt/M.1993.

Ash, Timothy Carton: *Im Namen Europas, Deutschland und der geteilte Kontinent*, München/Wien 1993.

Ashkenasi, Abraham: *Reformpartei und Außenpolitik, Die Außenpolitik der SPD,Berlin-Bonn*, Köln/Opladen 1968.

Bahr, Egon: *Zur meiner Zeit*, München 1996.

Baring, Arnulf: *Sehr verehrter Herr Bundeskanzler! Heinrich von Brentano im Briefwechsel mit Konrad Adenauer 1949-1964*, Hamburg 1974.

Baring, Arnulf: *Machtwechsel, Die Ära Brandt-Scheel*, Stuttgart 1982.

Baumann, Wolf-Rüdiger: Chronik der Fluchtwelle vom 4. 8. bis 9. 11. 1989, in: Der Fischer Welt, Almanach sonderabend DDR, Chronik, Namen, Parteien, Wahlergebnisse, Perspektiven, Frankfurt/M 1990.

Bender, Peter: *Die Ostpolitik Willy Brandt oder die Kunst des Selbstverständlichen*, Hamburg 1972.

Bender, Peter: *Neue Ostpolitik, Vom Mauerbau bis zum Moskauer Vertrag*, München 1989.

Benz, Wolfgang: *Von der Besatzungsherrschaft zur Bundesrepublik, Stationen einer Staatsgründung 1946-1949*, Frankfurt/M. 1984.

Benz, Wolfgang: *Die Gründung der Bundesrepublik, Von der Bizone zum souveränen Staat*, München 1989,

Benz, Wolfgang: *Zwischen Hitler und Adenauer, Studien zur deutschen Nachkriegsgesellschaft*, Frankfurt/M. 1991.

Birke, Aodolf M.: *Nation ohne Haus, Deutschland 1945-1961*, Berlin 1994.

Borowsky, Peter: *Deutschland 1970-1976*, Hannover 1980.

Borowsky, Peter: *Deutschland 1969-1982*, Hannover 1982.

Borowsky, Peter: *Deutschland 1963-1969*, Hannover 1983.

Borobsky, Peter: *Deutschland 1945-1969*, Hannover 1993.

Braunmühle, Claudia von: *Kalter Krieg und Friedliche Koexistenz*, Frankfurt/M. 1973.

Brunner, Georg: Die Bedeutung der kleinen Staaten des Warschauer Pakts für das Ost-West-Verhältnis, in: *Perspektiven für Sicherheit und Zusammenarbeit in Europa*, (ed) Hanns-D. Jacobsen, Heinrich Machowsky, Dirk Sager, Bonn 1988.

Brus, Wlodzimierz: *Geschichte der Wirtschaftspolitik in Osteuropa*, Köln 1986.

Buchheim, Hans: *Deutschlandpolitik 1949-1972, Der politisch-diplomatische Prozeß*, Stuttgart 1984.

Czerwick, Edwin: *Oppositionstheorien und Außenpolitik, Eine Analyse sozialdemokratischer Deutschlandpolitik 1955 bis 1966*, Königsstein/Ts. 1981.

Doering-Manteufel, Anselm: *Die Bundesrepublik Deutschland in der Ära Adenauer, Die Außenpolitik und innere Entwicklung 1949-1963*, Darmstadt 1988.

Eckart, Karl: *Polen*, Padaborn, 1976.

Erler, Fritz: Disengagement und die Wiedervereinigung Deutschlands, in: Europa-Archiv 1959.

Fisch, Alfred: De Gaulle profiliert seine Ostpolitik, Nach dem rumänischen Ministerpräsidenten wird nun der polnische erwartet, in: Rheinischer Merkur, 1964.

Gasteyger, Curt: *Europa zwischen Spaltung und Einigung 1945-1990*, Bonn 1990.

Gimbel, John: Die Entstehung des Marshall-Plans, in: *Marshallplan und deutscher Wiederaufsieg*, Stuttgart 1990.

Gotto, Klaus: Adenauers Deutschland- und Ostpolitik 1954-1963, in: Untersuchungen und Dokumente zur Ostpolitik und Biographie, Mainz 1974.

Götemaker, Manfred: *Die unheilige Allianz, Die Geschichte der Entspannungspolitik 1943-1979*, München 1979.

Götemaker, Manfred: *Kleine Geschichte der Bundesrepublik Deutschland*, München 2002.

Grabbe, Hans-Jürgen: *Unionspartei, Sozialdemokratie und Vereinigten Staaten von Amerika 1945-1966*, Düsseldorf 1983.

Graml, Hermann: Die deutsche Frage, in: Eschenburg, Theodor: Jahre der Besatzung1945-1949, Stuttgart 1983.

Graml, Hermann: Außenpolitik, in: *Die Geschichte der Bundesrepublik Deutschland*, (ed) Wolfgang Benz, Frankfurt/M. 1989.

Griffith, William E.: *Die Ostpolitik der Bundesrepublik Deutschland*, Stuttgart 1981.

Gutowsky, Anton: Gegenwärtiger Stand der wirtschaftlichen Beziehungen der Bundesrepublik Deutschland zu Polen, in: *Osthandel in der Krise*, Stefen Graf Bethlen, München/Wien 1976.

Hacke, Christian: *Die Ära Nixon-Kissinger 1969-1974*, Stuttgart 1983.

Hacke, Christian: *Von Kennedy bis Reagan, Grundzüge der amerikanischen Außenpolitik 1960-1984*, Stuttgart 1984.

Hacke, Christian: *Die Weltmacht wider Willen, Die Außenpolitik der Bundesrepublik Deutschland*, Stuttgart 1988.

Hacker, Jens: Verzicht auf Eigenständigkeit: Die Entspannungspolitik der DDR, in: *Entspannungspolitik in Ost und West*, (ed) Hans-Peter Schwarz, Boris Meissner, Köln Berlin, Bonn, München 1979.

Haftendorn, Helga: *Sicherheit und Entspannung, Zur Außenpolitik der Bundesrepublik Deutschland 1955-1982*, Baden-Baden 1983.

Haftendorn, Helga: Zwischenbilanz der Abrüstungsverhandlungen, Nach der zweiten und dritten Verhandlulngsphase der Genfer 18 Mächte-Abrüstungsskommission (Juni 1962-April 1963), in: Europa-Archiv 1963..

Haftendorn, Helga: *Abrüstungs- und Entspannungspolitik zwischen Sicherheitsbefriedigung und Friedenssicherung, zur Außenpolitik der BRD 1955-1973*, Düsseldorf 1974.

Hanrieder, Wolfram F.: *Deutschland, Europa, Amerika, Die Außenpolitik der Bundesrepublik Deutschland 1949-1994*, Paderborn/München/Wien/Zürich 1989.

Hefty, Georg P.: *Schwerpunkt der Außenpolitik Ungarns 1945-1973, Vorgeschichte,*

Infrastruktur, Orientierung und Interaktionsprozesse, München 1980.

Hendrichs, Irena: Westdeutsche Ostkpolitik: Die Beziehungen zu Bulgarien, der CSSR, Polen, Rumänien, Ungarn und Jugoslawien, in: *Handbuch der deutschen Außenpolitik*, (ed) Hans-Peter Schwarz, München 1975.

Henning, F-W: *Das industrialisierte Deutschland 1914 bis 1976*, Paderborn 1978.

Herzfeld, Hans: Berlin in der Weltpolitik 1945-1970, Berlin/New York 1973.

Hildebrand, Klaus: Von Erhard zur Großen Koalition 1963-1969, in *Geschichte der Bundesrepublik Deutschland*, Stuttgart 1984.

Hillenbrand, Martin: Die Vereinigten Statten und Deutschland, in: *Im Spannungsfeld der Weltpolitik: 30 Jahre deutsche Außenpolitik (1949-1979)* (ed) Wolfram F. Hanrieder, Hans Rühle, Stuttgart 1981.

Hillgruber, Andreas: *Deutsche Geschichte 1945-1986, Die deutsche Frage in der Weltpolitik*, Stuttgart 1989..

Hoensch, Jörg K.: *Sowjetische Osteuropapolitik 1945-1975*, Düsseldorf 1977.

Horlacher, Wolfgang: *Das rote Bleigewicht, Bonn und Südosteuropa*, Bonn 1970.

Jacobsen, Hans Adolf: *Vom Imperativ des Friedens, Beiträge zur Politik und Kriegsführung in 20. Jahrhundert*, Düsseldorf 1995.

Jarausch, Konrad H.: *Die unverhoffte Einheit 1989-1990*, Frankfurt/M. 1989.

Karpow, Viktor P.: Die sowjetische Abrüstungspolitik nach der Kuba-Krise, in: Europa-Archiv 1963.

Kissinger, Henry A.: Die deutsche Frage als Problem der europäischen und internationalen Sicherheit, in: Europa-Archiv 1966.

Kistler, Helmut: *Die Bundesrepublik Deutschland, Vorgeschichte und Geschichte 1945-1983*, Bonn 1991.

Kittel, Manfred: Genesis einer Legende. Die Diskussion um die Stalin-Noten in der Bundesrepublik 1952-1958, in: Vierteljahrshefte für Zeitgeschichte, (ed) Karl Dietrich Bracher, Hans-Peter Schwarz, Horst Möller, München 1993.

Kleßmann, Christoph: Adenauers Deutschland- und Ostpolitik 1955-1963, in: *Adenauer und die Deutschlandfrage*, (ed) Josef Foschepoth, Göttingen 1988.

Kleßmann, Christoph und Wagner Georg: *Das gespaltene Land in Deutschland 1945 bis 1990*, München 1993.

Kleßmann, Christoph: *Die doppelte Staatsgründung, Deutsche Geschichte 1945-1955*,

Göttingen 1982.

Knabe, Hubertus: Die wichtigsten Gruppen der Opposition, in: *Aufbruch in eine andere DDR*, (ed) Hubert Knabe, Hamburg 1990.

Knapp, Manfred: Das Deutschlandplan und die Ursprünge des Europäischer Wiederaufbauprogramms. in: *Marshallplan und westdeutscher Wiederaufstieg*, Stuttgart 1990.

Knapp, Manfred: Deutschland und Mashallplan: Zum Verhältnis zwischen politischer und ökonominscher Stabilisierung und der amerikanischen Deutschlandpolitik nach 1945, in: *Mashallplan und westdeutscher Wiederaufstieg*, Stuttgart 1990.

Kohl, Helmut: Die Grundlage unserer Außenpolitik, in: *Dem Staate Verpflichtet*, (ed) Hermann Kunst, Helmut Kohl, Peter Egen, Berlin 1980.

Korte, Hermann: Bevölkerungsstruktur und - entwicklung, in: *Die Geschichte der Bundesrepublik Deuschland, Gesellschaft*, (ed) Wolfgang Benz, Frankfurt/M. 1989.

Köhler, Henning: *Adenauer, eine politische Biographie*, Frankfurt/M., Berlin 1994.

Kwasny, Kurt: Meilenstein in der Normalisierung zwischen Bonn und Bundapest, in: Osteuropa 1974.

Lambrecht, Horst: Innerdeutscher Handel, in: *DDR und Osteuropa, Wirtschaftssystem, Wirtschaftspolitik und Lebensstandard*, Opladen 1981.

Lambrecht, Horst: Die deutsch-deutschen Beziehungen zum Ende der achtziger Jahre, in: Aus Politik und Zeitgeschichte, B 10/89, 3. März 1989.

Lauen, Harald: *Polen nach dem Sturz Gomulkas*, Stuttgart 1972.

Link; Werner: Außen- und Deutschlandpolitik in der Ära Brandt 1969-1974, in: *Geschichte der Bundesrepublik Deutschland* Bd., 5/1, (ed) Karl Dietrich Bracher, Wolfgang Jäger, Werner Link, Stuttgart 1986.

Loth, Wilfried: *Ost-West-Konflikt und deutsche Frage*, München 1989.

Loth, Wilfried: *Die Teilung der Welt 1941-1955*, München 1989.

Löwenthal, Richard: Vom Kalten Krieg zur Ostpolitik, in: *Die Zweite Republik, 25 Jahre Bundesrepublik Deutschland - eine Bilanz*, (ed) Richard Löwenthal, Hans-Peter Schwarz, Stuttgart 1974.

Mahncke, Dieter: Um einen Modus Vivendi in Berlin, Die Ausgangslage für

Viermächte-Verhandlungen, in: Europa-Archiv, Bonn 1970.

Mahnke, Hans Heinrich: Vom Londoner Protokoll zum Viermächte-Abkommen, in: *Berlin: Vom Brennpunkt der Teilung zur Brücke der Einheit*, (ed) Gerd Langguth, Bonn 1990.

Maier, Erich: Gegenwärtiger Stand der wirtschaftlichen Beziehungen der Bundesrepublik Deutschland zur Tschechoslowakai, in: *Osthandel in der Krise*, (ed) Stefan Graf Bethlen, München, Wien 1976.

Mehnert, Klaus: Der Moskauer Vertrag, in: Osteuropa 1970.

Meissner, Boris: *Das Entspannungskonzept der Hegemonialmacht: Entspannungsbegriff in Ost und West*, (ed) Hans Peter Schwarz, Boris Meissner, Köln/Berlin/Bonn/München 1979.

Menyesch, Dieter/Uterwedde, Henrik: *Wirtschaft und Gesellschaft in der Bundesrepublik Deutschland*, Heidelberg 1982.

Meyer, Christoph: Die deutschlandpolitische Doppelstrategie, Wilhelm Wolfgang Schütz und das Kuratorium Unteilbares Deutschland(1954-1972), Lech 1977.

Mikecz, Tamas von: Gegenwärtiger Stand der wirtschaftlichen Beziehungen der Bundesrepublik Deutschland zu Ungarn, in: *Osthandel in der Krise*, (ed) Stefan Graf Bethlen, München Wien 1976.

Morsey, Rudolf: *Die Bundesrepublik Deutschland*, München 1987.

Müller, Adolf: Übrige Mitglieder des Warschauer Pakts und Jugoslawien, in: *Außenpolitische Perspektiven des westdeutschen Staates*, Bd.III, Der Zwang zur Partnerschaft, München 1972

Nitz, Jürgen: Wirtschaftsbeziehungen DDR-BRD Bestimmungsfaktoren, Tendenzen, Probleme und Perspektiven, in: Aus Politik und Zeitgeschichte, B 10/89, 3. März 1989.

Osten, Walter: *Die Außenpolitik der DDR, im Spannungsfeld zwischen Moskau und Bonn*, Opladen 1969.

Pfeiler, Wolfgang: *Deutschlandpolitische Option der Sowjetunion*, Melle 1987.

Pfetsch, Frank R.: Deutschlandpolitik 1949-1969, in: *Handbuch zur deutschen Einheit*, (ed) Werner Weidenfeld, Karl-Rudolf Korte, Frankfurt/M./New York 1993.

Pfetsch, Frank R.: *Die Aussenpolitik der Bundesrepublik 1949-1980*, München 1981.

Pisar, Samuel: *Supergeschäft Ost-West, Der Schlüssel zum Weltfrieden*, Hamburg 1970.

Plum, Weber (ed): *Ungewöhnliche Normalisierung, Die Beziehungen der Bundesrepublik Deutschland zu Polen,* Bonn 1984.

Quist, Rolf: *Ostpolitik, Völkerrecht und Grundgesetz,* Starnberg 1972.

Raiser, Ludwig: Deutsche Ostpolitik im Licht der Denkschrift der Evangelischen Kirche, in: Europa-Archiv 1966.

Rauch, Georg v.: *Geschichte der Sowjetunion,* Stuttgart 1987.

Reichel, Peter: Die Vertriebenenverbände als außenpolitische Pressure group, in: *Handbuch der deutschen Außenpolitik,* (ed) Hans-Peter Schwarz, München 1975.

Rexin, Manfred: "Die Jahre 1945-1949," in: *Deutschland 1945-1963,* (ed) Herbert von Lilge, Hannover 1978.

Rexin, Manfred: "Koexistenz auf deutsch", Aspekte der deutschen Beziehungen 1970-1987, in: *Die DDR in der Ära Honecker, Politik-Kultur-Gesellschaft,* (ed) Gert-Joachim Glaessner, Opladen 1988.

Ribbe, Wolfgang: Berlin zwischen Ost und West (1945 bis zur Gegenwart), in: *Geschichte Berlins,* (ed) Wolfgang Ribbe, München 1987.

Ribbe, Wolfgang: *Geschichte Berlins,* 2. Bd. (ed) Wolfgang Ribbe, München 1987.

Rödder, Andreas: *Die Bundesrepublik Deutschland 1969-1990,* München 2004,

Schertz, Adrian W.: *Die Deutschlandpolitik Kennedys und Johnsons, Unterschiedliche Ansätze innerhalb der amerikanischen Regierung,* Köln/Weimar/Wien 1992.

Schütze, Walter: Die Ostpolitik Frankreichs, in: Europa-Archiv 1965.

Schwartz, Thomas Alan: Victories and defeats in the long twilight struggle: The United States and western europe in the 1960s, in: *The diplomacy of the crucial decade, american foreign relations during the 1960s,* (ed) Diane B. Kunz, New York 1994.

Schwarz, Hans-Peter: *Die Ära Adenauer, Epochenwechsel 1957-1963,* Stuttgart 1983.

Schwarz, Hans-Peter: *Adenauer und Frankreich, Die deutsch-französische Beziehungen 1958-1969,* Bonn 1985.

Seebacher, Brigitte: *Willy Brandt,* München 2004.

Sontheimer, Kurt: *Die Adenauer-Ära, Grundlage der Bundesrepublik,* München 1991.

Stehle, Hansjakob: *Nachbar Polen,* Frankfurt/M 1963.

Stehle, Hansjakob: Adenauer, Polen und die Deutsche Frage, in: *Adenauer und die Deutsche Frage,* (ed) Foschepoth, Josef, Göttingen 1988.

Stollreither, Konrad: *Das vereinigte Deutschland, Grundlagen und Veränderungen,* Berlin 1991.

Stützle, Walther: *Kennedy und Adenauer in der Berlin-Krise 1961-1962,* Bonn 1973.

Szürös, Matyas: Ungarn und die europäische Entspannung, in: *Zwngzig Jahre Ostpolitik, Bilanz und Perspektiven,* (ed) Horst Ehmke, Karlheinz Koppe, Herbert Wehner, Bonn 1986.

Thalheim, Karl C.: Die Bedeutung der neuen Ostpolitik für die Wirtschaftsbeziehungen zwischen der Bundesrepublik Deutschland und der DDR, in: *Osthandel in der Krise,* (ed) Stefan Graf Bethlen, München 1976.

Thränhardt, Dietrich: *Geschichte der Bundesrepublik Deutschland,* Frankfurt/M. 1996.

Vogtmeier, Andreas: *Egon Bahr und die deutsche Frage, Zur Entwicklung der sozialdemokratischen Ost- und Deutschlandpolitik vom Kriegsende bis zur Vereinigung,* Bonn 1996.

Weber, Hermann: *Geschichte der DDR,* München 1985.

Weber, Hermann: *Die DDR 1945-1986,* München 1988.

Wettig, Gerhard: *Zur sowjetischen Strategie der europäischen Sicherheit,* Köln 1970.

Wettig, *Gerhard: Frieden und Sicherheit, Probleme bei der Konferenz für Sicherheit und Zusammenarbeit in Europa(KSZE) und bei der wechselseitigen Truppenreduzierung in Europa(MBRF),* Stuttgart 1975.

Zschaler, Frank: Die vergessene Währungsreform in der SBZ, in: Vierteljahrhefte für Zeitgeschichte, (ed) Karl Dietrich Bracher, Hans-Peter Schwarz, Horst Möller, 2. Hefte 1997, München 1997.

3. 참고언론

Frankfurter Allgemeine Zeitung(FAZ), 1961.
Rheinischer Merkur, 1964.
Süddeutsche Zeitung, München 1958, 1961, 1965, 1972.

Der Spiegel, Hamburg 1961, 1973, 1989, 1990.
Der Stern, 1961.
Vorwärts: 1959, 1961.
Die Zeit, 1961, 1964, 1966, 1970, 1973, 1990.

4. 국내자료

권오중, 소련의 중립화 독일통일 제안 (die sowjetisch Note, vom 10. März 1952, 서독
 과 서방측 정부들의 태도와 진위논쟁, 서양사론 제 81호, 2004년 6월호.
민족통일연구원, 「통일 독일의 분야별 실태연구」, 1992.
서병철, 「공산권의 붕괴와 독일의 통일」, 서울 1991.
한국문화정책개발원: 「민족 동질성 회복을 위한 통일 이후의 문화통합과정 연구」,
 자료집, 1996.
헬무트 콜 총리 회고록, 「나는 조국의 통일을 원했다」, 김주일 옮김.
호스트 텔칙, 엄호연 역, 「329일, 베를린장벽 붕괴에서 독일통일까지」, 1996.
Zhorres Medveder(박찬길 역): 「고르바초프」, 서울 1988.

찾아보기

(ㄱ)

가우스 214, 218, 225, 226, 227
강제노역자 보상비 204
게르스텐마이어 280
겐셔 278
경제·산업협력위원회 196
경제통합 305
고르바초프 270, 281, 282, 296
교과서위원회 264
교통조약 212, 215, 218, 228
국경선문제 199, 200
군국주의 173, 190
군비감축 281
군비감축과 통제 259
군비축소 123
군비축소회담 255
궁핍의 시대 12
글라스노스트 284, 285
기본법 28, 146, 148
기욤사건 249, 265
긴장완화정책 104, 252, 254, 281

(ㄴ)

나치시대 100
나토 62, 65, 306
냉전체제 242
노이에스 도이칠란트 291
노이에스 포럼 293, 297
뉴욕협상 25
뉴욕회담 38
닉슨 180

(ㄷ)

다렌도르프 61, 153
다자간 유럽평화·안보회의 259
덜레스 65, 66
도이칠란트 플랜 73, 74
독일교회협의회 156
독일문제 107, 110, 114, 115, 118, 129, 259
독일민주공화국 32, 302, 311
독일연방공화국 28, 123, 310
독일인 이주문제 262

독일통일 114, 116, 123
동·서독 기본조약 210, 213, 215,
　　　218, 219, 222, 273
동·서독 상호서신왕래 223
동방정책 145, 183, 216, 250
동서 문화교류 확대 211
두브체크 173, 174
둑비츠 199
드 메지에르 303
드골 107, 108, 110, 140, 172
드골파 125, 126
디 차이트 61, 128, 275

(ㄹ)

라이니셔 메르쿠어 128
라인강의 기적 137
라파키 47, 67, 100
라팔로 조약 53
룩셈부르크 29
뤼프케 177, 178
리프크네히트 29

(ㅁ)

마셜플랜 19, 20
마조비에츠키 286
마조비에키 292, 308

맥나마라 104
맥밀리언 66, 68
멘데 118, 155
모드로우 297, 302
모스크바올림픽 255
모스크바조약 185, 187, 189, 190,
　　　200, 234
모스크바회담 18
무력포기 협정 203
무력포기조약 186
무역금수조치 255
문화교류 협정 192
문화협정 215, 280
뮌헨조약 147, 150, 160, 239
민주화운동 300

(ㅂ)

바르샤바조약 40, 57, 200, 202, 235
바르샤바조약국 62, 288
바르샤바조약국 정치지도자 회의
　　　181
바르샤바조약군 174
바르젤 236
바이체커, 리하르트 폰 129
바이체커, 칼 하인즈 폰 129
바이츠 101

발라크　267
법률교류 협정　215
베를린 자유왕래 보장　234
베를린문제　84, 114, 143, 235
베를린봉쇄령　24, 25, 157, 227
베를린장벽　87, 93, 95, 133, 295, 300
베를린조약　273, 278
베를린통첩　64, 69
베를린협정　187, 190
보건협정　215
보복주의　173
뵉클러　22
부시　296
북대서양조약(나토)　41
북대서양조약기구　57, 310
불가닌　53, 55
불가리아　164
불신임투표　236, 278
브란트　76, 91, 92, 97, 131, 132, 140, 150, 169, 171, 178, 183, 188, 200, 208, 210
브레즈네프　111, 112, 188, 191, 256, 279
브레즈네프 독트린　174, 287, 293
브레진스키　117
브렌타노　71, 89, 99, 118

블랑크　41
빌트　167, 185

(ㅅ)

사회주의 독일학생연합　165, 168
사회주의 체제위기　283
사회통합　305, 306
상하이조약　180
상해보험조약　263
상호 협조체제　215
서독경제인연합회　221
서방연합국　38, 62
소련　52, 53, 55
소보트카　31
솔베어　153
쉘　154
쉬츠　153
쉴러　138, 190
슈뢰더　89, 116, 118
슈미트　54, 72, 100, 170, 250, 256, 270, 271
슈트라우스　46, 79, 280
슈피겔　61, 276
슐렘프 사단　178
스탈린　44
스토프　147, 208, 211

신나치   190

신나치주의   173

신탁청   221, 223

실향민단체   237, 238

(ㅇ)

아데나워   33, 34, 37, 45, 51, 52, 54,
　　　　66, 68, 70, 71, 98

아커만   31

아프가니스탄 침공   254, 266

악셀 슈프링거   167

애치슨   38

애틀랜틱파   125, 127

에너지 공동프로젝트   205

에르하르트   79, 114, 116

에버트   27

SS-20미사일   254

에어푸르트 정상회담   210

연금조약   263

연락대표부   211, 214, 218, 225, 226,
　　　　227, 267, 271

연합국   15, 306, 307

연합군 점령지역   14

오네조르크   166, 167

오더-나이세 경계선   160, 171, 199,
　　　　202, 307, 308

올렌하우어   49

우편·전신·전화협정   215

울브리히트   30, 162

울브리히트 독트린   163

원자에너지   104

원자폭탄   138

원자폭탄의 피해   47

원탁회의   296

위기의 시대   12

유럽문제   110, 113, 115

유럽안보회의   176

유럽에너지 개발 프로젝트   132

유럽연합   306

유럽평화·안보회의   181, 191, 194,
　　　　198, 259, 261

이산가족 상봉   211, 217

(ㅈ)

자유노조운동   266

자유왕래   259

자유왕래 보장   211

작은 행보의 정치   130, 133, 251

전략무기와 병력감축   191

전쟁보상금   204

접촉을 통한 변화   133

정치범   230

주데텐지방　160
지하자원 공동개발　273
집단안보체제　113

(ㅊ)

차관제공　280
처칠　37
촛불운동　157, 158
친서방정책　33, 34, 69, 253

(ㅋ)

카셀 정상회담　211
카이저　35
캐넌　100
케난　18
케네디　83, 91
코민포름　21
코시긴　111
쿠바사태　103
크렌츠　298
크루즈미사일　279
키신저　180
키싱거　139, 145

(ㅌ)

탈냉전체제　183

탈스탈린정책　282
통일조약　309
통합사회당　26, 298, 311
통화·경제통합　306
트루먼 독트린　18
특별관세　222

(ㅍ)

파리조약　40, 41, 50
팔레비　166
퍼싱 II 미사일　279
퍼싱-II 크루즈미사일　254
페레스트로이카　284, 285
평화공존　58
평화선언문　124, 156, 233
평화조약　42, 63
포츠담협정　143
포츠담회담　16
폴란드 정치위기　254
프라이부르크 자민당 전당대회　153
프라하 민주화운동　174, 175, 180, 182
프라하 자유운동　242
프라하조약　239
프리덴부르크　26
플레벤　39

찾아보기 __ 329

(ㅎ)

하셀   79
하이네만   38, 155
학술 및 기술분야의 공동협정   215
한국전쟁   36, 40
할슈타인 독트린   56, 58, 60, 61, 117,
   142, 152, 211, 232, 233
핵무기 실험   103
핵실험금지조약   104, 105
핵확산금지조약   104, 105, 111, 115,
   123, 142, 147, 151
헝가리   164
헝가리 민주화운동   242
헬싱키 정상회담   263
호네커   221, 279, 286
화폐개혁   23, 24, 26
환경보호 협정   215
후프카   237
흐루시초프   51, 54, 58, 66
흑색선전   190, 209

분단시대 서독의 통일·외교정책

초판 제1쇄 찍은날 : 2008. 11. 5
초판 제1쇄 펴낸날 : 2008. 11. 10

지은이 : 박 래 식
펴낸이 : 김 철 미
펴낸곳 : 백산서당

등록 : 제10-42(1979.12.29)
주소 : 서울 은평구 대조동 185-71 강남빌딩 2층
전화 : 02)2268-0012(代)
팩스 : 02)2268-0048
이메일 : bshj@chol.com

※ 저작권자와의 협의 아래 인지는 생략합니다.
값 18,000원

ISBN 978-89-7327-425-3 93340